数学课教学设计经典案例研究

主　编　◎ 张新全
副主编 ◎ 吴建平　张克玉　余树宝

北京师范大学出版集团
安徽大学出版社

图书在版编目(CIP)数据

数学课教学设计经典案例研究/张新全主编.—合肥:安徽大学出版社,2017.1
ISBN 978-7-5664-1146-4

Ⅰ.①数… Ⅱ.①张… Ⅲ.①中学数学课－教学设计－教案(教育)
Ⅳ.①G633.602

中国版本图书馆 CIP 数据核字(2016)第 144025 号

数学课教学设计经典案例研究   张新全 主编

出版发行:	北京师范大学出版集团
	安 徽 大 学 出 版 社
	(安徽省合肥市肥西路 3 号 邮编 230039)
	www.bnupg.com.cn
	www.ahupress.com.cn
印　　刷:	安徽省人民印刷有限公司
经　　销:	全国新华书店
开　　本:	170mm×240mm
印　　张:	18.75
字　　数:	357 千字
版　　次:	2017 年 1 月第 1 版
印　　次:	2017 年 1 月第 1 次印刷
定　　价:	35.00 元

ISBN 978-7-5664-1146-4

策划编辑:姜　萍	装帧设计:李　军
责任编辑:张　锐	美术编辑:李　军
责任印制:陈　如	

版权所有　侵权必究

反盗版、侵权举报电话:0551—65106311
外埠邮购电话:0551—65107716
本书如有印装质量问题,请与印制管理部联系调换。
印制管理部电话:0551—65106311

编 委 会

安徽省高校人文社科重点研究基地　　组编
合肥师范学院教师教育研究中心

顾　问：朱旭东　　杨世国
主　任：吴昕春
副主任：宋冬生
主　编：李继秀
副主编：胡　昂　　孙晓青
编委会：（按音序排列）
　　　　操申斌　　郭要红　　李友银
　　　　卢翠霞　　刘晶辉　　钱立青
　　　　唐　洁　　吴秋芬　　杨思锋
　　　　张　峰　　赵　杰

※ 安徽省高校人文社科重点研究基地2014年重点招标课题"基于教师教育课程标准的实践性课程资源库建设研究"成果
※ 安徽省高等教育2013年、2014年振兴计划重大教学改革研究项目"(教师专业标准)框架下的教师教育研究"(2013zdjy131)、"师范院校与中小学'无缝对接'教师教育模式建构与实践"(2014zdjy099)研究成果
※ 安徽省高校人文社科重点研究基地合肥师范学院教师教育研究中心2014年规划项目研究成果
※ 本书得到安徽省基础教育改革与发展协同创新中心项目资助

总　序

2012年,为落实教育规划纲要,构建教师专业标准体系,建设高素质专业化教师队伍,教育部研究制定了《幼儿园教师专业标准(试行)》《小学教师专业标准(试行)》《中学教师专业标准(试行)》(以下简称《专业标准》)和《教师教育课程标准》。

2014年教师节前夕,习近平总书记在同北京师范大学师生座谈时指出,百年大计,教育为本;教育大计,教师为本。努力培养造就一大批一流教师,不断提高教师队伍整体素质,是当前和今后一段时间我国教育事业发展的紧迫任务。一流教师是有理想信念、道德情操、扎实学识、仁爱之心的教师。为了培养造就一流教师,我们要建设高质量、公平、开放、灵活、一体化和专业化的教师教育体系,加大对师范院校的支持力度,找准教师资格制度、教师教育课程、师范生实践能力培养等教师教育改革突破口和着力点,不断提高教师培养培训专业化水平。

面对"以能力培养为导向"的教师教育需求,"教师教育实践性资源库"丛书面世了。它是合肥师范学院教师教育研究中心组编的"教师教育资源库系列丛书"的一部分,是安徽省高等教育2013年、2014年振兴计划重点教研课题,以及省级研究基地重点招标课题、基地规划课题的研究成果,是合肥师范学院教师教育研究中心与校教务处、学科教学论教研室、教师教育学院部分教师通力合作、认真研究的成果,也是合肥师范学院在教师教育研究中第一次出现的多部门、跨学科协同研究,在此感谢一群志同道合的研究者们。值得欣慰的是,此套丛书的问世或许能够更好地突出合肥师范学院师范教育悠久的历史和优势,更好地彰显合肥师范学院的办学定位:"师范性、应用型",更好地服务于在我国即将开始的"全面启动实施卓越教师培养计划"(2014年8月,教育部颁布了《关于实施卓越教师培养计划的意见》〔2014〕5号),更好地服务于职前职后基础教育教师的培养培训。

第一批出版的丛书由 11 本既相对独立又相互关联的分册组成。它们是：姜恋的《语文课教学设计经典案例研究》、张新全的《数学课教学设计经典案例研究》、蒋道华的《英语课教学设计经典案例研究》、王从戎的《物理课教学设计经典案例研究》、姚如富的《化学课教学设计经典案例研究》、傅文茹的《思想品德课教学设计经典案例研究》、梁占歌的《体育与健康课教学设计经典案例研究》、马晴的《美术课教学设计经典案例研究》、汪昌华的《先学后教课堂教学模式典型教学课例研究》、李继秀的《中小学回溯——以成长的故事感悟教师》、翟莉的《优秀教师成长案例及教育故事研究》。有的分册实行双主编制，一部分来自高师院校长期从事学科教学论研究和教育理论研究的教师，另一部分来自基础教育一线的教研员或优秀教师。丛书的立足点是基于教师专业标准、教师教育课程标准、符合基础教育课程改革特质，旨在实现理论与实践的结合、高师院校与基础教育学校的结合，使我们正在培养的未来教师能够最直接、最具体、最真实地感受基础教育学校经常发生的事，感受教师这个职业所需要的专业理念与师德——职业理解与认识、对待学生的态度与行为、教育教学的态度与行为、个人修养与行为，所需要的专业知识——学生发展知识、学科知识、教育教学知识、通识性知识、教育教学设计知识，以及所需要的专业能力——教学组织与实施能力、激励与评价能力、沟通与整合能力、反思与发展能力，也希望未来的教师们形成理论联系实际的思维和习惯，在离开母校后既能规范、熟练地掌握教育教学技能，又能保持理论的兴趣，穿行于理论与实践之中，形成难能可贵的教师思维，获得持续的专业成长力。

《语文课教学设计经典案例研究》《数学课教学设计经典案例研究》《英语课教学设计经典案例研究》《思想品德课教学设计经典案例研究》《体育与健康课教学设计经典案例研究》《美术课教学设计经典案例研究》《化学课教学设计经典案例研究》《物理课教学设计经典案例研究》每本书 20 万字左右，分两部分。第一部分是理论分析。阐释现代学习理论、教学理论指导下的各学科教学设计所必须掌握的中小学课程改革理念、课程标准、教师专业标准、教学设计的要求，为学科教学设计铺垫学理基础。第二部分是经典教学设计案例及点评。每学科选取 20 个省内外名师和近年来获得省（市）级以上教学大赛一等奖的教学设计经典案例进行分析研究，案例以初中为主，兼顾小学。各学科教学设计在内容上兼顾不同题材的教学案例，如：语文教学是以阅读教学为主，兼顾拼音教学、识字写字教学、写作教学、口语交际教学等。选择的案例以人教版和苏教版为主，案例点评力图以简约的形式对该教学设计的内容、格式、特色等进行梳理，为读者学习、模仿指明路径。之后我们将继续推出生物、历史、地理、音乐学科的教学设计经典案例研究,以覆盖中小学各学科,使之成为师范类各专业学生教学设计技能培养时的指定教材、必读案例。

《先学后教课堂教学模式典型教学课例研究》一书是对中小学课堂教学经典案例进行汇集与评析,是一本关于师范院校教学论与学科教学法课程的辅助教材。在对教学模式基本理论研究的基础上,在理论研究的导引下,对先学后教(或以学定教)教学模式进行学科化的实践探索。建立以主干学科语文、数学、英语、政治学科为主要内容领域的先学后教教学模式典型课例(教案),也是目前全省很多学校推行的学案。通过对主干学科课堂教学模式典型课例的研究,推进教学改革,建立"减负增效,高效课堂",实施素质教育,提高教师对基础教育课程改革的适应性。

《中小学回溯——以成长的故事感悟教师》由142篇短文构成,约20万字。短文是从合肥师范学院教师教育学院、中文、英语、数学、物理、化学、生物、体育、美术、音乐等教师教育专业学生作品中精心挑选出来的。文中学生用自己的成长经历,结合所学教育理论,讲述着自己的故事,感悟着教师职业,他们深深体会到"将来我会像我老师那样……""将来我不能像我老师那样……""教师的一句话、一个点头、一个微笑……终生难忘……改变我的一生……"其文字朴实,字里行间流露出学生的真情实感。每篇学生的作品都配有教育学、心理学专家的精彩点评。

《优秀教师成长案例及教育故事研究》精选了教师教书育人和自我专业发展过程中具有真实性、典型性和启发性的故事和案例。其中有我校杰出校友故事和案例4例。教育案例是架起教育理论和教育实践之间的桥梁,能够让师范生在真实生动的教育实践中领悟抽象的教育理论,感悟教育情境、培养教育信念、习得教育智慧,学会像专家型教师那样思考教育问题、规划教师的自我成长。

书稿也是建立在对教师培养规律研究基础上的。如果把教师发展阶段分为"培养、任用、培训"三个阶段,那么高师学生属于"培养"阶段,这个阶段关于未来教师角色的印象是模糊的。庞大、复杂的教育理论对于师范生来说是抽象的,没有同化吸收的"根基",难以建立起有效的知识体系,更谈不上应用。到了实习阶段,他们开始关注自己的能力,诸如怎样当教师?怎样做班主任?如何走向讲台?教什么?怎么教?甚至直接关注起自己未来的职业竞争力、就业应聘能力等问题。此时的师范生进入快速"专业成长期",整个学习生活发生了重大变化:从只关心专业学科知识到关注中小学教材;从关心教材内容到熟悉课标,把握教材重点、难点;从关注学的方法到关注教的方法;从自己懂到让学生懂;从知识技能到过程方法、情感态度价值观;从理论到经验、生活、动手实践;从知识本位到学生本位；从结果到过程；从只关注如何在有限的时间内把知识讲完、是否能控制课堂、是否能被学生接受、受学生欢迎、自己课堂上的表现到关注把内容讲深、讲透、讲活，关注教学情景的创设、教学活动的设计，关注学生的参与互动等。虽然这些要求、环节要在"培养、任用、培训"几个阶段有重点地逐步实现，但是对于高师学生来说，这个过程来得很快，脚步急促。因为只要走上讲台，只要扮演起教师的角色，就要像个教师的样子，就希望自己成功、有效、优秀。

"教师教育实践性资源库"丛书将有效帮助高师学生使"模糊"的教师形象逐渐清晰起来；寻找到教育理论学习的"根基"，建立起理论联系实践的桥梁；在模仿与感悟中快速入轨，形成教师必备的专业信念与理想、知识与能力，形成职业竞争力和就业应聘能力。

本系列丛书适合我国基础教育改革对教师培养、培训的要求，适应中小学教师专业标准下高等师范院校教师教育课程改革的需要。

本系列丛书在写作过程中参考、引用了国内外有关研究成果和文献资料，在此对这些著作权人和作者表示敬意和感谢。

本系列丛书得到省教育科学研究院学科教研员的审阅，在此表示感谢。

由于我们水平的限制，本书的不足和问题一定存在，敬请各位同仁和读者提出宝贵意见和建议。

2016 年 4 月

目 录

导 言 ………………………………………………………… 1

上编　理论探讨

第一章　教学设计概述 ………………………………………… 3
　　一、教学设计及其类型 ……………………………………… 3
　　二、教学设计的基本理论与基本理念 ……………………… 5
　　三、教学设计的基本方法 …………………………………… 9
　　四、传统教案与现代教学设计的比较和分析 …………… 12

第二章　新课程理念下中学数学教学设计 ………………… 16
　　一、数学教学设计的背景分析 …………………………… 19
　　二、数学教学设计的过程 ………………………………… 25
　　三、数学教学过程的设计 ………………………………… 27
　　四、数学教学设计的基本内容和设计过程 ……………… 35

第三章　中学数学基本类型的教学设计 …………………… 40
　　一、数学概念的教学设计 ………………………………… 40
　　二、数学命题的教学设计 ………………………………… 45
　　三、数学问题解决的教学设计 …………………………… 48
　　四、数学复习课的教学设计 ……………………………… 55

下编　经典案例

第四章　初中数学课堂教学设计案例 ……………………… 61
　　案例1　圆的确定 ………………………………………… 61

1

案例 2	轴对称图形	68
案例 3	圆周角	73
案例 4	有理数的减法	79
案例 5	平方差公式	87
案例 6	二元一次方程	93
案例 7	命题与证明	98
案例 8	平行四边形的性质	105
案例 9	锐角三角函数——正弦	110
案例 10	探索三角形全等的条件	119
案例 11	勾股定理	126
案例 12	课题学习　镶嵌	133
案例 13	解一元二次方程——配方法	139
案例 14	随机事件	147

第五章　高中数学课堂教学设计案例 …… 152

案例 1	函数的单调性	152
案例 2	直角三角形的射影定理	161
案例 3	抛物线及其标准方程	177
案例 4	平行关系的判定	195
案例 5	弧度制	206
案例 6	正弦定理	212

附　录 …… 224

附录 1	《义务教育数学课程标准（2011 年版）》	224
附录 2	《中学教师专业标准（试行）》	267
附录 3	《教师教育课程标准（试行）》	271

参考文献 …… 283

导 言

所谓教学设计,简单地说,就是教育实践工作者(主要指教师)为达到一定的教学目标,对教学活动进行的系统规划、安排与决策。由此可见,教学设计的过程实际上就是为教学活动制订蓝图的过程。通过教学设计,教师可以对教学活动的基本过程有整体的把握,可以根据教学情境的需要和教育对象的特点确定合理的教学目标,选择适当的教学方法、教学策略,采用有效的教学手段,创设良好的教学环境,实施可行的评价方案,从而保证教学活动的顺利进行。另外,通过教学设计,教师还可以有效地掌握学生学习的初始状态和学习后的状态,从而及时调整教学策略、方法,采取必要的教学措施,为下一阶段的教学奠定良好基础。因此,教学设计是教学活动得以顺利进行的基本保证。

国外的教学设计研究从 20 世纪 60 年代起步,至 90 年代,涌现出一批富有特色的教学设计理论。这些研究趋向于从不同角度,运用多种研究方法,尤其是用系统方法来探索教学设计问题,它们的共同特点是从整体上综合考虑教学过程的各种因素。

我国的教学设计研究起步较迟。大约在 20 世纪 80 年代后期,研究者们开始翻译介绍了一些国外教学设计理论和方法,在此基础上,出版了一些研究专著。90 年代中后期,我国的教学设计研究者更多地转向教学设计的应用和实践研究。其中,何克抗、李克东教授提出的"主导—主体"教学设计方法是我国教学设计研究的理论性突破。

本书是"教师教育实践性资源库"丛书中的一本,旨在通过融合教育理论和教学技巧的理论讲解和案例点评,使读者能够更具体、更直观地了解并掌握数学教学设计。

全书分上、下两篇。上篇是"理论探讨篇",由张新全撰写,内容包括数学教学设计的概述、新课程理念下中学数学教学设计和中学数学基本类型的教学设计,全篇用深入浅出的方式阐释数学教学设计必须掌握的中小学数学课程改革理念、数学课程标准、教师专业标准、教学设计的要求等,为数学教学设计打下学理基础。下篇是"经典案例篇",包括20篇数学教学设计经典案例及点评,其中初中数学案例14篇,高中数学案例6篇,案例由吴建平、胡涛、徐子华、许晓天、李德山收集,张新全、张克玉和高浩整理修订;点评分别由汪洪潮、贾兵、许晓天、李德山、张永超、翟华能、李国凯、张杰、李晟、陶学礼、刘勇、邱广东、陆学政、胡涛、徐子华、侯曙明、李院德撰写。案例的设计者都是来自中小学教学一线的优秀数学老师,既有耕耘教坛多年的知名特级教师,也有近期崭露头角的教坛新秀,大多数老师是省(市)级以上教学竞赛的优胜者。案例在内容方面,涵盖了代数、几何、概率等主干知识,并且都是相应知识领域内重点课题;案例在课型方面,包括了概念课、命题(原理)课、问题解决、课题学习等课型。就质量而言,每篇教学设计均质量上乘,格式完整规范,大多数案例在省(市)级以上教学竞赛获得优胜,或者作为优秀案例被推荐观摩,如初中案例1就获得全国一等奖,高中案例1至案例4都获得省一等奖,并且是全国一等奖,高中案例4是陆学政老师参加特级教师评审时的教学设计。就教材版本而言,结合安徽地区的实际情况,初中以沪科版为主,高中以人教版为主。就学段而言,以初中为主,兼顾高中。案例点评则力图以简约的形式对该教学设计的内容、格式、特色等进行梳理,为学习、模仿指明路径,为研究讨论提升高度。

本书可作为师范院校本科生、教育硕士研究生的教材及参考读物,也可作为中学数学教师的培训教材和参考资料,还可以为中学一线教师和广大数学教育研究者的教研提供参考。

本书得到安徽省教育科学研究院学科教研员的审阅,在此表示感谢。另外,邓珍珍和代超群全程参与了本书的修改和校对工作。

由于作者经验、水平有限,加之时间仓促,书中难免存在疏漏或不妥之处,恳请读者提出宝贵意见。

张新全
2016年6月

理论探讨

第一章 教学设计概述

一、教学设计及其类型

(一)教学设计的含义

教学设计是指教学的系统规划及教学方法的选择、安排与确定,也就是说,为了达到一定的教学目标,对教什么(课程内容)和怎么教(教学组织、教学模式、教学媒体等)进行选择、安排与规划.

教学设计是教学理论向教学技术转化的桥梁.首先,教学设计是依据一定的教学理论,在对有关教育教学、学生学习、能力与品德的本性以及学习规律充分理解的基础上进行的.这是教学设计的灵魂,也是衡量某种教学设计效能的尺度.教学理论作为改进教学工作的原理或原则,只有通过周密而详细的设计,才能转化为方法或技术.其次,教学理论对教学的指导作用,必须与学校实际和教学实践相结合才能发挥出来,而这两者的有机结合正是通过教学设计来实现的.因此,为了改进教学,除了认真研究教学理论外,同时也必须加强教学设计工作,使教学理论转化为教学技术.

教学设计可由教学设计专业工作者或教学专家来进行,如各种课程软件的开发者,也可由从事教学第一线工作的教师来承担,他们往往把教学设计作为自己备课和授课工作的一个有机组成部分.教学设计可以由任课的教师针对一个班级就某一内容的教学进行设计和准备,也可由各专业教研组就某门学科进行教学设计和准备,然后由某位教师执行.学校教务部门也可以对教师和教研组进行的教学设计进行协调、评估和干预,从而间接地影响教学设计.

(二)教学设计的类型

教学设计是一项多因素、多侧面、多层次的复杂系统工程.就其规划的作用,可以分为两大类.

1. 宏观设计

教学的宏观设计在于解决教学的总体规划,制订教学体系的远景蓝图,以及解决教学的宏观方法学问题.教学宏观设计主要包括四个方面.

(1)制订课程计划.课程计划是培养各级各类人才的总体规划.课程计划的制订要从人才的需要及成长规律出发,全面安排学生有效学习的课程数量、学习活动方式、课时安排与分配(包括课堂教授和实验操作的配合)等,才能从整体上保证教学系统的正常运转.

(2)制订课程标准.课程标准是根据课程计划中规定的各门课程的目的、任务而制订的各种教学纲领性文件.课程标准的制订要依据本学科在培养各级各类人才中的地位与作用,确定本学科的人才培养目标和任务;要依据实现各种教学目标的需要,以纲领的形式规定各科所需要传递的知识、技能、策略;要依据学习规律,规定教学的基本要求与进度.

(3)编选教材.所谓教材,就是通常说的教科书或课本,也包括讲义、讲授提纲、参考书、辅导材料等.教材是直接实现教学目标的工具和手段,因此,在依据课程标准编写教材时,一要切实符合各级各类人才的培养规格;二要充分反映学习规律;三要妥善处理教材本身的内在逻辑要求与学习规律的要求,以提高教学成效;四应注意教材的科学性和思想性.

(4)制订教学成效考核的办法.教学成效的考核在于了解学生的学业成绩,了解教学目标的实现状态,利于今后教学活动的调整.

2. 微观设计

教学的微观设计是指确定教学活动的计划以解决教学的短期规划问题.这种设计是针对一个课题或单元进行的,属于一种短期规划.教学的微观设计(见图1-1)主要包括六个步骤:(1)确定教学目标,即确定教学结束时所要达到的状态;(2)了解学生的准备状态,即了解学生原有水平;(3)制订教学程序计划,包括安排教学过程、内容,确定教学的组织形式,选择教学的方式方法及传递经验的媒体;(4)进行教学活动,即执行教学程序计划;(5)确定教学成效考核的内容及方式,以确切了解教学的实际效果;(6)对教学成效作出确切的评价,并对教学是否需要继续作出判断.

上述六个步骤在教学系统中是相互联系、相互制约的连续步骤.其中确定教学目标和了解学生的准备状态是制订教学程序计划的前提;教学程序计划是改变学生原有状态,实现教学目标的规划;教学活动是教学程序计划的执行过程,即实际实现教学目标的过程;考核与评定是对教学活动成效的鉴定,是对教学活动计划是否完成及是否需要修改的检查.可见,教学活动是一项十分复杂而又艰巨的系统工程.

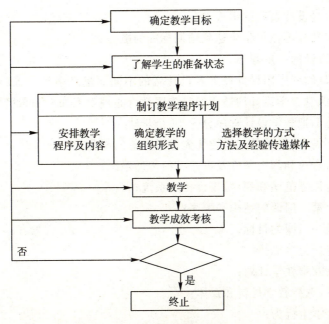

图 1-1 教学模式图

二、教学设计的基本理论与基本理念

(一)教学设计的主要特征和一般程序

对"教学设计"含义的认识目前还未能达成普遍共识. 教学设计专家格斯塔弗森指出,"教学设计"被用来描述包括分析教学内容、确定教学方法、指导试验和修改及评定学生学习的全过程.

在我国,一般认为,教学设计是研究教学系统、教学过程和制订教学计划的系统方法. 它以传播理论和学习理论为基础,应用系统的观点和方法,分析教学中的问题和需求,确立目标,建立解决问题的步骤,选择相应的教学策略和教学媒体,然后分析评价其结果,使教学效果最优化.

1. 教学设计的主要特征

教学设计以明确的教学目标激发、促进和指导学生的学习,帮助每个学生完成学习. 它的主要特征有:

(1)教学的计划、开发、传播和评价建立在系统理论上;
(2)教学目的建立在对系统环境的分析上;
(3)教学目标用可观察的行为术语来描述;
(4)对学生的了解是系统成功的重要因素;
(5)研究的重点是教学策略的计划和教学媒体的选择;

(6)评价是设计过程的组成部分;

(7)测定和分等依据学生达到预期标准的能力;

2. 教学设计的一般程序

教学设计的程序因设计任务及设计者的不同而呈现多种形式.对整个教育系统设计和课堂教学设计均适用的是美国教育心理学家加涅和布里格斯的教学设计程序.他们把教学设计程序分为14个步骤.

(1)分析需求、目的及其需要优先加以考虑的部分;

(2)分析资源和约束条件及可选择的传递系统;

(3)确定课程范围和顺序,设计传递系统;

(4)确定某一门课的结构和顺序;

(5)分析一门课的目标;

(6)确定行为目标;

(7)制订课堂教学计划;

(8)开发、选择教学材料和媒体;

(9)评定学生行为;

(10)教师方面的准备;

(11)形成性评价;

(12)现场试验及修改;

(13)总结性评价;

(14)系统的建立和推广.

以上程序分别在系统级、课程级和课堂级的水平上进行.

上述程序中包含了教学设计的三个基本要素:

(1)教学目标(我们期望学生学会什么?)

(2)教学策略和教学媒体(为达到预期目标,我们将如何进行这种学习?)

(3)教学评价(在进行学习的过程中,我们如何及时获取反馈信息?)

(二)教学设计的模式及其理论基础

我们可将教学设计模式分为三大类,即认知取向的教学设计模式、行为取向的教学设计模式以及人格取向的教学设计模式.

其中认知取向的教学设计模式的理论基础是认知心理学.信息加工心理学、皮亚杰的认知发展理论、布鲁纳的认知发现说、奥苏伯尔的认知同化说等都属于认知心理学的范畴,它们有一个共同的主张:致力于研究人的智能或认知活动的性质及其过程.因此,尽管认知取向的教学设计模式风格各不相同,但它们有一个共同特征:教学设计以学生的认知发展为基础,以发展学生的认知能力和水平为目的.认知取向的教学设计模式包括布鲁纳的教学设计模式、以瓦根舍因为代表的范例教学设计模式、赞科夫的发展性教学设计模式、加涅的教学设计模式和奥苏伯尔的教学设计模式等.

(1) 布鲁纳的教学设计模式

布鲁纳是20世纪60年代学科结构运动的倡导者.在教学设计上,他提出了"发现学习"的主张,形成了独特的教学设计模式.发现学习,就是不把学习内容直接呈现给学习者,而是由他们通过一系列发现行为(转换、组合、领悟等)发现并获得学习内容的过程.这种学习具有以下基本特征:第一,注重学习过程的探究;第二,注重直觉思维;第三,注重内部动机;第四,注重灵活提取信息.

布鲁纳认为,儿童的认知发展是由结构上的三类表征系统及其相互作用构成的质的飞跃.这三类表征系统包括行为表征、图像表征和符号表征."即通过行动或动作、映像或图像以及各种符号来认识事物,它们的相互作用,是认知生长或智慧生长的核心."在他看来,结构课程的开发及发现学习的指导,都必须与特定阶段儿童表征系统的特点相适应.

(2) 奥苏伯尔的教学设计模式

奥苏伯尔的教学设计模式是以其意义学习理论为基础的.他认为,教学的关键在于学习是否有意义,有意义的讲解或教学是课堂教学的基本方式.奥苏伯尔在其代表作《教育心理学:认知观》的扉页上写道:"假如我不得不把全部的教育心理学归纳为一条原理的话,我将一言以蔽之:影响学习的惟一的最重要的因素就是学习者已经知道了什么,探明这一点,并据此进行教学."为了激活新旧知识之间的实质性联系,提高已有知识对接受新知识的有效影响,奥苏伯尔提出了"先行组织者"的教学策略.他认为,促进学习和防止干扰的最有效的策略,是利用相关的和包摄性较广、最清晰和最稳定的引导性材料,这种引导性材料就是"组织者".由于这些"组织者"在呈现教学内容之前介绍,有利于确定有意义学习的心向,因此称为"先行组织者".

(三) 新课改背景下教学设计的基本理念

随着教学信息激增,教学技术迅猛发展,教学资源日渐丰富,新的时代对教学设计又有了新的要求.特别是我国实施基础教育课程改革以来,课改的基本精神和核心理念都将通过教学改革得以落实.如果教学观念不更新,教学方式不变革,课程改革将流于形式、甚至劳而无功.鉴于此,教学设计应努力在这几个方面取得突破.

1. 整合教学目标

知识与技能,过程与方法以及情感、态度与价值观三个维度的结合,是学科课程目标的框架,体现了新课程的价值追求.

要实现这种价值追求,我们必须"轻结论,重过程".对一门学科而言,过程表征该学科的探究过程和方法,而结论表征该学科的探究结果.两者是相互依存,相互转化的.从教学的角度看,"重结论、轻过程"是一种形式上的教学捷径,它把形成结论的生动过程理解为呆板单调的知识背诵和记忆,排斥了学生的思考和个性,剥离了知识与智力的内在联系,培养了掌握知识却不知反思、不知评判、不知创新的"好学生",扼杀了学生的智慧和独特个性.因此,我们必须强调过程,强调学生的"经历"和"体验".这对一个人的能力、智慧的发展大有裨益.

要实现这种价值追求,我们必须强调认知与情意的统一.在人的学习过程中,认知因素与情意因素是相互作用的.但传统的教学论研究常常忽视教学中的情感因素,使学习变得索然无味.苏联教学论专家斯卡特金指出:"我们建立了很合理的、很有逻辑性的教学过程,但它给积极情感的食粮很少,因而引起了很多学生的苦恼、恐惧和别的消极感受,阻止他们全力以赴地去学习."因此,现代教学要摆脱唯知主义,达到认知与情意的和谐统一.

新课程强调情感、态度、价值观三个要素,并赋予它新的内涵:情感不仅指学习兴趣、学习热情、学习动机,更是指内心体验和心灵世界的丰富;态度不仅指学习态度和责任,更是指乐观的生活态度、求实的科学态度及宽容的人生态度;价值观不仅强调个人的价值、科学的价值、人类的价值,更强调个人价值与社会价值、科学价值与人文价值、人类价值与自然价值的统一,使学生确立对真、善、美的追求及人与自然和谐的、可持续发展的理念.情感、态度、价值观是课程目标的重要组成部分,必须通过教学设计渗透到课程教学内容中去,贯穿到教学过程中去,使其成为教学的灵魂.

2. 构建师生互动的课堂

人是开放性、创造性的存在,教学是教师教与学生学的统一.因此我们可以说,教学过程是师生交往互动、共同发展的过程.

教学的预设性要求,导致了教学运行体系的相对封闭.传统的教学因为过分预设和封闭,使课堂教学变得机械沉闷,缺乏生气和乐趣,使师生无法在课堂中焕发其生命活力.交往论认为,交往的基本属性是互动性和互惠性.强调通过师生间、学生间动态的信息交流实现师生互动,达成共识,共同发展.对教学而言,交往是弥漫、充盈于师生之间的一种教育情境和精神氛围;对学生而言,交往意味着心态开放,主体性凸显,个性张扬,创造性得到释放;对教师而言,交往意味着与学生一起分享理解,意味着角色定位的转移,是自己生命活动、专业成长和实现自我的过程.

课堂不该是一个封闭系统,也不是拘泥于某些程式化的设计,我们的教学设计要强调在实施过程中开放地吸纳直接经验、弹性灵活的成分及意料之外的体验,鼓励即兴创造,超越预定的目标要求.

3.转变学生的学习方式

课程改革的具体目标之一就是要改变课程实施过于强调接受学习、死记硬背、机械训练的现状,倡导学生主动参与,乐于探究,勤于动手,培养学生搜集和处理信息的能力,获取新知识的能力,分析和解决问题的能力以及交流与合作的能力.改变原有的单纯接受式的学习方式,建立和形成旨在充分调动、发挥学生主动性的学习方式,是本次教学改革的核心任务.

转变学习方式,就是要改变把学习建立在人的客体性、受动性、依赖性上的状态,使学习成为人的主体性、能动性和独立性生成、发展、提升的过程,成为人发自内在的精神解放运动.因此,教学设计要关注改变学生的学习态度,培养学生的学习责任感,培养学生终身学习的愿望和能力.

转变学习方式,就是要革除传统学习方式过分突出和强调接受与掌握、冷落和贬低发现与探究的弊端.在教学设计中,就要把学习中的发现、探究、研究等活动凸显出来,更多地由学生自己来发现问题、提出问题、分析和解决问题,提倡发现学习、探究学习、研究学习.

4.发挥评价促进发展的功能

新一轮课程改革要求改变课程评价过分强调甄别与选拔的功能,发挥评价促进学生发展、教师提高以及改进教学实践的功能.受应试教育的影响,我们的课堂教学评价常常用一个标准衡量学生,其目的是鉴别对错、区别优劣.由于目的与手段的背离,教学评价未能看到教学活动是双主体活动,割裂了教与学的关系,使教师与学生成了对立的两面,而不是获得共同发展.同时,教学评价多在教学结束后进行,未能与课程、教学有机结合,未能有效地反馈信息,失去了主动调控的机制.这种评价把规范当作限制,当作剔除的手段,用条条框框限制被评价者,在一定程度上剥夺了学生发展的空间.

现代教学设计强调发挥评价的诊断、反馈、改进、激励、强化等教育发展功能,让学生在课程中找到自己,赏识自己,找到进步的方向.同时,要通过深入有效的评价,及时强化和矫正课程与教学的信息,更好地实现课程目的,提高教学质量,促进学生提高自我意识、自我调节、自我完善.一句话,以评价促进学生不断发展.

三、教学设计的基本方法

由于教学活动是一项十分复杂而又艰巨的系统工程,因此,科学的教学设计必须以系统论作为其指导思想,必须采用现代系统论所倡导的系统方法.

所谓系统方法也叫整体分析法,它是应用系统原理,综合研究事物的性质及规律的一种科学方法.它把事物看成由多种相互关联的因素构成的整体,强调从事物的整体出发去研究事物的性质及规律,突破了传统的从整体中抽出部分,并以部分说明整体的这种抽象分析法的局限性.传统的抽象分析法对于分门别类地研究事物的细节问题是适用的,但缺乏综观全局的能力.在面临庞大复杂的系统问题时,抽象分析法往往束手无策、无能为力,系统分析法却能别开生面,为研究复杂问题提供分析、设计、控制、管理等方面的有效手段.因而,系统方法成为现代科学研究中十分重要的科学方法.

在应用系统方法进行教学设计时,必须进行以下三个层次的分析.

(一)活动分析

教学设计的出发点在于确定各科教学所要构建的能力与品德的心理结构,即教学目标.由于作为教学目标的能力与品德的心理结构是活动的内在调节机制,因而必须通过活动的分析才能确定教学的目标系统.通过活动分析来确定教学目标系统时,必须注意以下几点.

1. 选择确定各学科领域的典型活动

不同学科具有不同的研究对象或不同的研究侧面,具有不同的内容,对人的各种能力的训练具有不同的作用.为此,不同学科均有独特的典型活动.例如,语文以语言与文字为其研究对象,语文学科提供的语言知识与言语技能对语文学科领域中的听、说、读、写活动具有独特作用.听、说、读、写是语文学科本身的典型活动.语文能力就是听、说、读、写活动的内在调节机制.为确定语文教学的目标系统,必须通过对听、说、读、写活动的客观分析,揭示其内在调节因素及结构,才能确切规定语文教学的目标系统.

2. 区分各典型活动的层次或水平

同一活动由于其对象性质不同而有不同层次或水平,不同层次或水平的活动其内在调节机制不同.为此,通过活动分析来确定教学目标系统时,必须区分各典型活动的各种层次或水平.只有通过对不同层次、不同水平的典型活动进行分析,才能确切了解作为活动内在调节机制的能力与品德要素及其关系,才能确定各科教学的目标系统.

3. 确定目标系统的组成要素及其层次与序列

各科教学的目标系统由各种因素按不同层次与序列构成一种网络结构.为此,通过活动分析来确定目标系统时,不仅要区分构成能力与品德结构的各种要素,而且要揭示各要素的纵向与横向联系,从而确定不同的层次与序列,这样才能确切规定教学的目标系统.

(二)任务分析

所谓任务,这里指目标系统中的下层结构.所谓目标系统,是由一系列的目的与任务构成.所谓目的与任务,是指具有相属关系的两个层次的不同目标项目. 我们把上层的目标项目称为"目的",其下属的目标称为"任务". 总之,目的与任务的区分是针对相属的上下层次间的目标项目来说的. 目的与任务之间的关系是总目标与次目标的关系,是上层或上位目标与下层或下位目标的关系.

任务分析目的在于确定教学活动中的教学作业内容. 这里所说的教学作业指的是用以构建能力与品德结构的手段或条件,也就是通常所说的教材. 教材作为构建教学目标系统的手段,必须依据教学任务即构建教学目标结构的需要才能客观确定.

通过任务分析以确定教学作业时,必须注意以下几点.

1. 确切规定并明确表述教学任务所含的各种目标因素

教学作业是完成教学任务的手段,因而教学任务是选择教学作业的依据. 为了依据教学任务配置必要的教学作业,则教学任务不仅要有确切的规定,还要有明确的表述. 例如在运算能力的培养方面,对于教学任务不能笼统规定"培养运算能力",而是要确切规定并明确表述培养10以内或20以内或多位数的运算能力,此外还要区分珠算、口算或笔算方式. 因为这些不同的教学任务所包含的数学知识与技能因素是不同的,所以必须作出确切的规定并给予明确的表述,这样才能为作业的选择提供依据.

2. 注意区分不同的任务系列

为了使任务得到确切规定与明确的表述,在对实现同一目的的一系列任务进行分析时,要注意区分其中的不同任务系列. 因为,不同的任务系列是由不同的作业来完成的. 在区分不同的任务系列时,首先要注意区分知识性任务、动作性任务和社会规范性任务,不能把这三种不同的任务系列混而为一. 因为完成这三种不同的作业任务的作业内容不能等同. 知识性任务主要解决知与不知的问题,动作性任务主要解决会与不会的问题,规范性任务主要解决信与不信的问题. 为此,在对实现同一目的的不同任务进行分析时,首先要把知识性任务、动作性任务和规范性任务区分,这样才能为作业的定性选择提供依据.

3. 注意区分同一任务系列的不同要素

为了使任务明确而具体,则任务分析不仅要注意区分上述不同的任务系列,还要在此基础上,进一步区分同一任务系列的不同要素. 这就要求在区分不同任务系列的基础上,进一步分出构建不同层次的能力与品德结构的各种知识、技能和社会规范要素,这样才能为选择和配置必要的作业提供充分依据.

(三)作业分析

教学系统中的作业是教师用以完成教学任务,借以构建学生能力与品德结构的手段,通常叫作教材. 在教学系统中教材实际上就是教与学的一系列作业. 这种作业是用来实现教学任务,促进学生构建一定的能力与品德结构的手段.

作业既是实现教学任务的手段,又是制订教学活动程序的依据.作业分析的目的就是加深对作业的认识,为制订教学活动程序提供依据.为此,作业分析必须注意下列几点.

1. 作业对任务的适应性

作业既然是完成教学任务的手段,那么作业分析时首先要注意作业对任务的适应性,即确定这样或那样的作业是否是完成教学任务所必需的,否则就应对作业进行重新选择.考虑作业对任务的适应性,首先要考虑作业的针对性,即作业是针对某种教学任务而提出的.其次,还要注意作业的典型性与完备性.所谓完备性,即通过确定的作业充分保证教学任务的完成.

2. 作业内容与学生已有发展水平之间的关系

作业是教学系统中学生要从事的活动.为使学生的作业活动能顺利进行,在作业分析时,必须注意作业内容与学生已有发展水平之间的关系,注意区分作业中的新旧成分:明确哪些作业成分是学生已有发展区中已具备的因素,是旧成分;哪些作业成分是学生已有发展区中尚未具备的、需要重新建立的新因素.这样才能为教学程序的设计提供重点,并确定"教学空间".

四、传统教案与现代教学设计的比较和分析

在全面实施新课程的背景下,以"三中心"和"五环节"为主要内容的传统教学观念严重束缚着新课程改革的深入.虽然教学设计理论引入国内已有 20 多年,教学设计也经历了三个发展阶段,但理论研究与实践应用脱节较为严重,应用的重点还停留在知识的重点、难点的处理与教学方法的改进上,出现了"新瓶装旧酒"的尴尬局面.

笔者希望通过对传统教案与现代教学设计的比较和分析,使中小学教师更好地掌握和使用现代教学设计技术,摆脱传统教学观念的束缚,形成新课程改革所倡导的新思想、新理念,构建现代教学观念,更好地为新课程改革服务.

(一)传统教案与现代教学设计概念分析

在传统教学中,教案是实施课堂教学的方案,设计的依据是教学大纲,它是教学大纲的具体化.

教案必须有教学目的与要求、教学重点、教学难点、教具准备、课时安排、教案正文、教后感想.正文中又包括导入、每一部分的详细教法、过渡语、小结、总结等.这样的教案,从导入新课到布置作业,从一般内容到重点难点,从教师引导到学生活动,从提出问题到可能出现的回答,大到总体结构,小到一句话,一句也不能少.教学设计是以获得优化的教学过程为目的,以系统理论、传播理论、学习理论和教育理论为基础,运用系统的方法分析教学问题、确定教学目标、制订教学

策略、试行解决方案、评价试行结果、修改方案的一个过程.当前比较权威的教学设计概念的定义是:教学设计是运用系统方法分析教学问题和确定教学目标,建立解决教学问题的策略方案、试行解决方案、评价试行结果和对方案进行修改的过程.该定义与张祖忻、史密斯、雷根、皮连生、何克抗等专家所提出教学设计概念的观点大体一致,即他们都强调教学设计是一个系统化的过程,包括如何编写目标、如何进行任务分析、如何选择教学策略与教学媒体、如何编制标准参照测试等.教学设计是教学理论和教学实践之间的桥梁.

一般来说,可以从学习理论的角度将教学设计理论与方法划分成三代:基于行为主义学习理论的第一代教学设计、基于认知主义学习理论的第二代教学设计和基于建构主义学习理论的第三代教学设计.在具体的教学设计实践中,应当对各种理论和方法取长补短,还要考虑教学系统外部环境的变化,特别是教育理念的改变和现代信息技术的发展.当然不能什么都建构主义,过度地强调建构主义,忽视传统教学中的精华,同样会带来不少问题.现代教学技术就是三代教育技术的优化组合.

教学设计的基本程序是:

(1)前期分析,包括学习背景分析、学习需要分析、学习者分析和学习任务分析;

(2)制订教学目标,教学目标是实施教学的依据,也是教学评价的依据;

(3)制订教学策略,教学策略是解决怎么样实施教学的整体方案,具体包括教学内容的安排顺序、教学模式、学习方式、教学方法等内容;

(4)教学媒体的选择、组织和设计;

(5)制订具体的教学设计方案;

(6)试行教学设计方案,并对方案进行评价,对方案存在的问题进行修改、完善.

(二)传统教案与现代教学设计差异分析

1. 理念不同

传统教学观念认为:知识是客观的,可以传递给学生;学生只是接受知识的容器;教学是教师向学生灌输知识的过程.而现代教学观念认为:知识不是纯客观的,是学生与外在环境交互过程中建构起来的;学生是有生命意识、社会意识、有潜力和独立个性的人;教学是师生交往、积极互动、共同发展的过程.

2. 对教学目标要求不同

传统教案用"教学目的"表达教学目标,而教学目的是由教学大纲规定的,教学大纲规定了教学任务的上限,教学中不能超纲偏纲,教师没有创造发挥的余地;教学目的的表述也较笼统,操作性不强,教师较难把握;教学目的以教师为阐述主体,体现了教师的主导作用,目标是使学生掌握基本知识和基本技能,即所谓"双基".

教学设计中用教学目标来表达目标,教学目标根据课程标准制订,课程标准设定教学任务的下限,教师具有较大的创造发挥余地;教学目标在表达上也更具体,可操作性强(例:"领会"目标层次可供选用的行为动词有分类、叙述、解释、鉴别、选择、转换、区别、估计、引申、归纳、理解、举例说明、猜测、摘要、改写等);教学目标以学生为阐述主体,强调知识与技能、过程与方法、情感体验与价值观(即三维目标)的统一.

3. 教学分析内容不同

传统教案中,分析的教学内容是重难点.而新课程理念下,课堂教学不再仅仅是传授知识,教材、教法和教学活动都是着眼于学生的发展.在教学过程中如何促进学生的发展,培养学生的能力,是现代教学观念的一个基本着眼点.因此,教学由教教材向用教材转变.以往教师关注的主要是"如何教"的问题,那么现今教师首先应关注的是"教什么"的问题.也就是需要明确教学的任务,进而提出教学目标,选择教学内容和制定教学策略.在教学设计中,首先要对学习背景、学习需要、学习者、学习任务进行分析.

4. 运用教学策略的侧重点不同

传统教案中,侧重传授的策略和帮助学生记忆的策略,媒体选择以传统媒体为主,强调技能训练和知识的掌握.在教学设计中,侧重学法指导、情景创设、问题引导、媒体使用、反馈调控等策略,媒体更加丰富,除传统媒体外,还包括多媒体计算机、因特网等,强调知识、技能、方法、态度、价值观和谐统一.

5. 教学过程不同

传统教学以讲台、教材、教师为中心,教学过程包括五个环节:组织教学、复习、新授、练习巩固、布置作业;教学过程是传授知识,学生被动接受知识的过程. 20 世纪 80 年代提出了以学生为中心的教学论;90 年代提出双中心(学生主体、教师主导)教学论,双中心论争议较大.

在新课程背景下,倡导"交往教学过程"教学论,"交往教学过程"教学论超越了教师主体论、学生主体论、双主体论,强调师生之间、生生之间平等对话,强调体验与共鸣,强调理解与共识,领悟是个体的一种感悟.交往教学过程教学论主要内容体现在五个统一:教学是教与学的统一;教学是教养与教育的统一;教学是认识过程与知识掌握过程的统一;演绎与归纳得到适当的统一;直接知识与间接知识的统一.在教学过程中,创设情景,鼓励学生在体验、探究、发现、思考、问题解决过程中获得自身提高和发展.

6. 教学效果评价不同

传统教学中,主要通过考试来测量学生掌握的内容符合教学大纲的程度.考试只是评价的一种手段.测量知识的掌握情况,强调多知识体系的掌握,较难体现价值取向.在新课程中,评价的内容包括知识与技能、过程与方法、情感态度与价值观,评价的目的是使学生在知识、技能、方法、态度、能力等各方面都得到发展,强调多元认知,为终身可持续发展奠定基础,评价更体现了一种价值观.

(三)摆脱传统教学观念,构建现代教学观念

从传统教案与现代教学设计的比较和分析可以看出,"摆脱传统教学观念的束缚,构建现代教学观念"的转折点是掌握和使用好现代教学设计技术,我们只有弄清了传统教案与现代教学设计的区别,才能够真正理解并掌握现代教学设计的理念和技术,在进行教学设计时不会将二者混淆.

第二章　新课程理念下中学数学教学设计

美国学者迈克尔·艾劳特在1988年总结了20世纪60年代以来各个时期的、不同理论背景下的教学设计模式.①他认为,教学设计过程的发展应该分为三个阶段:第一阶段,将教学设计视为应用科学.将行为主义心理学理论应用到教育中,强调将行为目标作为教学设计的标准,注重学习的行为及其先决条件,侧重于对学习任务的分析,注重教学设计的序列化,主要任务是分解学习内容,并转化成各种类型的具体的学习目标,选择恰当的教学媒体和方法为教师提供可行的教学序列,重点是"如何教".美国心理学家斯金纳的程序教学就是影响较大的此类教学设计模式.在这种模式中,教学设计者是专门的分析专家,教师则将实施方案转化成具体的活动操作人员,其优越性在于,反映了教学设计的时效性和可操作性,但是过分强调分解教学环节,对教学的整体性重视不够.第二阶段,教学设计者和教师不仅仅是设计者和操作者,更是教学艺术家.强调应该以综合的方式传授知识和技能,要选择在师生之间互动性强的教学策略和序列,在教学过程中不断吸取新知识和新技能,使教学成为一个开放的系统,重点是"教什么".第三阶段,侧重解决问题的过程与方法.学习必须通过学习者自行探究,解决学习过程中的问题,教学设计者就成了创造者.进入20世纪50年代,教学设计在第三阶段的基础上又有所改进,学习被看作动态的过程,学习能否取得成功,与学习者原来的知识和经验密切相关.因此,教学设计的目的不再是建立一套供学习者学习的步骤,更注重指导学习者建构知识的结构和体验,重点是"为何教".

我国教学设计在很大程度上受到北美风格的影响,据其所依据的学习理论不同,可以把它划分为三个发展阶段:第一阶段,从20世纪80年代中期至90年代初,我国教育界是把教学设计作为教育技术学系或作为教育技术专业的系列课程之一引进来的,重视教学媒体的使用,系统的教学设计是主要类型,从教学的科学规律出发,旨在把对教学问题的确定、分析,对解决问题方案的设计、试行和修改乃至评价等一系列教学内容和程序的设计,都建立在系统科学方法的基础上,从而使教学活动的设计摆脱纯经验主义,纳入科学的轨道.第二阶段,20

---

① 徐英俊.教学设计[M].北京:教育科学出版社,2001:41.

世纪90年代中期到90年代末,认知心理学成为教学设计的指导思想和理论,同时教学设计受到了系统论和传播学的影响,这个时期仍然把教学视为一个封闭的教学系统,教学设计的场所局限于课堂.这时期大学教学论教师或研究者成为教学设计的主体.进入20世纪80年代后期,认知学派的战略目标受到了质疑.因为人们逐渐发现了隐藏在其理论背后的两大致命弱点:一是将人类复杂的行为同基本的信息加工及其组织联系在一起,试图将复杂行为还原为一连串的简单的行为;二是在说明信息加工的神经机制时,从根本上忽略了人类所特有的自然学习情境中社会、历史、文化对高级认知的中介作用.①第三阶段,从20世纪90年代末一直到现在,建构主义等相关理论成为教学设计的指导思想,同时与具体学科紧密联系的教学设计开始兴起.建构主义对什么是知识,怎样看待知识,知识是如何获取的等作了新的解释和回答.这个时期教学设计的总特点就是运用建构主义的知识观、学习观和教学观来指导与建构教学设计的理论与实践.建构主义对教学设计的启示是:第一,从教学设计的视角来看,既然学习不是由教师把知识简单地传授给学生,而是由学生自己建构知识的过程,学习不是简单的信息输入、存储和提取,而是新旧知识经验之间双向的相互作用过程,也就是学习者与学习环境之间的互动过程,因此教学就是要避免教师课堂上的个人独白,而是要创设优化的学习环境,以支撑和促进学习者个体知识的建构.而且这样的环境应该是以制造适当的"困惑"、以帮助并引导学习者的"困惑"为主旨,把支撑问题解决作为教学设计的主要内容.第二,学习是在先前经验的基础上进行的自主活动,在这个过程中,态度、知识、能力等建构不是从零开始的,而总是以一个已有的(知识)结构作为基础.这些已有的知识,即经验,始终是解释那些作为知识建构信息的出发点.那么教学设计就要对学习者的先前经验进行分析,搞清楚学习者究竟需要什么和想要学习什么,因为对教学设计者来说,只有清楚地知道学习者预先的观念和经验,才能开发出适合学习者态度、知识、能力的,并对学习者进行有效体验的学习环境.第三,既然科学的学习不仅仅是一个人的现象,它同样是一个社会过程,必须通过对话、沟通的方式,大家提出不同的看法去刺激个体反省思考,在交互质疑辨证的过程中,以各种不同的方法解决问题,是一种知识的社会协商.因此教学就是要让所有的学生发出自己的声音,允许多元的价值存在,并形成对共同价值进行分享.因此,要求教学设计要创建一种超越传统班级授课制的新型学习组织形式——学习者共同体.②

尽管目前存在许多教学设计模式,但是绝大多数教学设计模式来源于两大传统,一是客观—理性主义,二是建构—阐释主义.历史上,教学设计在认识和方

---

① 裴新宁.面向学习者的教学设计[M].北京:教育科学出版社,2005:142.
② 裴新宁.面向学习者的教学设计[M].北京:教育科学出版社,2005:145.

法论上深受客观主义的影响,如知识的外在客观存在性、精确性,知识获得的个体性和线性过程,决定论、可预测性和因果关系等.许多从行为主义心理学乃至信息加工心理学出发的以及从教育技术发展而来的教学设计理论都可归属于这一传统.这种现状直到20世纪80年代末90年代初,随着相关科学理论革命如混沌理论的渗透和建构主义认识论的兴起才有所改观.

典型的教学设计模式,也可以说是经典的传统的教学设计模式,它的突出性特征是基于客观主义的.在客观主义认识论看来,教学过程即传递客观知识的过程,这一过程具有客观性和规律性的特征,其结果完全是可预测和可重复的.因此,教学应遵循客观规律,遵循固定的程序和步骤.由于复杂知识可以还原、分解为简单知识,因此可以对知识教学进行缜密的程序设计.受客观主义认识论所支配的教学必然具有外在控制性质.教学是传递固定的、程式化的"客观"知识的过程,学生的心灵是被教学过程塑造的对象,它需要忠实地接受以分门别类的学科形式体现出的"客观真理".这样,教师是知识的象征、权威的化身,学生是被动的、复制"客观知识"的接受者,教学即对学生施加控制的过程.也是如此考察基于客观主义认识论的教学设计模式,我们可以发现,他们"构建了上百种适用于不同层次和应用于不同领域的便于操作的、程序化的教学设计过程模式,开发了诸多精细严密的分析方法和决策技术,如学习内容和任务分析方法,教学方法和媒体选择的决策技术,并逐步形成一整套突出循序渐进、合理有序、精细严密地运用系统方法进行分析、决策和评价的理论体系,并作为知识形态的要素的核心成分在教育技术学科体系中占据重要地位".虽然基于客观主义的教学设计模式在表现形式上有这样或那样的差异,但是它们还是在本质上体现出许多相似的特点.

这些共同特点可以用ADDIE来概括:A(Analyze/分析)、D(Design/设计)、D(Development/开发)、I(Implementation/实施)、E(Evaluation/评价).ADDIE可以概括(代表)诸多典型教学设计模式的一般性特征.虽然有很多数学教学设计的侧重点不同,如"数学诊断式教学""问题化教学设计"等,但是本质上都是典型的教学设计模式.①

---

① 钟志贤.面向知识时代的教学设计框架——促进学习者发展[D].上海:华东师范大学,2004.

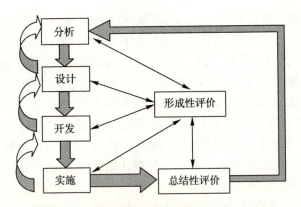

图 2-1 典型的教学设计模式——ADDIE

一、数学教学设计的背景分析

(一)数学学习需要的分析

学习需要是指学习者已经具备的水平与期望学习者达到的水平之间的差距.已经具备的水平是指学习者在能力素质方面已经达到的水平,而期望学习者达到的水平则是指社会发展、学校、教师,甚至学习者对自己提出的要求.正是期望水平与现实水平之间的差距为学习者的学习指明方向,成为教学活动有效开展的前提条件,更是教学设计过程的重要开端.目前的学习需要分析研究主要集中在学习需要的类型、步骤与方法等层面.

在学习需要的类型上,伯顿和梅瑞尔把与教育有关的需要分成了六类:标准的需要,即个体或集体在某方面的现状与既定标准比较而显示出来的差距;比较的需要,即同类个体或集体通过相互比较而显示出来的差距;感到的需要,即个体必须改进自己的行为或者某个对象行为的需要和渴望;表达的需要,即个体把感到的需要表达出来的一种"需要";预期的需要是指将来的需要;批评性事件的需要是一种很少发生,但一旦发生却可能引起重大后果的需要.[①]

(二)数学学习内容的分析

1. 数学学习内容的结构分析

从对教材知识结构的历史研究中可以看出,数学课程改革反映到教材知识结构变革上,实际上主要围绕着两个问题进行,即"基础"与"应用".这也反映了数学知识结构与社会结构、个体结构之间的矛盾和联系.历史已经证明,过分强调数学知识结构的某一方面都是失之偏颇的.很显然,受杜威实用主义教育思想

---

① 徐英俊.教学设计[M].北京:教育科学出版社,2001:72-74.

影响下的数学教育重视数学与生活的联系,但过分强调数学的应用性,不但破坏了数学学科应有的系统性,而且还由应用情景的复杂、混乱导致了知识学习的困难;过分强调学生兴趣爱好,与数学学习过程内涵的艰巨性、数学思维过程的复杂性等产生严重冲突,结果导致了基础知识、基本技能得不到很好的落实,严重影响了教学质量;而过分强调数学的理论性和抽象性,如布鲁纳的结构主义课程运动,又严重脱离教学实践和生产、生活实践.所以数学课程改革一直希望调和三者的矛盾,平衡三者在数学教育中的地位和作用.并且试图在对三者的不断调整中找到新的平衡点.随着人们对数学课程认识的深入,人们认识到这种新的平衡点就是对数学本质的认识.

一提起数学,我们首先想到的是大量的数字和符号.这既从某种程度上反映了数学的特点,同时更反映了人们对数学知识认识的一种局限.数学课程标准一再强调数学首先是一种文化,同其他学科一样的文化,就是希望改变对数学知识认识上的偏颇.所以,我们研究数学教材的知识结构,既要凸显数学自身的特征,更要凸显数学作为人类文化一部分的本质特征.

(1)数学知识结构的含义

法国布尔巴基数学学派指出:"数学不是研究数量的,而是研究结构的."[①]数学知识结构主要是指数学内容结构与数学方法结构,它不仅包括数学的基本概念和一般原理,而且包括基本的数学方法、数学思想和数学观念.数学内容结构既指数学教材内容的编排结构即数学内容及其排列、组合方式,也指数学内容本身所固有的内在的逻辑结构.数学内容本身的逻辑结构,如立体几何中空间的角与距离的概念都是通过转化为平面的角与距离来加以定义的,这些概念同时都具有科学性、合理性、简洁性、最优性和实用性.数学方法结构既指数学内容中所蕴含思想方法及其排列与组合的方式,也指解决某一数学问题所用的具体方法或步骤.如幂函数、指数函数和对数函数两单元的教材所蕴含的思想方法都是:从实例抽象概括出一般数学模型,再用从特殊到一般、从具体到抽象、分类讨论、数形结合的方法研究函数的性质,最后应用函数性质解决问题.由上可知,数学知识结构的实质是数学知识本身所固有的内在的统一性与规律性.[②]

(2)数学认知结构的含义

数学认知结构就是学习者头脑里的数学知识,按照自己理解的深度、广度,结合自己的感觉、知觉、记忆、思维和联想等认知特点组成的一个具有内部规律的整体结构.简单地说,就是包括学习态度和学习方法在内的学习者头脑中的数学知识结构.数学知识结构是数学经验的积累和总结,是客观的、外在的,而数学

[①] 钟启泉,黄志成.美国教学论流派[M].西安:陕西人民教育出版社,1993:50.
[②] 李昌官.试论数学教学中的结构性原则[J].课程·教材·教法,2002,(5):35.

认知结构是学习数学时,学习者头脑中逐步形成的认知模式,是主观的、内在的.数学知识结构是教材按序组织起来的,通过学习是可以掌握的;数学认知结构是通过学习这些知识内容形成的智能活动模式,它是一个人数学素质的体现,有正误与优劣之分.学习数学的过程就是把数学知识结构转化为数学认知结构的过程,数学教学的主要任务就是不断地形成、发展和完善学生的数学认知结构.数学认知结构对于学习者的行为有内在的调节作用,这主要表现在:第一,一切外来知识对学习者的影响,都必须通过学习者的认知结构才能发生作用;第二,由于作用的主体及其认知结构的不同,外来知识影响的结果也不同.

良好的数学认知结构"应该是构成这样一种含有种种力量——简约化知识的力量,产生新的诊断的力量,使知识体形成愈益严密的体系的力量的知识系统"(布鲁纳语).它具有以下特征:第一,简约性和单纯性.即它舍弃了使人发生混乱的杂乱的枝蔓,突出基本结构.第二,迁移性和发展性.即对学习新的数学知识、掌握新的数学方法和数学思想具有积极的影响和迁移作用,是新的知识的"固着点"和"生长点";同时,原有的数学认知结构又在学习新的知识、新的方法的过程中不断地完善、丰富和发展.第三,广泛性和严密性.即它比具体的数学知识、数学方法具有更高的抽象性和概括性,不局限于某个知识、某种方法、某类问题;同时,学习者头脑中的数学知识和方法的内部组织和结构是严密而有序的.

2. 数学学习内容的类型分析

不同类型的知识,其掌握、保持、迁移等都可能有不同的规律,因此,课堂教学也应有不同的模式.在数学课堂教学过程中,如何根据不同数学知识类型的特点,设计合理的教学方式,实现预期的教学目标,使学生达到最佳的学习效果,这是数学教学设计所要解决的问题.王光生将数学知识分为:①"联结—陈述性数学知识":只是表述了某些存在的事实,或者某些规定等,它们的获得不需要经过复杂的认知操作活动,这些命题主要是具有信息意义,如"两组对边分别平行的四边形叫作平行四边形"等.②"联结—程序性数学知识":表述事物普遍的规律或者逻辑必然性的东西,这类命题的获得则要经过复杂的认知操作活动,它们既有信息意义,又有智能意义,如"三角形的内角和等于180°".③"运算—陈述性数学知识":不需要经过复杂的认知操作活动而获得的,只有信息意义的程序,如书写汉字的笔画程序"先上后下,先左后右,先中间后两边,从内到外,先里头后封口".④"运算—程序性数学知识":表述了普遍规律或者逻辑必然性的东西,它们不仅有信息意义,而且有智能意义.如计算"$1+2+3+4+5+\cdots\cdots+100=?$"之类等差数列之和,计算公式是"(首项+末项)×项数÷2",这是完成这类计算题的计算程序,然而,这个计算公式或程序的得出,却需要经过分析、综合、推理等运算活动.个体联结类数学知识主要具有信息意义,宜采用有意义接受学习的方

式学习,而运算类数学知识则适合以探究学习的方式进行.①

3. 数学学习内容分析方法

(1) 归类分析法

归类分析法,顾名思义即对相关信息进行分类的方法.归类分析法在教学内容诊断过程中使用比较频繁,涉及对教学内容多个维度的诊断.比如,对教学内容价值取向的诊断、对教学内容基本结构的诊断、对教学内容与课程目标的知识性的诊断、对教学内容与学生发展适切性的诊断、对教学内容所欲达到的学习结构内容的诊断等方面都要广泛地运用归类分析法.在对教学内容进行分类后,或用图表、或列提纲,把实现教学目标需要的学习内容归纳成若干方面,从而确定学习内容所能达成的教学目标.图 2-2 所示的是"实数"主题的归类分析.②

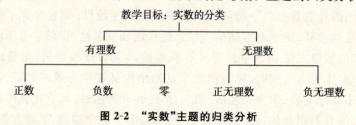

图 2-2 "实数"主题的归类分析

(2) 层级分析法

层级分析法是用于揭示为了达成教学目标所需要掌握的从属技能的任务分析方法.这是一个逆向分析过程,即从已确定的教学目标开始分析,分析从属目标(介于起点到终点之间的教学目标称为从属目标)及其类型.即从已确定的教学目标开始考虑,要求学习者获得教学目标规定的能力,他们必须具备哪些次一级的从属能力? 而要培养这些次一级的从属能力,又需要具备哪些再次一级的从属能力? 依次类推.各层次的知识点具有不同的难度等级——越是在底层的知识点,难度等级越低(越容易);越是在上层的,难度越大.层级分析的原则虽较简单,但具体做起来却不容易.它要求参加教学设计的学科专家、学科教师和教学设计者熟悉学科内容,了解教学对象的原有能力基础,并具备较丰富的心理学知识.

(3) 信息加工分析法

信息加工法是以信息加工心理理论为基础的一类诊断方法.信息加工分析法是将教学目标要求的心理操作过程揭示出来的方法.它按照思维顺序找出各部学习任务之间的结构关系,确定学习步骤,其最大特点是能够揭示有关学习行

---

① 王光生.知识类型与数学教学设计[M].数学教育学报,2007,16(3):27.
② 张辉蓉.数学诊断式教学设计研究[D].重庆:西南大学,2009.

为的心理操作模式.这种诊断方法弥补了其他方法中线性发展的局限,致力于全面的诊断教学活动.通常认为信息分析法主要由三个基本的结构顺序组成.这三个基本的结构顺序分别是线性、交替性和重复性的结构顺序.这三个顺序结构是绝对和一成不变的,研究者博姆和雅各皮尼为这三种基本结构分别设计了变形结构.

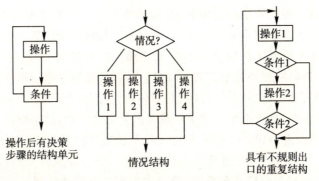

图2-3 信息加工分析法的变形结构

(4)图解分析法

图解分析法是一种用直观形式揭示学习内容要素及相关联系的方法,主要用于对认知类学习内容的分析.在图解分析过程中,主要需要关注以下几个方面:分析是否完备?是否囊括了内容的全部要点?对于这些要点的安排是否合理高效?在运用图解法进行诊断时,通常可以分五步来进行:列出与教学目标相关的事实、概念、原理等;把所列内容按顺序排列;用线条把各要素连接起来;图解成型后,全面核查内容的完整性、要素之间的逻辑性,如有必要则补充或修改;补充实例,提出教学建议.

(三)学习者的分析

在教学设计中,对学习者分析的最终目的在于通过对学习者学习风格、学习准备状态等的了解,为教学内容的选择和组织、教学目标的制订、教学活动的安排、教学策略的使用等提供科学的依据,以实现有针对性的教学设计,提升课堂教学效果.当前,对学习者分析的研究主要集中在学习风格、认知发展与起点能力等方面.

学习风格是学习者持续一贯的带有个性特征的学习方式,是学习策略和学习倾向的总和.学习风格从知觉方式上分为场依赖型和场独立型,从信息加工方式上分为整体—分析型和言语—表象型,从思维方式上分为聚合型和发散型,从记忆上分为趋同型和趋异型,从解决问题的方式上分为沉思型和冲动型.数学教育更本质的是一种特殊的教育,它有自己学科特有的学习规律和教学规律.在数学解题中,个体认知风格的差异是明显存在的,而且认知风格不同的学生在完成不同类型的学习任务时的成功率不同,换句话说,不同的题目有利于不同的认知风格的学生.[①]把数学学习认知风格描述为学生持续一贯的、带有个性特征的数学学习方式和数学学习倾向.数学学科具有高度的抽象性、严密的逻辑性和广泛的应用性,因而数学学习有自身的学习特征和认知风格.喻平对数学学习认知风格作了分类:(1)强抽象型与弱抽象型.强抽象型学生习惯于通过引入新特征强化原型的方式去获取知识或解决问题,表现出一种演绎型的思维方式;弱抽象型的学生习惯于从原型中选取某一特征或侧面加以抽象去获取新知识或解决问题,表现出一种归纳型的思维方式.在解题中,强抽象型学生习惯于分列式思维,弱抽象型学生喜欢从整体上分析问题,即体现为整体型思维.(2)分析型与综合型.在问题解决中,有些学生习惯于执果索因的思维方式,属于分析型认知风格;综合型学生喜欢由因到果的思维方式.(3)发散型与收敛型.具有收敛型认知风格的学生,在数学学习中习惯使所有信息朝着一个目标深入发展以生成和获取新信息,思维具有方向性和聚合性;具有发散型认知风格的学生,习惯对已知信息进行多方向、多角度的思考,在思维方向上具有逆向性和多向性.研究认知风格,对于深入了解学生,贯彻因材施教方针,提高教学质量有重要意义.数学学习过程是在特定的学习情景中,在数学教师的主导下,学生主体对数学知识的认知过程,在这个过程中,学生的数学认知结构在学习数学的情感系统的参与和影响下,不断地对数学新知识进行认知操作,结果导致学生的数学认知结构和学习数学的情感系统不断地变化和发展,从而达到数学学习目标的要求.因此,数学教师的作用在于促使学生数学学习过程顺利进行,以达到良好的数学学习效果为目标.相应地,数学教学策略就应当围绕着使学生形成良好的数学认知结构和学习数学的情感系统来制定.

在学习者的认知发展方面,皮亚杰的认知发展阶段论是最为著名的研究成果.依据个体的认知发展在连续性中呈现的阶段性特征,皮亚杰将儿童的认知发展划分为四个阶段:感知运动阶段、前运算阶段、具体运算阶段和形式运算阶段.

对于起点能力,研究者多集中在学生"数学现实"的研究."数学现实"原则是由国际著名数学教育家、荷兰的弗赖登塔尔提出的,数学"有各种各样的联系,有教师所理解的,也有教科书作者所理解的,这两种联系用处都不大,学校教学计划内建立的逻辑联系大多属于这一类,那就是数学内部的联系,构造成统一的数学,与此同时却牺牲了数学与外部的联系,而后者却正是更自然与更重要的……这种联系必须是自然形成的,至于是否如此也应该从学生的观点来决定",教学

---

① 袁贤琼.关于认知风格与数学解题的调查研究[J].数学通报,2001,(12).

"应该从数学与它所依附的学生亲身体验的现实之间去寻找联系".①华东师范大学的唐瑞芬教授把弗赖登塔尔的思想总结为一个基本结论:每个人都有自己生活、工作和思考着的特定客观世界以及反映这个客观世界的各种数学概念,它的运算方法、规律和有关的数学知识结构. 就是说,每个人都有自己的一套"数学现实",这个"数学现实"是客观现实与人的数学认识的统一体. 数学教育的任务就在于,随着学生们所接触的客观世界越来越广泛,应该确定各类学生在不同阶段必须达到的"数学现实",并且根据学生所实际拥有的"数学现实",采取相应的方法予以丰富,予以扩展.②

二、数学教学设计的过程

数学教学设计过程有各种模式,根据教学理论和学习理论的要求,分为如下几个步骤:

(一)数学教学目标的确定

目标对于教学顺序的安排和教学方法的选择具有指导作用,教学顺序的安排和教学方法的选择应与所针对的目标互相配合,并加以选择和排列. 教学目标具有多种不同的类型. 对不同类型教学目标的确定有助于针对性地进行教学活动,清楚地鉴别教学结果,准确地测量教学效果. 加涅与布鲁姆的目标类型划分是比较典型的. 加涅将人类习得的性能划分成五类,也就是五类学习结果:第一,言语信息. 指可用言语表达的信息,是回答世界"是什么"的陈述性知识;第二,智慧技能. 指个体运用符号或概念与环境相交互的能力,是回答"怎么办"的问题;第三,认知策略. 指学习者用来选择和调节自己的注意、学习、记忆与思维方式等内部过程的技能,以学习者自己的认知过程为对象,是回答"怎么学"的问题;第四,动作技能. 指人类习得的有意识地利用身体动作去完成一项任务的能力,是回答"怎么操作"的问题;第五,态度. 指一种习得的影响个体行为选择的相对稳定的内部反应倾向,是回答"怎样对待"的问题. 布鲁姆将教育目标按照预期学生学习之后所发生变化的行为分为三个领域——认知领域、动作技能领域和情感领域,而且对三个领域的教学行为进行逐层分析,形成了不同的学习水平,使教学结果更容易清楚鉴别和准确测量.

编制数学教学目标的步骤主要如下:第一,了解数学教学目的、内容和要求,明确数学教学的原则和测试评估的方法和要求. 第二,明确单元教学目标. 第三,

---

① 弗赖登塔尔著,陈昌平,唐瑞芬译. 作为教育任务的数学[M]. 上海:上海教育出版社,1995:21.
② 转引自:汤慧龙. 关于学生"数学现实"的研究[J]. 数学教育学报,2004,(2):13.

明确本课时教学的具体内容和要求.第四,了解学生的基础和学习特点.第五,按照内容和水平分类确定教学目标并加以陈述.①

(二)数学教学策略的选择

1.教学顺序的确定

数学教学顺序的安排,是在数学教学目标分析的基础上进行的,教学目标分析从终点目标出发,通过分析得到一系列先决技能,最后分析到起点能力.而数学教学顺序正好相反,它从起点能力出发,经过一系列先决技能,最后达到终点目标.包括以下几个方面:数学教学内容呈现顺序、教师活动顺序和学生活动顺序.对于数学教学不同的理解会将重点放在不同的方面,下面主要讨论数学教学内容呈现的顺序.

不同类型的学习结果需要不同的学习条件和教学顺序.第一,数学事实的呈现顺序.数学事实主要指数学符号、概念的名称和命题的内容等.一般采用奥苏泊尔的"先行组织者"理论,先简明概括地向学生解释数学事实的结构.第二,数学概念和原理的呈现顺序.一般有:从简单到复杂、从特殊到一般;由一般到个别,不断分化;类比的方式;从实践到理论,从感性到理性;发现学习等.第三,数学技能的教学顺序.一般分为三个阶段:认知,分解和定位.②

2.教学组织形式的选用

数学教学活动的展开需要一定的教学组织形式,常用的形式有:全班学习、小组学习和个别学习.在教学实践中,越来越注重三种教学组织性的结合运用,但是相对来说,大部分还是全班学习的形式,小组学习往往流于形式,个别学习尚未引起足够的重视.实际上采取哪种组织形式为主,应该与数学教学内容有关:第一,在数学命题和问题解决教学中,可采用先个别学习,后小组学习,再全班学习的形式.第二,在训练数学基本技能的教学中,可采用先全班学习,后个别学习,再小组学习的形式.③

3.教学方法的选择

教学方法是引导、调节教学过程中最重要的教学手段,是教学中旨在实现数学课程所计划的教学目标,旨在教授一定的教学内容,师生所必须遵循的原则性步骤.在教学过程中,教师如何处置这一类教学内容,不是找出适合教学过程各个阶段的方法,让学生"接受"知识,而是激发并引导学生以自我活动去掌握教学内容的学习依据,教学方法是以教学过程的内部逻辑为依据的.

---

① 奚定华.数学教学设计[M].上海:华东师范大学出版社,2001:72.
② 奚定华.数学教学设计[M].上海:华东师范大学出版社,2001:100.
③ 奚定华.数学教学设计[M].上海:华东师范大学出版社,2001:146.

教学方法首先受内容(符合教育学规律的教学内容)制约,例如,在历史教学中,要运用历史的思考方法来处理内容—方法之间的关系,历史教学是要探讨历史过程的演进,而数学是要用理性和创造性方法相结合的教学方式教学,因此,"内容决定方法"这一命题必须考虑学科教学方法的特殊性.一般来说,数学基本概念和技能的教学采用讲解法;数学定理公式和法则的教学采用讲练结合或引导发现方法;容易理解和掌握的内容的教学采用自学辅导的方法;实践性比较强的内容的教学采用实践活动方法.其次,根据学生和教师的特点选择数学教学方法.学生年龄较小,认识水平较低,较多采用直观经验的方式,多参与实践活动,少用讨论交流的方式;学生数学基础较好,自学能力较强,可适当选用自学辅导方式或引导发现的方式.对教学内容理解较透彻,善于用语言表达的教师可较多采用讲解法;洞悉数学思想发展的脉络,又善于启发学生的思维,运用引导发现法比较恰当.

三、数学教学过程的设计

一般来说,数学教学活动包含以下几类:引起学生注意;告知学习目标;呈现刺激材料;提供学习指导;引出行为;提供反馈;评价行为;促进保持和迁移.但是,这几类教学活动要按照不同的教学内容和目标等灵活地进行设计.研究者从不同的角度给出了数学教学活动的不同安排形式.

(一) 从数学知识的角度

数学知识分为"联结—陈述性数学知识""联结—程序性数学知识""运算—陈述性数学知识"和"运算—程序性数学知识".联结类数学知识主要具有信息意义,宜采用有意义接受学习的方式学习,而运算类数学知识则适合以探究学习的方式进行.①

【案例1】 一次函数的图像及其性质的主要教学过程设计,需两个课时.内容涉及函数图像的概念、画法、特征、一次函数的性质以及一次函数之间的关系等,属于"运算类数学知识",适合以探究学习的方式进行,"微软学生图形计算器"(Microsoft student graphing calculator)软件为学生的探究学习提供了理想的工具与环境.

第一,函数图像的概念

教师活动: 函数是研究变量之间关系的数学模型,在实际生活中,这种变化关系不仅需要借助数学关系式来表达,更需要借助图形来直观地呈现,

---

① 王光生.知识类型与数学教学设计[J].数学教育学报,2007,16(3):11.

为此就需要研究函数的图像.函数图像不仅可以直观表征变量之间的关系,而且是人们认识函数性质的窗口,那么如何定义函数的图像呢?为此,请同学们先利用图形计算器画出函数$y=x^2$的图像,并利用图形计算器的跟踪功能感知函数图像的形成过程,通过操作,你能发现函数图像是如何形成的吗?你能否给出函数图像的概念?

学生活动:利用图形计算器画出函数图像,并利用跟踪功能感知、体会函数图像的形成过程,归纳函数图像的定义.

设计意图:让学生明确学习函数图像的意义,并通过亲自操作感知函数图像形成的过程.图形计算器使得学习内容由静态变动态,由抽象变形象,学生可以真正地看到点的运动过程和曲线的形成过程.图形计算器为学生观察现象、发现结论、探讨问题提供了理想的工具与环境.

第二,函数图像的画法

教师活动1:我们已经知道函数图像实质上是由直角坐标平面内满足函数关系的无数个点组成的图形,那么如何在直角坐标平面内找到这些点?需要找多少个点?怎样利用这些点画出函数的图像?

学生活动1:自主思考,合作交流,形成共识.

设计意图1:以问题为驱动,以问题探索为形式,以实际问题解决为目的,突出学生的认知主体地位,通过自主思考、合作交流明确画函数图像的基本思路,为下一步自己动手画出具体函数图像奠定基础.

教师活动2:明确了画函数图像的基本思路,现在请同学们亲自动手画出一次函数$y=2x+1$的图像,并归纳总结出函数图像的画法.教师巡视,收集反馈信息,适时点拨指导.

学生活动2:手工绘制函数图像,并尝试归纳函数图像的画法:列表、描点、连线.

设计意图2:尽管图形计算器能够迅速、直接地画出函数图像,但传统的手工画函数图像的方法仍然是不可废弃的,因为学生可以从中理解函数图像生成的过程,形成必要的画图技能,而利用图形计算器学生只能看到画图的结果.同时希望借此过程,学生能够归纳总结出函数图像的画法.

第三,函数图像的特征

教师活动:(1)一次函数$y=2x+1$的图像是一条直线,那么是否所有的一次函数的图像都是一条直线呢?请归纳一次函数$y=kx+b$图像的特点,并利用图形计算器验证你得出的结论.(2)虽然一次函数$y=kx+b$图像都是一条直线,但这些直线与x轴正方向所成角的大小是不一样的,请你设计一个实验方案,利用图形计算器分别探索参数k与参数b对直线$y=kx+b$图像的影响,从中你能发现什么规律?

学生活动：(1)学生手工绘制若干一次函数的图像，提出猜想，并利用图形计算器快速作图功能验证自己的猜想，进而得出一次函数 $y=kx+b$ 的图像都是一条直线的结论．特殊的正比例函数 $y=kx$ 的图像是经过坐标原点 $(0,0)$ 的一条直线．(2)学生设计实验方案分别探索参数 k 和参数 b 对直线 $y=kx+b$ 图像的影响，并从中总结规律．

设计意图：基于计算机的图形计算器的使用正在改变传统数学．数学既是演绎科学也是归纳科学．图形计算器的出现改变了数学只用纸和笔进行研究的传统方式，给学生的数学学习带来了先进的工具，使得"数学实验"成为学生进行探究性学习的一种有效途径，一种新的做数学的方法，即主要通过计算机实验从事新的发现．图形计算器既是学生验证猜想的工具，更是学生进行探索实验的平台，此处渗透数学实验设计以及分类讨论等思想方法．

第四，一次函数的性质

教师活动：通过上面的探索实验，我们已经从图形直观地了解了一次函数图像的特征，而这些特征本质上是由函数本身具有的性质决定的，这充分体现了数学研究的基本思想方法——数形结合．"数无形时少直觉，形少数时难入微"．下面请同学们借助一次函数图像的特征，从函数表达式，即"数"的角度归纳一次函数的性质．

学生活动：自主探究，合作交流，汇报结果．

设计意图：函数图像是认识函数性质的窗口．利用图形计算器可视化的优势，能够从数与形的结合上准确呈现出一次函数的图像怎样随参数的变化而变化，帮助学生在操作中体会图像与 x 轴正方向所成角的大小、与 y 轴的交点等与参数的内在联系，为数与图像关联的教与学提供了极大的便利．本环节正是希望学生在动手实验探索的基础上，进一步进行理性归纳，得出一次函数的性质，并能进行适当的解释．

第五，拓展延伸——建构一次函数之间的关系

教师活动 1：由一次函数的性质可知，函数 $y=2x+6$ 和 $y=5x$ 随着 x 值的增大 y 的值也增大，请思考当 x 从 0 开始逐渐增大时，$y=2x+6$ 和 $y=5x$ 哪一个的值先达到 20？这说明什么？提出你的猜想，并用图形计算器验证你的猜想．

学生活动 1：自主思考，提出猜想，验证猜想，得出结论．

设计意图 1：进一步让学生利用函数的性质，研究两个函数随着自变量 x 的增大，函数值变化的不同速度，渗透数形结合的思想、运动变化的观点以及所蕴含的单调函数的特征，为后续进一步学习函数性质奠定基础．

教师活动 2：一次函数的图像都是一条直线，那么直线 $y=2x$ 和 $y=2x+6$ 的位置关系如何？直线 $y=2x+6$ 和 $y=5x+6$ 的位置关系又如何？从

中你能得出什么结论?利用图形计算器验证你所得出的结论,并与同学进行交流.

学生活动2:学生手工绘制函数图像或用图形计算器画出函数图像,观察两条直线的位置关系,并提出猜想,验证猜想,得出结论:对于$y_1=k_1x+b_1$和$y_2=k_2x+b_2$,当$k_1=k_2$时,两直线平行;当$k_1\neq k_2$时,两直线相交.反之,结论也成立.

设计意图2:这是一个操作、观察、归纳、猜想、验证的数学活动过程,通过两个函数图像的位置关系,得出函数表达式的特征;反过来,两个函数表达式的特征也决定了函数图像的位置关系.此环节使学生有效地沟通了不同的一次函数之间的关系,进一步渗透了数形结合的数学思想方法,同时也为后续学习二元一次方程组奠定了良好的认知基础.图形计算器为数学思想方法的可视化以及进行"数学实验"提供了理想的工具与环境.

(二) 从数学课型的角度

通常,研究者将数学课的类型分为概念、问题解决和复习课等.针对不同类型课程的特点,进行不同的数学教学设计.[1]学生对概念的建构,一般经历引入、理解和应用的过程,这既是知识的形成又是认知的渐进过程.第一,引入数学概念是理解和运用数学概念的前提.通过展示一定数量的实例来引入,然后概括出它们的共同特性.引入数学概念时应该注意选择的实例具有针对性和趣味性,淡化实例中的非本质特性,以免干扰数学概念的形成.第二,准确理解数学概念是学好数学概念的关键.如前所述,抽象出数学现象的本质需要通过变式教学,即通过对概念的多角度理解,分为概念变式(其中又可以根据其在教学中的作用分为概念的标准变式和非标准变式)和非概念变式(其中包括用于揭示概念对立面的反例变式),使学生获得对概念的多角度理解.具体过程有:通过直观或具体的变式引入概念,建立感性经验与抽象概念之间的联系;通过非标准变式突出概念的本质属性;通过非概念变式明确概念的外延.第三,数学概念的运用分为两个层面:一种是直觉水平的运用,另一种是思维水平的运用.基于"问题解决"的数学教学设计为新课程实施提供了一条有效的教学思路."问题解决"是数学教学设计的逻辑起点.数学学习的核心是让学生获得灵活的数学知识和高层次的问题解决能力.以"问题解决"为主线进行教学设计,以整体、综合的思维方式组织课程内容,使数学学习与具体问题的解决过程相一致,为实现数学课程目标提供了一种动态、融合的机制.[2]

---

[1] 奚定华.数学教学设计[M].上海:华东师范大学出版社,2001:163.
[2] 李红婷.基于"问题解决"的数学教学设计思路[J].中国教育学刊,2006,(7):64.

数学复习课具有概括性、重复性、系统性和综合性的特点,因此,在复习课的教学内容设计上,应该把最基本和最重要的部分放在首位.引导学生对最基本和最重要的知识进行梳理,将各部分的知识整合成一个系统.[①]

【案例 2】 "分数"概念的教学[②]

本案例的信息技术环境为一人一机型的多媒体教室,使用的信息技术媒体主要为 MPLab(Multi-Purpose Laboratory,万用拼图实验室)创意教学平台.MPLab 以数学实验教学的思想为指导,采用拼图而非画图的模式,向师生提供包括作图、拼图、变形、背景图片、文字编辑等功能,是专为开展小学数学学习活动,帮助学生"学"而设计的数学学习情境建构平台.

阶段 1:感知认识分数

教师活动:在 MPLab 平台上创设"唐僧分饼,怎样分才公平?"的问题情境,设计层层递进的问题:把 4 个饼平均分给 2 人,八戒可取走几个?把 2 个饼平均分给 2 人,八戒可取走几个?把 1 个饼平均分给 2 人,八戒怎么取呢?

学生活动:学生进入分饼的情境并很快对前两个问题作出回答,对于第三个问题,有一部分学生可以作出"半个"的回答.

教师活动:继续追问"半个"可以用哪个数来表示?引发学生产生认知冲突,引入"分数"的新概念.本阶段教师通过创设层层递进的问题情境,让学生在回答前两个问题的过程中初步体会"平均分"和"取"的意义,并用"同样多"这样生活化的语言表示"平均分"的含义.最后一个问题的提出引发了学生的认知冲突,让学生体会分数的应用情境(分东西时经常用到)并认识到分数产生的必要性,对分数形成初步感知.

阶段 2:体验理解分数

教师活动:教师一边演示把一个饼平均分为两份从中取走一份的动画,一边口述动画展示的分物过程,并板书;接着教师提问:(1)我们把这个饼分成几份?(2)这两块饼的大小怎样?是如何分的?(3)这一块我们可以用哪个数来表示?另一块呢?(4)你能用一句完整的话,把我们分饼的过程说一说吗?

学生活动:学生通过观察一个饼平均分成两份并被取走一份的过程,理解 $\frac{1}{2}$ 的意义,然后用自己的语言表述以上过程.通过观察,学生体会到分数

---

① 奚定华.数学教学设计[M].上海:华东师范大学出版社,2001:200.
② 庄慧娟,李克东.基于活动的小学数学概念类知识建构教学设计[J].中国电化教育,2010:80.

是如何形成的,表示的意义是什么;通过对问题的回答并结合分饼的过程理解它们所代表的意义.

教师活动:为了让学生更深入地体验$\frac{1}{2}$的意义,教师设计学生活动:请你在MPLab平台上用多种方法分出一个长方形的$\frac{1}{2}$.

学生活动:学生在MPLab平台上进行自主操作与探索,通过数学活动体验"平均分"的含义,并相互交流方法.大部分学生能想出前四种传统的分法(横着分、竖着分、斜着分).在MPLab平台的支持下,学生突破常规,放开思维,大胆探索,不断尝试,获得第5、第6种分法,还有更具创意的7、8、9三种分法,而且把利用直角分割的方法自称为"楼梯分法".在这一活动过程中,学生通过亲自动手探索平均分的方法,更深刻地体会到"平均分"的含义,使原来从观察中得到的表象经验内化到自己的知识结构中,实现了从感知现象到抓住本质的过渡,同时此过程也是对学生创新性思维的一种有益训练.

阶段3:抽象定义

教师利用MPLab再次播放分饼过程的动画,并结合动画依次展现分数线、分母、分子,使动画展现的对象与分数每一部分的内容对应,帮助学生理解分数的意义.之后,将此过程泛化表示到更多的分数意义中去.最后,教师引导学生总结分数的概念.此时,学生在前两个阶段的认识、体验中已逐步理解分数所表示的意义,把握了分数概念的两个核心点"平均分"和"取",初步建构起"几分之一"的抽象数学概念.

阶段4:应用拓展

为了巩固和检验对分数意义的理解,我们设置了多样化的练习活动,使学生通过观察、操作、探索交流等,再次确认和深化对几分之一和分数意义的理解.(1)表象的再次建构.让学生根据概念,将其意义用图像表征出来.(2)概念的再次建构.让学生自主在MPLab平台上利用画图、剪刀(平均分)、涂色等功能创作两个分数的图形表示.学生通过自主创作,将"概念"通过意义与其"表象"相连,这是由表象概念的反复验证、建构的过程.(3)概念所描述对象的变式化表示.认知心理学认为,只有当概念本质特征和变形了的非本质特征同时被认识时,本质特征才能被正确地认识.为了帮助学生深化理解概念,我们在MPLab平台上设计了变式化表示练习.学生可通过自己动手探索,剪切、重合、旋转、移动图形等得出结论.

(三)教师作为教学设计的主体

作为教学设计主体的教师,其主体性具体表现在四个维度:教师是教学内容的开发者;教师是教学目标的制订者;教师是教学策略的创造者;教师是教学评价的决定者.已有研究者从教学实践的角度将教师作为教学设计的主体进行数学教学设计.

【案例3】 "分式"主题的诊断式教学设计案例片段

第一,教材背景系统分析

知识背景:"分式"主要内容是分式的基本性质及其应用——分式的约分,以及在此基础上的分式的化简.本节课是在学习了分式的概念的基础上进一步学习分式的基本性质,是为学习分式的运算作准备的,具有承上启下的作用,在教材中处于重要的位置.分式的基本性质是分式乘除法、加减法及分式恒等变形的基础,掌握好分式的基本性质是学好分式的四则运算乃至全章的关键.教材首先提出两个探索性问题,引出"分式的基本性质";接着利用这一知识对分式进行变形,再应用它对分式进行化简,并引出"约分"的概念;最后通过"做一做"和"议一议"介绍什么是"最简分式",并说明化简分式时一定要化到最简.

学生背景:经过小学分数的学习,学生已知道了分数的基本性质,并会运用分数的基本性质进行分数的乘除运算,这是学生掌握分式的基本性质的前提条件.但是小学的分数运算又是他们学习的薄弱环节,这将给他们学习分式带来一定的困难.通过上一节课的学习,学生已掌握了分式的概念及分式有意义的条件,知道字母可代表任何数,因此,分式可类比分数来学习,由分数的基本性质易猜想得出分式也有类似的性质.事实上,分式基本性质是分数基本性质的抽象与延伸.由此学生可建立起对分式新的认知结构.同时,整式的除法、多项式的因式分解是学生学习分式化简的重要前提技能.由于学生未学习多项式除以多项式,因此,部分学生在遇到分子分母为多项式的分式化简时将会遇到障碍,教学中对他们应予以重点关注,出现问题及时分析原因并给予指导.最后,约分不彻底是学生容易出现的问题,教师教学时要据学生出现的问题加以引导交流.

第二,教学目标系统设计

依据义务教育数学课程标准,以教学内容的特点和学生认知水平为出发点,将本节课的教学目标确定为以下3个方面:(1)知识和能力.①掌握分式的基本性质,会化简分式.②理解分式约分的概念,知道分式约分的依据,初步掌握分式约分的方法.③了解最简分式的概念,知道分式化简的结果必须是最简分式或整式.(2)过程与方法.①让学生经历观察、类比、猜想、归纳的方法,类比分数的基本性质,推出分式的基本性质,培养学生的类比思维能力.②利用分式的基本性质对分式进行"等值"变形,让学生通过交流体会分式化简的要求.③培养学生独立思考、大胆质疑的创新精神,积累数学活动的经验.(3)情感、态度、价值观.以激励评价为手段,培养学生良好的情感态度与学习习惯.

第三,教学内容系统设计

本节课为了调动学生的积极性,教师不仅要设计一个合理的新课引入方法,还要类比分数的基本性质与约分,讲解分式的基本性质与约分,这样学生接受新知识也较容易.通过知识结构的合理安排,突出与学生已有知识的联系,既考虑学生的学习需要,又能兼顾学生的知识体系.本课通过锯子发明的故事引出类比的方法,创设了思维的具体情境,激发了学生多样化学习需要,满足了学生的求知欲,同时让学生在类比猜想的思考过程中完成对知识的构建.之后教学中又多次设计由分数的知识类比引出分式的知识,目的诊断学生类比思想的掌握程度及独立思考的思维发展水平,同时又促进了学生总结归纳能力的提高.教学中还设计了多组分式化简的练习,以便学生熟练掌握这项技能,最后通过应用拓展环节的设计来满足多层次学生的学习需要.

第四,教学策略系统设计

本节课以师生合作探索为核心,学生在参与活动中学习知识.在知识的呈现方式上,尽可能给学生留出一定的思考与探索空间,在一定程度上培养学生的思维能力与数学概括能力.基于前面对教学背景系统的分析,为能更好地达到教学目标,本节课将主要采用类比—发现式教学法,并结合自主探究、讨论,借助多媒体课件,按照"复习旧知诊断缺陷—问题情境引发新知——探索新解释应用—拓展引用归纳"的思路展开教学.

(三)评价阶段

数学教学设计方案的评价是教学设计的重要组成部分,可以对数学教学过程的各个要素和环节的选择和组织是否恰当作出判断和优化.按照评价的功能,教学评价可分为诊断性、形成性和总结性评价;按照评价基准不同,可分为过程评价和结果评价.数学教学设计方案的评价一般包括:第一,制订评价标准.主要包括以下几个方面:教学目标,教学内容,过程设计,教学方法和媒体的选择是否符合学生的学习规律等.第二,选择评价方法.主要有测验、调查和观察三种.第三,试用设计方案和收集资料.第四,整理和分析资料,得出评价结果.

有学者在梳理前人研究的基础上从八个方面总结了传统教学设计的局

限:①(1)基于工业时代,适应工业时代对人才培养与发展需求的产物.(2)其思维方式是典型的笛卡尔思维方式——要素还原主义,"原子论"分析思维.(3)认为知识是外在于学习者个体的客观存在,是可以通过传送、灌输的方式"给予"学习者的实体.(4)是自上而下的、技术或专家驱动的设计思路,具有明显的工程设计或技能训练设计经验的推演痕迹.(5)追求所谓"一般性和通适性"的设计模式,通常设定一种理想化的教学状态,构建线性的、程式化的模式,宣称设计的准确性和使用的优先性,导致用模式寻找问题的倾向,忽视了教学情境的独特性和教学主体对理论转换生成的必然性.(6)局限于低阶知识和能力的学习,忽视高阶知识和能力(尤其是高阶思维能力)的学习,忽视学习者的潜能开发、人格培育、创新与实践能力的培养,难以促进学习者的发展.与此相关联,传统教学设计重视的是低阶知识领域的学习,忽视情感、态度和价值观的培养与熏陶;重视学习的结果,忽视学习的过程和方法等等.可以说,这是传统教学设计思路最大的现实局限之一.(7)是一种繁琐的哲学,其推崇的精确细致、循序渐进的模式,很容易蜕变为一种形式主义,貌似严谨严密,却严重缺乏实用性和操作性.(8)教学设计和教学活动相分离.传统的教学设计一般在教学活动之前进行,教学活动严格按照教学计划来实施,教学设计和教学活动似乎是两种可以截然分开的活动.

尽管"客观—理性主义"在教学设计理论研究、教科书设计和教学实践中一直占主宰地位,但自20世纪80年代以来,教学设计的另一种哲学倾向,即"建构—阐释主义"的逐渐兴起,对"客观—理性主义"教学设计提出了深刻的挑战.虽然"建构—阐释主义"至今还未取代"客观—理性主义"而成为主宰性的教学设计理论框架,但其教学设计理念与实践得到越来越多的研究者认同,可谓方兴未艾.在教育技术研究领域,与"客观—理性主义"教学设计关注教学设计模式不同的是,"建构—阐释主义"主要关注的是教学理论问题.例如,大量的研究文献讨论了抛锚式教学、情境认知和认知弹性超文本教学问题,却很少涉及教学设计过程本身.尽管迄今为止,人们对"建构—阐释主义"教学设计模式的理解存在一定的差异,但还是可以概括其显著的共同特点.

四、数学教学设计的基本内容和设计过程

数学是一门古老而又崭新的基础学科,中学教育阶段的数学课程,其基本出发点是促进学生全面、持续、和谐地发展.随着经济社会的发展,人们对学生创新意识及创新能力培养的要求越来越高,新的课程标准的实施等因素,也对新时期

---

① 钟志贤.面向知识时代的教学设计框架——促进学习者发展[M].北京:中国社会科学出版社,2006:59.

的教师提出了全方位的挑战和考验.传统教案的设计与编写必须首先变革.教师要结合教学内容尽可能地创设一些生动的教学情境,结合学生熟悉的事物,把生活中的数学原型生动地展现在课堂中,使学生眼中的数学不再是简单的数学,而是富有情感、具有活力的知识.教学设计作为教师进行教学的主要工作之一,对教学工作起着先导作用,它往往决定着教学工作的方向;同时,教学设计的技能作为教师专业发展的重要内容,已成为教师从师任教必备的基本功.

所以,我们必须立足于学生的发展来设计数学教学活动,设计的内容应当包括:总体教学思路,教学的主要目标;学习素材的搜集准备;教学活动的组织形式;实现教学目标的策略方法和步骤;检测和评估等方面.

(一)教师的教学设计能力

教学设计能力是指教师综合运用各种知识和技能,根据课程标准的要求,针对学生的实际,设计体现一定理念的教学的能力,包括:掌握和运用课程标准的能力;理解和选择设计理念的能力;分析和调整教材的能力;了解学生的能力;制订教学计划的能力;编写教案的能力等.

事实上,数学教学设计是对传统的数学备课的进一步完善和发展,恰当的教学设计决定着课堂教学的方向.课堂教学是落实基础教育课程改革的最终保障,教师的教育理念归根结底要通过教学设计落实到课堂教学之中,进行教学设计是教师从教的看家本领.

(二)数学教学设计的基本内容

根据中学数学教学设计的概念可知,中学数学教学设计的基本内容包括:

1. 教学目标设计

分析教学需求,确定教学目标(教什么),这是教学设计的关键所在,通常须分析和设计学习背景、学习需求、学习任务.

2. 任务分析

进行任务分析要关注几个要点:一是关注学生的起点;二是关注学生主要的认知障碍和可能的认知途径;三是分析教学内容的重点、难点、关键;四是研究达成目标的主要途径和方法.

其中有两个问题十分重要:一是要关注学生的经验基础,一是要正确认识教材.对于前者,意味着不仅要考虑学科自身的特点,更应遵循学生学科学习的心理规律;要把学生的个人知识、直接经验和现实世界作为中学数学教学的重要资源.对于后者,意味着要"用教材教,而不是教教材".创造性地使用教材是本次新课程对我们提出的新的要求,教材是一个极具宏观性的蓝本,覆盖着极其广阔的时空,主要对教师教什么、学生学什么起到指向作用.教材仅仅是教师组织数学课堂教学活动的素材,使学生进行数学学习的平台.新理念下的教材给教师留下了比较大的创造空间,教师进行任务分析,就必须改变以教本为本处理教材的现象,根据学生实际、教学实际和当地实际,模拟教材,重组教材,编制教材,削减技巧性训练,增加其探索性、思考性和现实性的成分,为实施开放式、活动式的探究、合作、参与等新型学习方式创造条件.事实上,对中学生来说,喜好数学问题,对有关的数学活动充满好奇心,是进一步学习数学的必要前提和动力源泉.

3. 教学策略设计

设计教学策略(如何教)时,要从整体把握教学策略,融会贯通地理解和运用多元化的教学策略,根据学生的实际状态,创造性地组织教学,设计出具有特色、符合教师自身特征及实际教学背景的教学策略.

4. 教学评价设计

教学评价(教得如何)主要有四种比较典型的模式:决策性的评价模式、研究性的评价模式、价值性的评价模式和系统性的评价模式.

5. 教学反思

这是提高教师教学能力的关键步骤.主要针对如下一些问题开展反思:是否达到预期目标?没有达到的话,分析原因,如何改进?有哪些突发的灵感,印象最深的讨论,学生独特的想法?哪些地方与设计的教学过程不一样,学生提出了哪些没有想到的问题,为什么会提出这些问题?

实施新理念下的中学数学教学设计,目的在于帮助学生更好地进行中学数学学习,是为学习服务.为此,教学设计要体现学生数学学习的自主性,这是核心问题;教学设计要体现情感性,注重育人功能;教学设计要让学生有多种机会应用所学的知识,并广泛挖掘和运用各种教学资源;尤其要克服教学目标分析中的"知识结果中心"倾向,学习分析中的"教材中心"倾向,和教学策略制订中的"教师中心"倾向.

对以上内容的研究是中学数学教学设计的基本任务,如何运用这些内容和方法来解决教学问题就是中学数学教学设计的实施过程.

(三)中学数学教学设计过程

一般地,进行中学数学教学设计首先要对学习需要、学习内容、学习者、学习目标等几个要素进行分析.这里着重介绍学情要素分析.

1. 学习需要分析

学习需要是指中学生目前的状况与期望达到的状况之间的差距.分析学习需要的主要目的在于:

(1)发现教学中存在的问题.

(2)分析问题产生的因素,以确定中学数学教学设计能否解决.

(3) 分析现有资源及约束条件,以论证解决问题的可行性.

(4) 分析问题的重要性,确定优先解决的问题.

通常情况下,分析学习需要的方法有内部参照分析法和外部参照分析法.

内部参照分析法是以学习者所在的组织机构内部已经确立的教学目标为参照标准,来考查学习者与之的差距,从而确定学习需要的一种分析方法.采用内部分析法确定学习需要一般有以下几种渠道:

(1) 设计测试题、问卷等让学生回答,通过对其结果的统计、分析来获取期望的信息.

(2) 查阅学生近期的学业成绩和表现记录材料.

(3) 对与学生有密切关系的人员进行访问和座谈.

外部参照分析法是指根据社会需求为参照标准,考查学习者与之的差距,从而确定学习需要的一种分析方法.这种方法在中学数学教学设计中偶有使用.

2. 中学生特征分析

中学生作为教学过程的主体,需要通过积极主动的学习,获取丰富的知识、技能和行为经验,完成学习过程.中学数学教学设计是针对教学中的问题而设计,但最终目的还是为了解决这些问题.因此,分析中学生特征就变成中学数学教学设计工作中非常必要和重要的环节.对中学生的分析包括一般特征分析、学习风格分析和初始能力分析.

中学生的一般特征是指初中生的先天因素与环境、教育相互作用下形成的,对学生产生影响的生理、心理以及社会等方面的特点.它涉及中学生的年龄、性别、心理发展水平、学习动机、人格因素、生活经验以及社会背景等诸多方面,了解这些内容对中学数学教学设计很有帮助.对学生一般特征的分析方法主要是观察法、调查法、查阅文献法等.学习风格分析、初始能力分析一般侧重于对学生个性化学习情况进行分析.

3. 开发评测工具,设计并从事规范化评估

为了达到既定的教学目标,教学设计时,必须考虑评估学生是否达到教学目标的具体标准是什么,通过哪些指导性策略和具体的指导性材料能够促进和改善学生的学习行为.

4. 设计与从事综述性评估,进行教后反思

主要思考:是否达到预期目标?没有达到的话,其中的原因是什么?能提供改进的方案吗?有哪些突发的灵感?课堂上有没有印象最深的讨论以及学生独特的想法?等等.按照新的教育理念进行中学数学教学设计,要按照知识技能、过程方法、情感态度价值观等不同方面设计教学目标,考虑短期目标、长期目标、更长目标;要将新的数学观、数学与其他学科的综合性体现在具体的内容之中;要按照知识科学性、知识体系、编排特点、知识深度设计数学知识,要充分利用生活、经验、情境、问题、背景精心设计问题情境和教学过程,关注学生数学学习的兴趣,关注自主实践、合作、探究与传统学习方式的融合和优化.

在新的教育理念下,中学数学教学设计是一个学习的过程、研究的过程.一个成功的教学离不开成功的设计,只有充分地酝酿、思考、驾驭教材、驾驭学生,才有可能使我们的教学精彩纷呈,高潮迭起.

总之,现代意义下的教学设计更多地强调围绕学生的"学"而设计,通过创设恰当的情境,让学生实现有意义的建构,让学生进行再创造.从而,教学不再被看作纯客观知识的传递过程,也不再是一种完全按照事先确定的步骤进行的固定程序,而主要是学习者的再创造过程.教师对学生在学习过程中产生的错误采取较为容忍的态度,并通过师生的共同努力和学生积极、主动的参与,消除错误,获得理解性的掌握和全面的发展.

第三章 中学数学基本类型的教学设计

一、数学概念的教学设计

数学概念是揭示现实世界空间形式与数量关系本质属性的思维形式.数学概念是数学思维的细胞,是形成数学知识体系的基本要素,是数学基础知识的核心.教好数学概念,是提高中学数学教学质量的关键.数学概念的教学过程就是要使学生认识概念的来源及其意义,理解概念的性质和相互关系,会运用概念解决问题的过程.

(一)数学概念教学的两种形式

数学概念的产生,一般有两种情形:一种是直接从对客观事物的空间形式或数量关系的反映而得到的;另一种是在已有数学概念的基础上,经过多层次的抽象概括而形成的.即同类事物的关键特征由学习者从大量的同类事物的不同例证中独立发现,这种获得概念的形式叫概念形成.也可以用定义的方式直接向学习者呈现,学习者利用认知结构中原有的有关概念理解新概念,这种获得概念的方式叫概念同化.

相应于这两种形式,数学概念教学亦有两种形式:

由具体事实概括出新概念.这是一种侧重于概念形成的教学.当学生已有的知识结构简单而贫乏时,往往需要从大量的具体实例出发,利用学生的实际经验,以归纳的方式概括出一类事物的本质属性,初步形成一个新概念.这种形式在低年级,特别是在开始学习一门新的数学课程时运用较多.例如,初中生开始学习平面几何时,线段、三角形等概念都是由具体事物出发,经过初步抽象而得到的.

利用旧知识导入新概念.在中学阶段,随着学生年龄的增大,学生认知结构中逐渐积累了大量的数学概念,这时,再学习新的数学概念时,就不必个个都从具体事实出发,而可以利用已有认知结构中的有关概念,利用学生已经掌握的旧知识,以概念同化的形式进行教学.例如,建立有理数、实数等概念使用了外延定义法,这种方法是在整数、分数概念基础上定义有理数,而在有理数、无理数概念的基础上定义实数等.

(二) 数学概念教学的模式

数学概念的教学一般要经过以下几个阶段：数学概念的引入、形成、巩固．其教学的模式也有两种：概念形成模式和概念同化模式．

1. 我们先通过"等差数列"这个概念教学来看数学概念形成模式：

引入：

(1)给出具体实例

小萍掷铅球的成绩：3.9m，4.0m，4.1m，4.2m，4.3m……

商店卖鞋常用尺码：32码，33码，34码，35码，36码……

某幢宿舍一楼编号：102，104，106，108，110，112……

(2)观察分析

这些数据有什么共性？（从第二项起，每一项与它的前一项的差等于同一个常数）

(师)这样的数列我们就定义为等差数列．

形成：

(1)概括本质属性

数列中，从第二项起，每一项与它的前一项的差等于同一个常数．

(2)定义

如果一个数列从第二项起，每一项与它的前一项的差等于同一个常数 d，那么这个数列就叫作等差数列．常数 d 称为等差数列的公差．

巩固：

(1)正、反例强化

判断下列数列是否为等差数列？

3，7，11，15，19，……　　　　　　　（是）

1，2，5，8，11，14，……　　　　　　（不是）

1，−1，1，−1，1，−1，……　　　　　（不是）

1，2，2，3，3，3，4，4，4，4，……　　（不是）

(2)应用

求下列等差数列的公差：

3，6，9，12，15，……　　　　　($d=3$)

8，4，0，−4，−8，……　　　　　($d=-4$)

1，1，1，1，1……　　　　　　　　($d=0$)

注：a. 每一项与它的前一项的差为定值是等差数列的本质属性

　　b. 公差是每一项与它的前一项的差，顺序不可颠倒

　　c. 公差 d 可正可负可为 0

2.下面再通过"弧度制"这个概念教学来看数学概念同化模式:

引入:

(师)在初中几何里,我们学习过角的度量.1°的角是怎样定义的?

(生)周角的1/360为1°的角.

(师)这种用度作为单位来度量角的单位制叫作角度制,今天我们再来学习另一种在数学和其他教学学科中常用的度量角的单位制——弧度制.

(在学生已有的角度制知识基础上引入弧度制)

(师)弧度制的单位符号是rad,读做弧度.

我们把长度等于半径长的弧所对的圆心角叫作1弧度的角.即用弧度制度量时,这样的圆心角等于1rad.

(正面揭示弧度的本质属性,准确给出弧度的概念)

形成:

(师)请同学们考虑一下,周角的弧度数是多少?平角呢?直角呢?

(生)因为周角所对的弧长 $l=2\pi r$,所以周角的弧度数是 $2\pi r/r=2\pi$.同理平角的弧度数是 π,直角的弧度数是 $\pi/2$.

(师)由此可见,任一0°到360°的角的弧度数 x($x=l/r$),必然适合不等式 $0 \leq x < 2\pi$.角概念推广后,弧度的概念也随之推广.如果圆心角表示一个负角,且它所对应的弧长 $l=4\pi r$ 时,这个圆心角的弧度数是多少呢?此时,我们应该先求出这个角的绝对值,然后在其前面放上"—"号,及所求圆心角的弧度数是 $-l/r=-4\pi r/r=-4\pi$.

一般地,正角的弧度数是一个正数,负角的弧度数是一个负数,零角的弧度数是零.任一角 α 的弧度数的绝对值 $|\alpha|=l/r$,其中 l 是以角 α 为圆心角时所对弧的长,r 是圆的半径.这种以弧度作为单位来度量角的单位制叫作弧度制.

(进一步分析,得出弧度制的概念,并通过任意角的弧度表示明确了弧度制)

巩固:

用角度制和弧度制度量零角,单位不同,但量数相同(都是0);用角度制和弧度制度量任一角时,单位不同,量数也不同.下面我们来讨论角度与弧度的换算.

因为周角的弧度数是 2π,而在角度制下它是 $360°$,所以 $360°=2\pi \text{rad}$.

$180°=\pi\text{rad} \Rightarrow 1°=\pi/180 \text{rad}$ 　　角度化弧度时用之

$\Rightarrow 1\text{rad}=(180/\pi)°$ 　　角度化弧度时用之

(获得概念之后,通过角度制与弧度制的换算,及时地巩固)

(三)数学概念教学策略

1.概念引入的教学策略

引入新概念的教学过程,是揭示概念发生过程的过程.就是说,要揭示概念发生的实际背景和基础.概念的产生是认识过程中的质变,教师要设法帮助学生完成由感性材料到理性认识的过渡,为此应该提供丰富的直观背景材料.数学有逐渐抽象的特点,前一级抽象是后一级抽象的直观背景材料.所以直观背景材料,不仅是指实物、模型、教具等,而且指已经熟悉的概念、案例等.有时还可以利用有趣的、发人深省的问题来引入概念.下面举例说明.

(1)以感性材料为基础引入新概念

用来引入数学概念的感性材料是十分丰富的.可以是学生在日常生活中所接触到的事物,也可以是教材中的实际问题以及模型、图形、图表等.教学中,教师有目的有计划地展示一些足以反映某一数学概念本质属性的直观背景材料,引导学生去观察、分析、抽象出它们在形或数方面的共同性质,在这个基础上舍弃它们的非本质属性,突出本质属性,引入新概念.

例如引入"平行线"概念,可以给出学生所熟悉的实例.如铁路上两条笔直的铁轨,直驶汽车的两道后轮印,黑板的上下边缘等,给学生以平行线的形象,然后引导学生分析这些事物的共同属性:它们都是两条笔直的线,都可以向两边延伸,都在同一个平面内,两条线处处都隔得一样远,所以总不相交.用几何语言把共同属性表达出来就是:"在同一个平面内两条直线不相交","在同一个平面内两条直线之间的距离处处相等",并且指出用"平行线"来表示这样的直线.最后给出平行线的定义:"在同一个平面内两条不相交的直线叫作平行线."

在用感性材料引入新概念时,应选择那些能够充分显示特征性质的事例,学生才易于从中分析出共同的特征性质,形成概念.

(2)在学生已有知识的基础上引入新概念

直观背景材料不仅指实物,而且包括已熟悉的概念.数学学科中的概念,按一定逻辑规律构成概念体系.我们可以采取适当的方法,在学生已熟悉的概念的基础上引入新概念.

①通过与已定义概念类比引入新概念.数学中有些概念的内涵有相似之处,我们常把这些概念作类比,明确其本质属性的异同,从而揭示新概念的内涵,引入新概念.比如,类比分数概念引入分式概念,类比平行线概念引入平行平面的概念.

②通过对已定义概念一般化或特殊化引入新概念.从已定义概念的内涵中去掉一些特征性质或者加进某些性质,就可以得到更一般的或更特殊的概念,这也是引入新概念的常用方法,这种方法容易明确内涵,学生也容易接受.例如,"矩形"有"两组对边互相平行""一个角为直角"等性质,去掉"一个角为直角"这一特征性质,就得到更一般的概念"平行四边形".再加上"一对邻边相等"这一特征性质,就得到更特殊的概念"正方形".这是通过概念的一般化、特殊化引入新概念.

③通过普通归纳引入新概念.例如,正负数概念的引入,如气温有零上30℃,零下4℃;图书馆昨天进了48本书,今天借出了12本;小李比小王高7厘米,而小朱比小王矮6厘米.为了有系统地处理这种相反意义的量,将其中一种意义的量表示为带有"＋"的数;而将另一种相反意义的量表示为带有"－"的数.比如,零上20℃表示为＋20℃,零下4℃表示为－4℃.在以上各例中像＋20,＋48,＋7等带有正号"＋"的数叫作正数.

④通过揭示事物发生的过程引入新概念.教材中的发生式定义,一般是通过直观演示或画图说明的方法揭示事物发生过程.如圆周、平角的概念都是这样引入的.

⑤通过运算引入新概念.教学中有与运算相关的概念,常与另一些与运算相关的概念存在互逆或互反的关系.对于这些概念,一般是通过讲清这两类概念之间的关系来引入新概念.例如,有理数的减法与除法,可以在学过的"加法与减法""乘法与除法"的关系的基础上直接引入.

2. 概念形成的教学策略

在数学概念学习中,应注意如下几方面:

(1)理解定义

定义的理解不仅表现在对表达定义的每一个词语能懂得它的含义,更主要的是表现在能理解获得定义的抽象与概括事物属性的每一个步骤.例如,任意角的三角函数的定义,以正弦为例,它的定义涉及许多"预备"概念,如任意角的概念,点的平面直角坐标的概念,比的概念,相似三角形的概念,函数概念等等,这里每一个预备概念都是经过抽象才得到的.对一个新概念定义的理解就必须以对这一系列预备概念的理解为前提.正弦函数定义所涉及的这一系列预备概念中,"两条线段的比"这一概念是关键.在概念教学中,必须抓住形成概念的关键.

(2)掌握内涵

概念的定义并不反映被定义的概念所包含的全部本质属性,因此,概念的形成还必须以掌握概念所包含的全部本质属性为条件.也就是要掌握概念的内涵.例如,从平行线的定义出发可以推出平行线的判定定理;引入了平行公理后,又可以推出平行线的性质定理.

(3)完成分类

完成概念的分类,可以给出概念的体系.讲了有理数之后,必然要进行有理数的分类.讲了三角形之后,必然要进行三角形的分类.对于不同概念体系的分类,它们相互之间的联系和作用,也应重视.比如,已知方程 $kx^2+y^2=4$,其中 k 为实数.对于不同范围的 k 值,分别指出方程所代表的图形的类型.

3. 概念巩固的教学策略

数学概念的巩固过程,就是识记概念与保持概念的过程.由于数学概念具有高度抽象的特点,不易达到牢固的掌握,加上概念较多,数学概念的巩固具有十分重要的意义.

巩固数学概念的途径和方法主要有以下三种:

(1)在理解意义的前提下,熟记数学符号表示的概念.对于数学概念的定义定理的掌握要求理解而不能要求死记,这几乎可以作为概念教学的一条原则.但对于以数学符号表示的概念,都应采取适当的手段达到熟记.比如,锐角三角函数的定义 $\sin\alpha=$对边/斜边,$\cos\alpha=$邻边/斜边等等,都要熟记,在运算中能起指示或提示的作用.

(2)在概念的教学中,要做到"以旧带新,承前启后,温故知新".由于新概念的学习必然涉及一系列旧概念,所以,在任何教学过程中,都应创造条件,允许学生进行旧知识的"返回",返回的形式可以是在教师的提问下回忆旧概念,也可以让学生在新知识的预习中复习旧知识.例如,在初中,三角形的边角关系是"大角对大边",是三角形概念的定性反映;在高中,正弦定理是三角形概念的定量的反映.定性是定量的基础.在正弦定理的教学中,先复述大角对大边,再引入.既学习了新知识,又巩固了旧知识.

(3)数学概念主要在运用中巩固的.通过时间检验,可以纠正错误的认识;通过实际运用,可以促使更加深刻的理解.比如,"三角形的高",定义时往往只用处在标准位置的锐角三角形,给出定义后,教师可以画出不在标准位置的钝角三角形和直角三角形,让学生作出它们的三个高.

数学概念的教学既是数学教学的重要环节,又是数学学习的核心,其根本任务是准确地揭示概念的内涵与外延,使学生思考问题、推理证明有所依据,能有创见地解决问题.在数学教学中要自始至终抓住数学概念的本质属性及其内部关系,就要注意概念的引入,掌握概念的形成,重视概念的巩固.

二、数学命题的教学设计

(一) 数学命题的学习

数学命题学习主要是指学习数学公理、定理、法则、公式,其目的是为了掌握这些数学命题,并能应用数学命题解决实际问题,或为进一步学习其他数学命题作必要的准备.学习一个数学命题的包含以下四个方面:

1. 数学命题的内容

这是数学命题学习的最基本的部分.要让学生会用准确的语言说出数学命题的内容,如勾股定理.

2. 数学命题的结构

能分清数学命题的条件和结论,掌握它们之间的关系,并进一步分析该数学命题与其他有关概念、命题之间的关系.

3. 数学命题的证明

数学命题的证明体现了数学命题与原有知识结构之间的逻辑联系,有助于加深对数学命题的理解和记忆,是培养学生逻辑思维能力的有效途径.

数学命题的证明常用方法,如分析法、综合法、演绎法、数学归纳法、反证法、同一法等.这些方法不仅对数学学习十分重要,而且对其他知识的学习也是十分重要的.数学命题的证明不仅是对数学命题的直接验证,而且可以培养学习者的创新意识.

4. 数学命题的应用

数学命题在现实生活和在后继的数学命题学习中有广泛的应用.因此数学命题的应用是数学命题学习的重要组成部分,要通过例题和习题让学生领会定理和公式的适用范围、应用的基本规律和注意事项.

(二)数学命题学习的两种形式

1. 数学命题发现学习

发现学习是指学生独立地发现结论的学习方式.学生从具体例子出发,通过操作、实验、分析、推理,发现一般结论.发现学习强调学习过程,重视直觉思维,有利于激发学生的智慧潜能,培养学生的内部学习动机,学会发现的技能.

数学命题发现学习的过程是一个探索的过程.例如,在学习了三角形内角和定理后,通过将四边形分割成两个三角形,可以得到四边形内角和等于 360 度;通过将五边形分割成一个四边形和一个三角形,可以得到五边形的内角和为 540 度,依次类推,通过归纳可以得到多边内角和定理.当然在有些情况下,数学命题发现学习也可以通过演绎推理进行.

数学命题发现学习的过程大致有以下几个环节:

(1)提出假设;(2)探索发现;(3)验证假设;(4)得出结论;(5)理解和应用.

2. 数学命题接受学习

接受学习是将学习的内容以定论的形式呈现给学生,学生将这些内容加以内化.

数学命题接受学习的过程大致有以下几个环节:分析命题、激活旧知识、证明命题、理解和应用.

(1)分析命题.观察命题,理解命题的含义,分析命题的条件与结论、命题的逻辑结构.

(2)激活旧知识.在原有的认知结构中找出与所学习的命题有关的概念、定理和公式等,建立新的数学命题与原有认知结构的联系.为此要对与所学习的命题有关的数学概念和命题作适当的复习,这样有助于学生加深对所要学习的数学命题的理解,为数学命题学习扫除障碍.

(3)证明命题.在此基础上进一步分析命题证明的思路,得出命题的证明过程.

(4)理解和应用.通过例题和练习进一步深入理解数学命题,并学会它的各种应用.

由于数学命题学习的上述两种形式各有优点与不足,因此在教学中常常采用将两种形式相结合的方法.当命题学习发现较难实现时,可部分采用接受学习的方法.即由教师作较多的提示,对命题中难以发现的环节作适当的点拨,甚至是教师直接讲述,在越过这一部分后,再让学生进行探索,尝试发现.在数学命题接受学习的过程中,教师也可以选择一部分内容,让学生通过探索有所发现.两种命题学习形式的有机结合可以实现相互间的取长补短,从而提高命题学习的教学效果.

(三) 数学命题教学的设计

1. 数学命题引入的设计

数学命题的学习形式有两种,即命题的发现学习形式和命题的接受学习形式,采用不同的学习形式,命题引入的设计是不同的.

(1)发现学习形式的命题引入设计

如果用发现学习形式学习数学命题,在数学命题的引入设计中,首先向学生提供一系列的实例、研究素材,让学生在一定情境下,通过观察、实验、操作、讨论和思考,探索规律,提出猜想和假设,然后引入数学命题.

在设计时应注意以下几个具体问题:

①例子的选取.在引入时选取的实例应符合所要发现的数学命题的条件,背景要比较简洁,尽量少一些干扰,并尽可能带有趣味性,与现实生活相关联.

②实验与操作的设计.例如可以设计图形的翻折、旋转和分割,度量线段的长度和角大小,以及利用叠合表明相等或不等的关系,用尺规作一些基本的图形等.实验与操作可以依赖于实物模型、教具、学具以及其他适当的手段.

③提问的设计.提出的问题要让学生明确从哪个方向去发现结论,或者明确实验与操作所要达到的目标.要重视提问的深度,尽可能避免是非式或填空式的提问.

④讨论的设计.对学生的讨论要有明确的要求.讨论的问题要具体,能引起不同意见的争论.

⑤多媒体教学的设计.用多媒体课件辅助数学命题发现学习,动态的画面,鲜艳的色彩,常能起到事半功倍的作用.利用重复显示的效果可显示探索的过程,说明知识发生的过程.根据需要也可以让学生参与教学过程,运用计算机自

己来探索和发现数学命题.

(2)接受学习形式的命题引入设计

数学命题接受学习是直接向学生呈现数学命题.

为了使学生更好地掌握所学的数学命题,必须在原有的认知结构中找到有关的概念和命题,为此必须对旧知识进行复习,为学习新的数学命题扫清障碍,在复习的基础上引入新的数学命题.复习的设计要注意以下几点:

①针对性.要根据学生在命题接受学习的过程中可能产生的困难,有针对性地确定复习内容.同时,也要复习与新命题相关的概念与命题.

②趣味性.复习不应当成为知识的简单重复,应尽可能使复习具有新鲜感,努力创设新的情境,以提高学生的学习兴趣.

③参与性.复习应当强调学生参与,以学生为主体,教师应启发学生完成复习,并为学生留有回忆与整理旧知识的时间.

2. 数学命题应用的设计

(1)例题的设计

例题的作用在于巩固和运用所学的数学命题.在教学中要注意命题条件的验证,命题的合理应用.例题应适量选择,量过少不足以巩固命题学习,量过多又显得重复与单调,不能引起学生的兴趣.

(2)练习题的设计

问题的设计要遵循循序渐进,由易到难,由单一到适当复杂,由无干扰到有干扰的原则.还要包括综合题、实际应用题和探索性、创造性、开放性问题的设计等.

三、数学问题解决的教学设计

(一)情境的设计

创设情境是数学问题解决教学过程的重要环节,情境的设计要有利于激发学生的求知欲,有利于培养学生的探索精神,有利于培养学生的自信心,有利于培养学生的合作精神.常见的有以下几种情境:

1. 问题情境

教师要为学生创造一个适合自己寻找知识的意境,使学生经常处于"愤"和"悱"的状态,引导学生,自己去做力所能及的事.教学过程中,先与学生一起对问题进行观察和磋商,逐渐造成这种情况——这个问题学生急于解决,但仅利用已有的知识和技能却又无法解决,形成认知冲突,这就激发了他们的求知欲.这个"问题"可以来自数学知识内部,也可以来自数学知识外部,甚至可以来自现实生活.在设计时,可根据所教的知识内容和学生的实际情况来拟定问题,要比较多地关注发生在学生身边的问题,融生活趣味和知识趣味于一体的问题.

问题情境必须与学生在数学上和文化上的成熟程度和经验相适应.在设计时,要让学生去体验真正的问题,真正的问题是一种情境,它是比较复杂,具有一定的挑战性的尚未解决的问题;同时,还要注意层次性,使对简单情境下的探究会推广到另一个情境,或可用多种水平加以处理.问题情境还可以用口头、文字、事物、图画、图像形式以及计算机方法进行模拟.

2. 情绪情境

创设情绪情境能培养学生的意志和自信心.当学生不能解决所提问题时,可先设计一些他们当时能解的问题让他们做,并在他们取得初步成功时积极鼓励他们,这时体验到的喜悦,可以激励学生为取得即将到来的胜利,从而克服新的困难.当一些学生不想解题,甚至不愿正确理解这个问题时,教师要设法激起学生的好奇心,给他某种解题愿望,同时应当给学生一些时间,使他下定决心来解决问题;当学生求解那些对他来讲并不太容易的问题时,要让他学会败而不馁,学会赞赏微小的进步,学会开拓思路并积极进取.

3. 教室环境

教师应当创设教室环境以利于培养学生的数学才能,这样的教室环境应该是:尊重和重视学生的想法和观念;为探索和掌握数学思想和数学知识提供必要的时间;为数学技能的培养提供必要的资料;鼓励学生每一个微小的进步,切忌责怪学生;鼓励学生独立地学习;鼓励学生积极参与小组或班级学习活动,使班级形成一个彼此合作的智力团体.在课堂教学中,教师应当扮演顾问、辩论会主席和对话人等角色,而不只是讲授者和权威;教师应当鼓励学生用口头或书面的形式表达他们自己的想法,学会以合作的方式解决问题.

(二)问题的设计

问题的设计是数学问题解决教学过程设计的关键,必须设计一些"好问题",所谓"好问题"应该具有下面一些特点:

1. 具有较强的探索性

它要求人们具有某种程度的独立见解、判断力、能动性和创造性.这就如波利亚所指出的:"我们这里所指的问题,不仅是寻常的,他们还要求人们具有某种程度的独立见解、判断力、能动力和创造精神."这里所提出的"探索性"的要求是和学生的实际水平相适应的.

【案例1】 A 离学校 10 千米,B 离 A 有 3 千米,试问 B 离学校几千米?(荷兰)

[说明]这是荷兰弗赖登塔尔数学研究所所长德朗治 1993 年在上海数学会作报告时介绍的题目之一.这道题的特点在于没有指明 A、B、学校

三者是否在一条直线上,或一个平面上,或在三维空间上.

题目的样式非常普通,简直像一年级小学生做的问题,但是深入一想,觉得内涵很深.关键在于"数学表现"能力的运用.

①若三点在一条直线上,答案是 7 或 13.

②若三点在一个平面上,

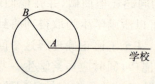

学过平面几何的学生,应该用圆表示 A,B 的位置,此时的答案是区间 $[7,13]$ 中任何数字.

学过解析几何的学生,可以画直角坐标系,用坐标和距离公式来表示.学过参数方程、复数的,也可以用参数方程、复数来表示.也可用余弦定理来求解.

③若三点在三维空间,则需要用球面来表示.

2. 具有一定的现实意义或与学生的实际生活有着直接的联系

有趣味和魅力,从而使学生能逐步认识数学的价值和数学美,感到数学学习是一种有意义的活动,这对于调动学生学习数学的积极性是十分重要的.

3. 具有多种不同的解法或多种可能的解答,即开放性

一个好问题常常可以用许多种不同的方法来解决,问题解决的过程可以在代数解答中、几何解答中、甚至可以在三角函数中寻求到解答.这样的问题可以使学生明白通常有许多途径去解剖一只"数学麻雀",使学生明白解题不仅仅是简单地得到一个答案,而是发现数学的关联和思想.对于问题解决过程来说,用三种方法解答一个问题,比解答三个问题而每个问题只用一种方法更有价值.

【案例2】 若 x_1,x_2,y_1,y_2 均为实数,求证 $\sqrt{(x_1+x_2)^2+(y_1+y_2)^2} \leqslant \sqrt{x_1^2+y_1^2}+\sqrt{x_2^2+y_2^2}$.

方法一:(略)证明不等式的常用方法,进而联想到重要不等式.

方法二:不妨设点 $A(-x_1,-y_1),B(x_2,y_2),O(0,0)$,

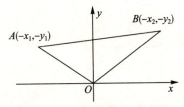

如图,在 $\triangle ABO$ 中,有 $|AO|+|BO| \geqslant |AB|$.

而 $|AO| = \sqrt{x_1^2+y_1^2}$,$|BO| = \sqrt{x_2^2+y_2^2}$,

$|AB| = \sqrt{(x_1+x_2)^2+(y_1+y_2)^2}$,

所以,不等式成立.

方法三:设 $z_1 = x_1+y_1 i$,$z_2 = x_2+y_2 i$,

则 $|z_1| = \sqrt{x_1^2+y_1^2}$,$|z_2| = \sqrt{x_2^2+y_2^2}$,

$|z_1+z_2| = \sqrt{(x_1+x_2)^2+(y_1+y_2)^2}$.

又因为,对于任意复数 z_1,z_2 有 $|z_1+z_2| \leqslant |z_1|+|z_2|$.

所以,不等式成立.

从这道题,我们看到这虽是一道代数题,但我们用几何方法、复数方法去解决的这个问题,而且方法简洁,使我们发现了数学之间的关联,开阔了视野.

4. 具有一定的发展余地,可以推广或扩充到各种情形.

也就是说,希望给学生的问题能够引出新的问题和进一步的思考,成为丰富的数学探索活动的起点,给学生提供"做数学"的机会.一个好问题并不一定在找到满意的解答时就结束,所求的答案可能暗示着可以对原问题的各部分作种种变化.如把几何问题从二维平面的问题变为三维空间的问题;固定一个变量而改变另一个;将问题的特殊情形推广到较一般的情形等.

【案例3】 设 x,y,z 是正数,求证 $\dfrac{x^2}{y}+\dfrac{y^2}{z}+\dfrac{z^2}{x} \geqslant x+y+z$. (1)

证明:因为 $a^2+b^2 \geqslant 2ab \Rightarrow a^2-ab \geqslant ab-b^2$,

即 $a(a-b) \geqslant b(a-b)$.

若 $b>0$,则 $\dfrac{a}{b}(a-b) \geqslant a-b$,

而

$\left(\dfrac{x^2}{y}-x\right)+\left(\dfrac{y^2}{z}-y\right)+\left(\dfrac{z^2}{x}-z\right)$

$= \dfrac{x}{y}(x-y)+\dfrac{y}{z}(y-z)+\dfrac{z}{x}(z-x)$

$\geqslant x-y+y-z+z-x=0$,

所以 $\dfrac{x^2}{y}+\dfrac{y^2}{z}+\dfrac{z^2}{x}\geqslant x+y+z$.

仿上述的证明方法,只须注意到 $y_1+y_2+\cdots+y_n$
$=x_1+x_2+\cdots+x_n$,
即可证明.

在证明后,可引导学生探索一般规律,对多个正数是否也成立呢?

设 $x_1,x_2,\cdots,x_n$ 是正数,求证:$\dfrac{x_1^2}{x_2}+\dfrac{x_2^2}{x_3}+\cdots+\dfrac{x_{n-1}^2}{x_n}+\dfrac{x_n^2}{x_1}\geqslant x_1+x_2+\cdots+x_n$. (2)

事实上(2)是成立的,且证明方法与(1)相同.

进一步思考,对(2)式我们发现左边各项的分母具有一种特殊的顺序.在分母不具备这种顺序是否也有同样的结论?

设 $y_1,\cdots,y_n$ 是正数 $x_1,x_2,\cdots,x_n$ 的某一排列,求证:$\dfrac{x_1^2}{y_1}+\dfrac{x_2^2}{y_2}+\cdots+\dfrac{x_n^2}{y_n}\geqslant x_1+x_2+\cdots+x_n$

从这道题不难看出,从问题到问题,使问题层层深入,思维不断深化.给学生提供"做数学"的机会,使学生学会思考,学会发现问题.将问题的特殊情形推广到较一般的情形,使学生学会从特殊到一般、归纳、抽象的思考方法,加深对数学思想方法的理解.

5. 具有一定的启示意义,蕴涵重要的数学思想方法

也就是说,不仅问题本身有价值,而且解决问题所涉及的思维模式也同样有价值.它有利于学生获得有关的数学知识和思想方法,也能为问题解决策略的具体运用提供良好的素材.从而,这就不应是所谓的"偏题""怪题".目的是希望这些问题能够把学生引向真正的、有价值的数学.

【案例4】新学校恰有1000把锁和1000名学生.开学那天,学生们在教学大楼外集合,并一致同意下述计划:第一名学生进入学校后打开所有的锁.然后,第二名学生进入学校并且锁上编号为偶数的锁,第三名学生改变所有编号为3的倍数的锁的状态(即把锁着的打开,把开着的锁上),然后第四名学生又改变所有编号为4的倍数的锁的状态,如此下去.直到1000学生都进入学校,并且改变了相应的锁的状态为止,试问哪些锁最后还开着?

讨论:试图就1000把锁来进行试验,看来是无结果的,因而让我们分析10把锁和10名学生的情形,并且尝试一下能否找到一个模式.

我们看到编号为1,4,9的锁仍然开着,而其余的全锁上了.于是我们得出,当1000名学生都进入学校以后,只有编号为完全平方数的那些锁仍然开着.锁的"改变"一次对应着它的编号的一个因子,要使锁仍然开着需要奇数次"改变". 什么样的数有奇数个因子呢？只有完全平方数. 解决问题所涉及的思维模式"特殊到一般"，有利于学生获得有关的数学知识和思想方法.

6. 问题的表述应当简单易懂

即问题解决入口处不需要多少形式的背景、特殊的知识和方法，教师用不着去提供很多的背景信息，学生也不会被复杂的背景所限制. 这就如同希尔伯特所指出的："这里对数学理论所坚持的清晰性和易懂性，我想更应以之作为一个堪称完美的数学问题的要求."

当然，上面所列举的各个标准并不可能在每一个问题中都得到充分的体现. 事实上，所谓问题的"好"与"坏"只具有相对的意义. 但是，我们教师在教学中应努力去挖掘"好"的问题，奉献给学生. 比如以下的问题：

问题 1 同室四人各写一张贺年卡，先集中起来，然后每人从中拿一张别人送的贺年卡，求四张贺年卡不同的分配方式.

容易看出本题具有以下特点：

(1)是一个具有真实意义的问题，即与学生的实际生活相联系.

(2)有多种不同的解法.

可用分类方法解. 设四人 A、B、C、D 的贺年卡分别为 a、b、c、d，若 A 拿到贺卡 b 时，有下面 3 种分配方式：

A	B	C	D
b	a	d	c
b	d	a	c
b	c	d	a

同样，A 拿贺卡 c 或 d 时也各有 3 种分配方式，因此共有 $3+3+3=9$ 种分配方式.

本题也可用分步方法解：四人中有 1 人先拿别人的贺卡，不妨设是 A 的贺卡，有 C_3^1 种取法；再由 A 去取别人的贺卡，也有 C_3^1 种取法，其余两人的取法是唯一的. 因此，$C_3^1 \cdot C_3^1 = 9$ 种分配方式.

(3)问题的情境新颖，无法直接套用公式、法则，需要对分类或分步的思想方法，以及加法原理、乘法原理等基本概念掌握的比较好才能加以解决.

(4)该问题可以进一步推广为：将编号为 $1, 2, 3, \cdots, n$ 的 n 个元素（$n \geqslant 2$），放在编号为 $1, 2, 3, \cdots, n$ 的 n 个格子内，编号为 k 的元素不能放在 k 号格内的方法一共有多少种？

问题 2 把奇数 1,3,5,…,2n+1,… 排成五列,具体排法如下图所示,则 1985 在____列.(美国第 36 届数学竞赛题)

I	II	III	IV	V
	1	3	5	7
15	13	11	9	
	17	19	21	23
31	29	27	25	
⋮	⋮	⋮	⋮	⋮

分析 由于 1985=2×992+1 可知,1985 是第 993 个奇数,每行排 4 个奇数,而 993=4×248+1,因此 1985 位于第 249 行第一个数.容易观察出奇数行,偶数行的排列方式相同,249 是奇数,奇数行的第一个数在第二列,所以 1985 在第 II 列.

该问题所设计的奇数排列方式有独到之处,对解答者数学知识的要求不高,但必须具有一定的观察能力和分析能力.

(三)学生活动的设计

数学问题解决教学强调的是学生的自主学习活动.在整堂课中,什么时候让学生独立思考、独立操作,什么时候让学生讨论、交流信息,怎样组织讨论和交流等,教师在设计时都要作精心的安排.

1.活动的顺序

学生活动通常可以这样进行安排:

(1)理解问题,可由学生自己读题和理解,也可以师生一起观察和磋商.

(2)寻找问题与已有知识的联系.

(3)讨论和个体探究,可先个体探究后讨论,也可先讨论后个体探究,也可以个体探究和讨论一起进行.

(4)交流结果和心得.

探究活动可以通过听、看、读、思考、动笔、利用计算器和计算机等方式进行.

2.教学形式的选择

问题解决教学主要通过个体探究和群体交流两种活动来进行.与此相适应的教学组织形式有:全班、小组和个人三种.

(1)全班的教学形式.上课时,教师在同一时间和全班所有学生进行交流,给他们讲述、解释、演示,组织他们讨论.教师在学生交流中必须能创造出最理想的条件,以激发学生的学习动机和创造精神,正确地形成他们的个性,必须能为教学创造一个良好的热烈的氛围,防止学生心理障碍的出现,控制全班学生的心理过程,在教学过程中充分地利用教师的个性特征.

(2)个别的教学形式.教师可以因人而异地给每个学生布置不同的学习任务,让学生独立去探究.在个别指导时,要培养学生正确的学习方法,帮助他们克服困难,比如给他们出点主意,提点带有启发性的问题,补充点练习(给困难学生补充一些基础练习,给优秀学生补充一些具有挑战性的问题).个别的教学组织形式,其重点是促进学生自学,培养他们独立钻研的精神和能力.

(3)小组的教学形式.把一个班暂时分为若干个小组,把不同程度的学生搭配开来.上课时,教师不包办代替,课题结出后,先让学生独立思考,而后在小组中交流、讨论.小组的每个成员的地位是平等的,气氛是民主的,他们互相学习、交流、协作,为共同完成老师给出的课题而努力,有的也称之为"协同性学习".

教师在小组讨论中可引导学生做到:
①提出问题和疑问;
②作出猜想并求解;
③对别人和教师的问题作出反应;
④使用各种手段进行推理,找出关联,解决问题并交换看法;
⑤用数学事实和论证判断正确性.

四、数学复习课的教学设计

复习课与新授课及练习课都有所不同,表现在所教学的内容形式及方法上有所不同.新授课的内容目标较集中只掌握一个知识点及几个知识点;练习课是将某一个知识点或一部分所学的知识转化成技能技巧,复习课则是以所学的知识点进行系统的整理,把复习前孤立、分散、无序、认识模糊的概念及解题的思路,以再现、整理、归纳等方法串成线、连成片、结成网,使其纵横沟通形成条理化、系统化的知识网络、知识框架.这也是对已学知识查缺补漏,让学生从数学的复习中获得乐趣,从整体上理解和掌握知识间的内在联系,促进学生对知识的重新消化便于理解和应用.

(一)数学复习课的类型

复习课基本上分为两类,一类是概念复习课,目的是通过引导学生建立知识框架图表,帮助他们梳理知识结构,建立知识网络,使知识点系统化和结构化;另一类是习题复习课,目的是通过有针对性的、逐层递进的题组的练习,巩固学生对知识点的理解和记忆,加强他们的实际操作水平和能力.

(二)数学复习课的设计原则

无论是哪一种类型的复习课,都要遵循一定的设计原则:

1. 基础知识习题化原则

要想上好复习课,就要把基本知识以题组的形式呈现,不能单纯地只讲概念,而应在实际练习中巩固知识点,即"基本知识习题化",也就是要"练在讲前"."基本知识习题化"还必须做到"例题、习题模型化",即做"好题""做好"题.这就需要教师结合所要复习的内容精选习题,尤其要重视学生平时的错题,使练习不疏漏、不重复,题题有目的、题题有深意,习题安排从浅入深、由表及里,娓娓道来,即做"好题";同时在课堂教学环节,教师应该充分发挥指导者、引领者的作用,掌控好课堂,采用多种形式的、分层次的、有效的监控、评价策略,及时反馈学生的练习情况,确保学生"做好"题.

2. 知识结构系统化原则

通过题组有目的的操练,教师应指导学生自己建立属于自己的知识脉络结构图,使知识点结构化、系统化,培养学生定期梳理知识结构的复习习惯,教会学生如何梳理知识结构的学习方法,让学生学会学习,也就是要"讲到关键".复习课要重视"文字语言的叙述、数学语言的表述、图形语言的描述"三位一体相结合.结合复习内容,全方位的给学生展现数学学科的表达多元化,提供给学生更广阔的数学思维空间.

3. 训练方法科学化原则

教师要加强个人专业素养的提升,在整个教学过程中贯穿五字要领"引—疏—点—激—导",教学手段始终要配合学生的认知、接受特点,要谨记"听一遍不如看一遍,看一遍不如做一遍,做一遍不如讲一遍,讲一遍不如辩一辩"的规律,也就是要"在学中练".复习课也要重视引入环节.虽然不是新课,但新颖、恰当、贴合主题的引入不仅可以马上抓住学生的注意力,还可以渗透德育思想,体现数学的实用价值,促进不同学科间的互通.

4. 温故知新再学习原则

在巩固旧知的基础上也要给学生以新的收获,即"在练中学".学什么呢?可以适当的渗透数学思想方法,让学生可以站在更高一层次看待问题,学习用思维指导行为;也可以教会学生一种自主学习数学的方法,授之以渔;还可以横向、纵向提升难度,拓展思路,训练思维,让学生有提纲挈领、纲举目张的时间和空间意识.

这就是我们提倡的复习课十六字原则:练在讲前,讲到关键;在学中练,在练中学.

总之,复习课并非单纯的知识的重述,而应是知识点的重新整合、深化、升华.复习课更应重视发展学生的数学思维能力.巩固旧知,是为了获取新知,同时,要尽可能兼顾每一位不同学习层次的学生,要让每一个学生都有所得.基于这一点,课堂评价和教学目标也要相应地有所调整.重视复习课的教学,确立初中数学复习课教学设计的总体指导思想和基本框架,从而为复习课的设计提供了一个具有可操作性、可复制性的思考方向,使之模型化,避免复习课的随意性与机械性,也就是为学生的学习把好了最后一道关卡,让不会的学生会,让会的学生熟,让熟的学生精,让学生逐步走出"以题论题"的困境,达到"以题论法",从而实现"以题论道",这就是复习课的最大宗旨.

经典案例

第四章 初中数学课堂教学设计案例

案例1 圆的确定

安徽省合肥市第四十八中学 何军成

一、教学内容和内容解析

1. 教学内容

沪科版《义务教育课程标准实验教科书·数学》(九年级下册)第25章《圆》的第3节内容"圆的确定".

2. 内容分析

圆的确定是圆的相关知识的一个延续,同时也是培养学生作图技能、探索精神的需要.另外,本节课也为后面进一步学习圆奠定基础.

3. 学情分析

学生刚刚学习了圆的相关概念,知道平面上到定点的距离等于定长的所有点组成的图形叫作圆,知道圆上的各点到圆心的距离都等于圆的半径.另外学生已经经历过与本节探究知识相类似的过程,如经过一点可以画无数条直线,经过两点有且只有一条直线,再如寻找判定三角形全等的条件的探究过程.同时已学习过线段的垂直平分线的性质,具有了用尺规作"线段的垂直平分线"等操作技能,这些知识和经验或技能对本节课学习都有帮助.

与"过不在同一直线三点作圆"的课题学习不同,课题"圆的确定"将原已知命题作图变为寻找确定圆的条件的探究过程,经历过已知点(一个点、两个点、三个点)作圆的过程.在过程中让学生感受:随着已知点个数的增加,圆心的位置由"平面内任意点(除已知点外)→一条直线→唯一点"的变化.整个探究过程中,学生经历了"肯定→疑问→增加条件→获得结论"的探究过程,归纳总结出"不在同一直线上的三点确定一个圆"的结论.同时积累了"操作、观察、比较、推理、归纳"的探究实践经验,并对培养学生观察思考、分析比较等能力,促进数学思维能力的提高具有较好的作用.

二、目标分析和教学目标

1. 目标分析

（1）复习圆的定义，强调圆心和半径的作用，圆心确定圆的位置，半径确定圆的大小，作圆要先确定圆心和半径.

在探究中，因为已知点的增加，发现圆心的位置在由平面内任意点（除已知点外）缩小到一条直线上，最后只能是唯一点，培养学生的推理能力（既有合情推理又有演绎推理）和语言表达能力；在探究中学生得到操作交流的机会，培养了学生的操作能力、合作交流能力.

（2）在知道"不在同一条直线上的三点确定一个圆"的基础上，作三角形的外接圆，介绍三角形的外接圆、圆内接三角形和三角形的外心等概念，环节上水到渠成，便于学生知识的构建，同时加强知识的应用意识.

（3）通过充分的操作观察、推理归纳和合作交流，学生获得数学知识和活动经验，增强数学学习的成就感；过程中渗透数学学习的方法，并培养学生的探索精神.

2. 教学目标

（1）了解不在同一条直线上的三点确定一个圆及其作图方法，了解三角形的外接圆，三角形的外心等概念.

（2）经历过已知点作圆的过程，归纳总结出不在同一直线上的三点确定一个圆的结论. 经历"操作探究、推理归纳、合作交流"的活动过程，获得数学知识和活动经验，体会解决数学问题的策略.

三、数学问题诊断分析

根据《义务教育数学课程标准》（2011年版），结合本节课的内容特点，本节课安排如下主要探究过程：分别过一点、两点可以作多少个圆，再到过三点（在同一条直线上和不在同一条直线上）可以作多少个圆，由易到难，让学生经历作图、思考和交流的过程，从而获得确定圆的条件.

在探究过程中，因为环节较多，经历时间较长，同时要观察、分析、推理和归纳，既是操作过程又含有严谨的逻辑推理、证明过程，是学生较为困难的地方，既是本节课重点，也是难点.

为了完成教学目标，突破重难点，笔者从以下几个方面入手：第一，通过生活情境，明确课题研究内容，同时明确"过已知点作圆，就是确定圆的圆心和半径"，为学生接下来的研究指明方向；第二，过已知点作圆，已知点个数的增加，圆心的位置由平面内任意点（除已知点外），再限制在一条直线，最后确定在唯一点，三次探究活动要适时归纳圆心的位置变化,同时还要让整个过程有序地呈现,让数学思维充分暴露,这样利于学生认可和接受;第三,教师的追问、启发和引导应及时,体现主导作用,并留给学生分析思考的时间和合作交流的空间,提高课堂的学习效率.

四、教学支持条件分析

本节课让学生准备圆规,就是让学生充分操作作图,培养作图能力,增强感悟,通过操作得到收获,是学生乐于接受的方法,从而增强学习的兴趣;多媒体的使用,呈现出练习和数学活动的要求,以及加强有关操作练习的直观感,可以提高课堂教学效率.

五、教学流程分析

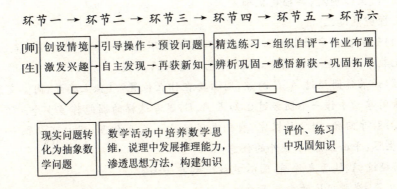

六、教学过程

环节一:创设情境,激发兴趣

2011年4月,安徽六安市发现两座战国古墓,古墓中发现了堪称国宝的"青铜六山镜"残片.考古专家进行研究时需要把残片复原,残片中有一段圆弧,那么请同学们想想怎样根据这段圆弧作出这个圆呢?

这就是今天我们要研究的课题:25.3圆的确定(板书).

【活动评析】借助实际问题情境提出问题,激发学生解决问题的兴趣,为解决本节课的目标"确定圆的条件"和下一环节的探究活动注入动力,自然引出课题.

环节二:引导操作,自主发现

1. 复习圆的定义

前面我们学习过圆的定义,若已知线段OA,OA绕固定端点O旋转一周,则A点所形成的封闭曲线就是圆.

介绍：O 是圆心，它确定圆的位置，OA 是半径，它确定圆的大小；圆心和半径是圆的二要素．

【活动评析】通过复习圆的定义，明确作圆要确定圆的圆心和半径，为学生接下来的探究指明方向．

2. 探究活动一

(1)如果 A 点不动，圆心 O 的位置变化，能不能作一个圆使之经过点 A 呢？请同学们在草稿纸上先画一点 A，尝试作一个圆使之经过点 A．

(2)能作满足条件的圆吗？能作多少个？你所作的圆的圆心在哪里？圆心确定后，圆的半径是什么？

(3)教师强调正确：过已知点作圆，关键是确定圆心，圆心确定了，圆的另一个要素半径也就确定了．

【活动评析】通过过已知点 A 作圆，知道可以作无数个圆，强调作圆，关键是确定圆心，圆心确定，半径也就确定．

3. 探究活动二

(1)如果我在平面上再取一点 B，同学们能不能作一个圆使之经过点 B？请问这无数个经过点 B 的圆中，有没有也经过点 A 的呢？

(2)如果作圆经过 A、B 两点，圆心要在什么位置？（独立思考，同桌交流）

请同学动手作一个圆经过已知点 A、B，思考这样的圆能作多少个．

(3)引导回顾：刚才的探究，我们发现经过一点 A 作圆，圆心可以取……？

（生答：平面上除 A 点外的任意点）

而经过 A、B 两点作圆，圆心就被限制在……？

（生答：线段 AB 的垂直平分线上）

【活动评析】再添加一个点，利用上一个问题的探究结论，让学生观察、思考发现过已知两点作圆，可以作无数个，但圆心限制在两点连线段的垂直平分线上．整个环节严谨有序、思维缜密，利于说理和发现，充分培养学生的推理能力．

4. 探究活动三

(1)如果在平面上再取一点 C（与 A、B 不在同一直线上），要作一个圆经过 B、C 两点，那么圆心的位置在哪儿？

(2)经过 B、C 两点的圆中，有没有也经过 A 点的圆？经过 A、B、C 三点的圆的圆心在哪儿？

(3)请同学动手作一个圆经过 A、B、C 三点．能作吗？能作几个？为什么只能作一个？

(4)共同归纳：经过一点可以作无数个圆，经过两点可以作无数个圆，经过三点……（让学生接话：只能作一个圆）．板书：三点确定一个圆（解释"确定"的意思）．

(5)经过三点是否一定确定一个圆呢?(独立思考,同桌交流)"三点确定一个圆"这个结论该怎么修改?

(6)重新修改:不在同一直线上的三点确定一个圆.

【活动评析】同样利用上一个问题的探究结论,重点探究"过 A、B 两点的圆的圆心在线段 AB 的垂直平分线上,过 B、C 两点的圆的圆心在线段 BC 的垂直平分线上,有没有同时过 A、B、C 三点的圆? 圆心在哪里?"的问题,层层推进,让思维呈现在操作中,使得学生在操作、交流中发现结论,并说出理由,有效达成教学目标,抓住重点、突破难点.整个过程学生解决问题的能力在提高,并获得数学活动经验,增强数学学习的成就感.

"经过三点是否一定有一个圆呢?"渗透分类思想,最后结论的得到渗透归纳思想.

环节三:预设问题,再获新知

1. 操作巩固

我们知道,三角形的三个顶点不在同一直线上,那么你能否过 $\triangle ABC$ 的三个顶点作一个圆呢?

2. 介绍新知

介绍三角形的外接圆、圆的内接三角形以及三角形的外心定义,了解三角形的外心的性质.(提问点 C 是否也在线段第三边的垂直平分线上呢?为什么?)

3. 学以致用

回顾本节课开始提出的问题:怎样利用残片作出所在圆?

【活动评析】进一步体验"不在同一直线上的三点确定一个圆"的事实,经过三角形三个顶点作圆,自然介绍三角形的外接圆和圆的内接三角形以及三角形的外心定义和性质,如此,利于学生掌握,提高课堂效率."利用残片作出所在圆"解决课前情境中的问题,体现"数学源于生活,又服务于生活"的道理.

环节四:精选练习,辨析巩固

判断正误

(1)经过三个点一定可以作圆.　　　　　　　　　　　　　　(　　)

(2)任意一个三角形一定有一个外接圆,并且只有一个外接圆.　(　　)

(3)三角形的外心与三角形各顶点的距离都相等.　　　　　　(　　)

【活动评析】本节课中包含大量的操作活动和思维活动,最后获得结论,并得到三角形的外心等定义,后者容易混淆,所以练习中仅针对性地将易混淆内容进行辨析巩固.

环节五：组织自评，感悟新获

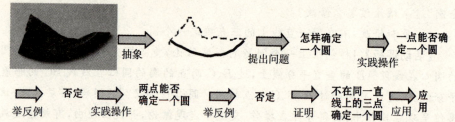

【活动评析】鼓励学生大胆发表自己的意见和收获、感想，听取别人的发言，培养语言表达和与人交流的意识.同时通过师生共同回顾本节课过程，加深学生对所学知识的理解记忆，再次感悟知识产生、形成和发展的过程，感受知识获得的方法，感受数学思维的严谨.

环节六：作业布置，巩固拓展

1．(必做)习题25.3第1、2题.

2．(选做)思考：经过4个点是否能作一个圆？为什么？(学有余力学生完成)

【活动评析】设计作业时，面向全体学生，尊重学生的个体差异，以掌握知识、形成能力为目的，同时通过作业反馈教学效果，为后面学习安排提供素材.

【点评】

新课标指出：数学教学应根据具体的教学内容，注意使学生在获得间接经验的同时能够有机会获得总结经验，即从学生实际出发，创设有助于学生自主学习的问题情境，引导学生通过实践、思考、探索、交流等，获得数学的基础知识、基本技能、基本思想、基本活动经验，促使学生主动学习、富有个性化的学习，不断提高发现问题和提出问题的能力、发现问题和解决问题的能力.下面就这节课的主要特点作如下评析.

1. 创设情境，激发自主探究

"教育的艺术不在于传授的本领，而在于激励、唤醒和鼓舞"．本节课伊始引入生活情境，提出实际问题，并将实际问题抽象成数学问题，同时让学生感受地域文化，感受到"数学源于生活，服务于生活"的道理，最大限度地调动学生学习兴趣和探索欲望.在探究"过已知点作圆"过程中，同样创设活动情境，从已有的经验基础出发，有层次地提出问题，唤起学生的主动参与的意识，让学生在自主探究、合作交流中，加深对数学知识的认识，成为生生交流、师生交流、共同发展的互助过程，最终达到每一位学生都有不同的收获的目的.

2. 抓住契机，培养理性思维

本节课学习的重点是让学生经历探究"过已知点作圆"的过程，归纳总结出

"不在同一直线上的三点确定一个圆"的结论.过程中充分体现归纳思想和分类讨论思想,充分展示"操作、观察、比较、推理、归纳"的过程,培养学生的理性思维.

在探究"过已知点作圆"的过程中,因为已知点的增加,发现圆心的位置在"任意点(除已知点外)、一条直线上、唯一点",并说理解释,培养学生的推理能力(既有合情推理又有演绎推理),理性思维得到发展.

3. 注重过程,实施多元评价

评价不仅要关注学生的学习结果,更要关注学生在学习过程中的发展和变化.评价要多样化,要全面评价学生在知识技能、数学思考、问题解决和情感态度等方面的表现.

圆的学习是初中几何学习的尾声,是训练提高学生数学品质的重要时期,这就要求学生在说理过程的严谨性、语言表达的准确性方面都要有一个较高层次的提升.本节课中学生经历探究过程、归纳结论,参与大量的数学活动.教学的评价关注学生口述与说理的严谨,关注学生思维的求异性与批判性,关注学生思考方式的多样化,关注学生在活动中的主动性、与同学的合作与交流的意识.

点评人　安徽省合肥市包河区教研室　汪洪潮

案例2 轴对称图形

安徽省六安市皋城中学 刘承秀

教学目标	1.了解轴对称、对应点、线段的垂直平分线的概念,能够识别两个图形是否关于某条直线成轴对称. 2.掌握轴对称的性质,并能够画出一个图形关于某条直线对称的图形. 3.经历轴对称性质的探究过程,树立学生的探究意识,养成严谨的学习态度. 4.初步掌握判断两个图形是否关于某直线对称的方法.
教学重点	轴对称性质与判定的探究,轴对称性质的应用.
教学难点	轴对称和轴对称图形的区别与联系,以及轴对称性质与判定的探究.
教学准备	多媒体课件、三角板、铅笔、橡皮、几何练习簿.

教学过程

教学环节	师生行为	设计意图
一、复习旧课,引入新知 活动一:复习轴对称图形及其有关概念 环节1:展示图片,提出问题:它们是轴对称图形吗?什么叫轴对称图形? 环节2:展示图片,提出问题:每幅图片中两个图形有什么关系? 环节3:展示课题:《轴对称》.	让学生回答,教师可视情况予以提醒或纠正,教师在复述时要突出"折叠""重合"等关键词. 引导学生观察后回答,教师关注学生回答时能否突出"折叠""重合"等关键词. 教师结合环节2中学生的回答,笼统地表述:我们把这样的两个图形称为成轴对称.以此引入课题.	回顾上节课所学的内容,为这节课将比较轴对称和轴对称图形的区别与联系作铺垫. 从学生已有的生活经验出发,有利于激发学生的学习兴趣,也体现了数学与生活的联系.同时,通过让学生观察图形的有关特征,有助于培养学生的观察能力. 以学生已有的知识及生活经验为基础,引出课题,并将展开教学,既降低了教学的起点,不使学生感到突然,又让学生体会学习本节课内容的必要性.

续表

教学环节	师生行为	设计意图
二、合作交流，探究新知 活动二：成轴对称的有关概念 环节1：通过前面的观察，你能给成轴对称下个定义吗？ 环节2：展示成轴对称、对应点等相关概念． 环节3：练习：下列各组中的两个图形是否关于给出的直线对称？为什么？ 活动三：轴对称图形与成轴对称的区别与联系 根据成轴对称与轴对称图形的概念来比较，它们有什么区别和联系吗？填写表格： | | 成轴对称 | 轴对称图形 | |---|---|---| | 区别 | | | | 联系 | | |	让学生尝试表述，教师视情况结合轴对称图形的概念及环节2的图片略作引导．然后结合图形，讲解有关概念． 学生回答，教师要引导学生抓住成轴对称的两个本质特征："两个特殊图形（全等形）""特殊位置关系（能沿某条直线折叠后重合）"． 由学生填表回答，教师对联系中的"部分与整体"的关系可结合"W"图形作引导与说明．	引导学生把由活动一环节2获得的感性认识上升到理性认识的高度，同时也为培养学生的概括与表达能力提供机会． 通过练习，巩固知识，从而深化知识． 通过引导学生比较，帮助学生理解成轴对称与轴对称图形之间的区别与联系，从而丰富学生的认识．

续表

教学环节	师生行为	设计意图
活动四：轴对称的性质 环节1：引导学生思考并解答： 如果△ABC与△A′B′C′关于直线MN对称，点A′、B′、C′分别是点A、B、C的对应点，连接AA′，与直线MN交于点O. (1)直线MN与线段AA′有怎样的位置关系？ (2)OA与OA′的长度有何关系？ (3)图形中的MN与BB′、MN与CC′又有怎样的关系？ (4)O_1B与$O_1B′$、O_2C与$O_2C′$的长度又有怎样的关系？ （图：△ABC与△A′B′C′关于直线MN对称，MN上依次有点O、O_1、O_2）	由学生回答并作解释，教师视情况给予引导，并分类板书：MN⊥AA′，MN⊥BB′，MN⊥CC′；OA=OA′，$O_1B=O_1B′$，$O_2C=O_2C′$以便于学生归纳出性质.	引导学生通过观察与分析得到轴对称的性质，在让学生经历知识的形成过程中，培养学生的探究意识，从而落实学生在学习过程中的主体地位。同时，至少通过三个结论（如直线MN与线段AA′、BB′、CC′的关系，OA与OA′、O_1B与$O_1B′$、O_2C与$O_2C′$的关系）才有利于学生概括出成轴对称的性质.（课本只要求学生回答MN与AA′，OA与OA′的关系）
环节2：展示垂直平分线的定义：经过线段的中点并且垂直于这条线段的直线叫作这条线段的垂直平分线，又叫作线段的中垂线.	教师结合图形，给出线段垂直平分线的概念，突出"垂直""平分"这两个关键词.	
环节3：让学生利用必要的工具（刻度尺，三角板）作一条线段的垂直平分线.	学生动手操作，并找两个学生上黑板演示，口头陈述作法.	通过操作，加深对线段垂直平分线概念的理解，也为轴对称性质的应用打下基础.
环节4：由环节1中的(1)(2)(3)(4)中的结论，你能概括出什么结论？	引导学生根据(1)(2)(3)(4)中的结论特征进行归纳：如果两个图形关于某直线对称，那么对称轴是任一对对应点所连线段的中垂线.	

续表

教学环节	师生行为	设计意图
活动五：轴对称性质应用 1. 已知直线 MN 和 △ABC，画 △A'B'C'，使得它与 △ABC 关于直线 MN 对称. 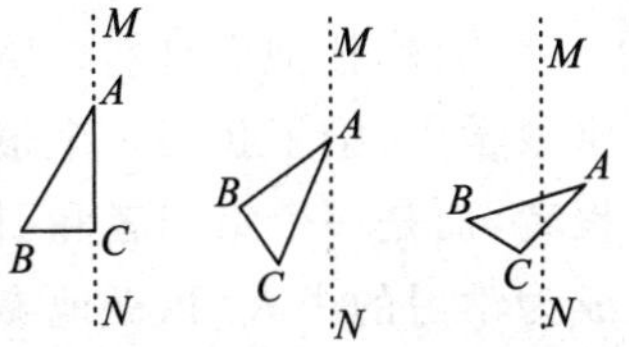 2. 已知线段 AB 与直线 MN，画线段 A'B'，使得它与线段 AB 关于直线 MN 对称. 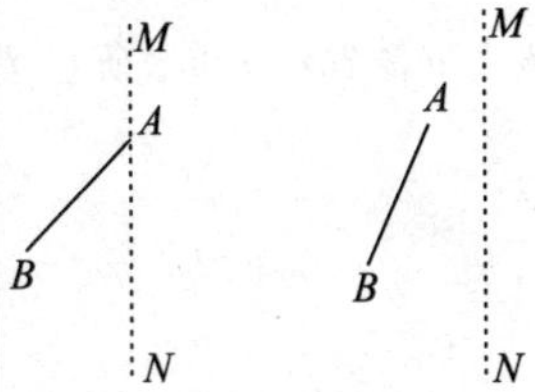 活动六：轴对称的判定 　　如图，如何判断线段 AB 与线段 A'B'是否关于某条直线对称？ 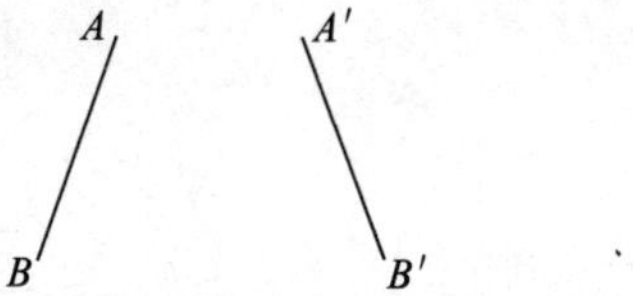	由学生先尝试画，教师视情况作如下的引导：假设 B 的对称点 B'作出来了，则 MN 垂直平分 BB'，如何找到 B'点，使 MN 垂直 BB'且平分 BB'呢？ 视课堂教学时间，可分组进行.让每个学生画其中某一个三角形关于直线 MN 对称的图形，另两个图形可由学生课后完成. 让学生尝试操作并回答，教师视情况作如下引导：假设线段 AB 与线段 A'B'关于某条直线 MN 对称，则 MN 垂直平分 AA'，且 MN 垂直平分 BB'，由此引申并引导学生得出：如果两个图形各对应点的连线被同一条直线垂直平分，那么这两个图形关于这条直线对称.	反馈学习效果，让学生经历解决问题的过程，获得成功的体验，激发学习的积极性. 通过引导，让学生会判断两个图形是否关于某条直线成轴对称，丰富学生的认识，体会数学的严谨性.(一般判断两个图形是否成轴对称都是直观判断：能否沿着某条直线折叠后重合，此判定是一种较严谨的判定方法)
三、师生活动，小结新知	本节课你有哪些收获？ 教师引导学生梳理、归纳，教师适时点评.	引导学生梳理本节知识，加深学生对所学知识的理解，促进学生反思学习过程.
四、作业布置，应用新知	必做题：课本练习题第 4 题(1) 选做题：课本练习题第 1 题.	作业分层次，使不同的学生得到不同的发展，体现了面向全体学生的教学理念.

教学设计说明：
本节课的设计从复习提问开始，从学生已有的认识和生活经验出发，激发学生学习的兴趣，调动学生的学习热情，然后通过观察、比较、思考、操作，归纳出概念和性质，让学生经历知识的形成过程，培养学生的探究意识，从而落实学生在学习过程中的主体地位.

71

教学反思:略.

【点评】

　　这节课的教学目的是使学生由感性认识逐步上升到理性认识,进一步认识两个图形成轴对称的概念,探索图形成轴对称的特征和性质.着眼点还是在于发展学生的空间观念,为学生的后续学习打下扎实的基础.数学教师需要在课堂向学生传递数学的美,向学生渗透和传递数学文化的丰富内涵,让他们自然地感受到数学文化的无穷魅力.我认为,刘老师在她的课堂教学中,给了我们一个很好的诠释.综观这节课,刘老师不再是简单的知识传授者,而是一个组织者和引导者,调动了每一位学生的学习主动性,使他们真正成为学习的主人,积极地参与教学的每一个环节,努力地探索解决问题的方法,大胆地表达自己的观点.学生始终保持着高昂的学习情绪,切身经历了"做数学"的全过程,感受学习数学的快乐,体验成功的喜悦.

点评人　安徽省六安市教研室 贾兵

案例 3　圆周角

安徽省合肥实验学校滨湖校区　桂娟

一、教材分析

本节是圆周角的第一课时,内容有圆周角的概念、圆周角的定理及圆周角定理的简单应用.圆周角定理的推导过程是本节教学的重点和难点.圆周角是圆的有关概念中继圆心角后又一基本概念,它们都是根据"形"的位置特征来下定义的,既有联系(两边与圆都有交点)又有区别(圆心位置不同),它们之间的联系从数量关系上看就是圆周角定理——在圆中一条圆弧所对的圆周角是其所对圆心角的一半,这是圆的重要几何性质.因此教学中可以从圆心的运动变化来体现这种关系,让学生通过仔细观察图形之间的联系发现这种数量关系,然后再进行严谨的推理证明.学习了圆周角后,我们可以据此研究圆的其他几何性质.所以圆周角在圆的知识结构中起到承前启后的作用.

二、教学目标

(1)通过多媒体演示理解圆周角和圆心角之间的联系,掌握圆周角的概念和特征,能运用圆周角的定理解决简单的问题.

(2)经历互助合作、自主探究圆周角定理的证明过程,使学生体验观察发现问题——猜想、归纳问题——类比、转化解决问题的过程,渗透分类讨论的数学思想.培养学生的好奇心和求知欲,并在运用数学知识解答问题的活动中,获取成功的体验,建立学习的自信心.

三、教学重难点

重点:圆周角概念及圆周角定理的推导过程
难点:圆周角定理的推理过程

四、教法、学法

启发式教学法,通过设置问题串让学生在问题的引导下交流、合作、探究、自主发现和归纳概括定理.

五、教学过程

(一)复习旧知,引入新课

1. 请画图说说圆周角的定义.
2. 展示 PPT 让学生指出圆心角的两个特征:

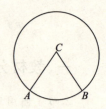

圆心角的两个特征 $\begin{cases} 顶点在圆心(用彩色突出) \\ 两边与圆相交 \end{cases}$

3. 运用 Flash 动画,移动 C 点的位置,让学生观察随着点 C 的移动,∠ACB 的变化,并提出问题:当点 C 移动到圆周上时,此时产生的角有什么特点?由此给出圆周角的概念,并与圆心角进行比较,归纳出圆周角的两个特征:

圆周角的特征 $\begin{cases} 顶点在圆上(用彩色突出) \\ 两边和圆相交 \end{cases}$

设计意图:通过对已有知识圆心角概念和性质的回顾,运用 Flash 动画展示圆周角的形成过程,揭示圆周角和圆心角之间的联系,不但为学生运用类比思想归纳圆周角的定义和特征打下基础,而且为下一环节推导圆周角定理埋下伏笔.

4. 概念辨析

(1)判断下列图中哪些是圆周角?(　　)

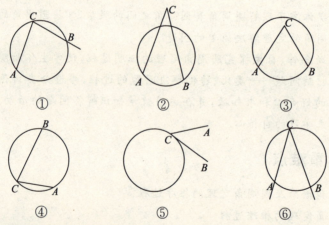

① ② ③
④ ⑤ ⑥

(2)右图中有几个圆周角?(　　)

A. 2个　　　B. 3个　　　C. 4个　　　D. 5个

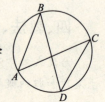

设计意图:通过设置正反案例,巩固圆周角的概念,加强学生对圆周角概念的理解.

(二)合作交流,探究新知

1. 直观感知

展示PPT（课本图形如下）△ABC是等边三角形,把三角形的外心O与各顶点连接,提出下列问题要求同学们分组交流讨论.

问题①:请同学们观察∠BAC和∠BOC有什么关系?

（易得$\angle BAC = \frac{1}{2}\angle BOC$）

问题②:此时问学生∠BAC和∠BOC各是什么角?

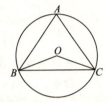

提出猜想:一个圆周角的大小与它所对的弧的圆心角的大小有关,前者是后者的二分之一.

设计意图:由特殊图形让学生通过观察、交流讨论发现圆周角与圆心角之间的数量关系,提出猜想.

2. 操作确认

问题③:对于特殊的圆周角是成立的,那么对于任意的圆周角与它对应的圆心角之间是否也有这样的数量关系呢?

请同学们画图,通过测量来验证你的猜想.

学生操作结束后,教师展示课件Flash动画(移动B点,图旁边∠A与∠BOC分别有两个值始终同时变化).

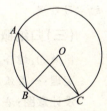

引导学生观察圆周角和圆心角之间的数量关系和圆周角和圆心之间的位置关系.

设计意图:由于同学们画的图形可以是任意的,通过学生的动手测量验证猜想的正确性,然后再让学生观察Flash动画,看到随着点B的移动(这实质上是完全归纳法)强化对结论的认知,在观察的过程中引导学生注意圆周角与圆心的位置关系,为下一步学生用分类讨论的方法推导定理做铺垫,同时也培养学生分析问题的能力.

3. 推理论证

问题④:请同学们根据上面的探讨过程,来证明你的猜想.(给学生留10分钟左右的时间交流讨论,然后用实物投影仪展示学生的证明过程,教师进行分析和归纳概括,最后用多媒体统一格式)

用三种情况进行证明:让学生观察PPT.

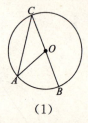 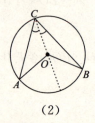 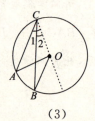

(1) (2) (3)

先证明圆心在角的一边上的情况:

证明:∵ $OA=OC$,∴ $\angle A=\angle C$.

∴ $\angle BOA=\angle A+\angle C=2\angle A$.

给学生展示下面两种情况:

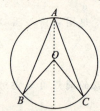 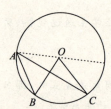

设计意图:此环节重点培养学生类比推理论证的能力,并运用"化归"思想解决问题,通过展示学生的作品,揭示学生的思维过程,培养他们的互助意识和竞争意识.同时提醒同学们要规范作图,规范证明格式,培养学生的审美观和良好的学习习惯.

(三)归纳概括,提升认知

问题⑤:综合三种情况,请同学们用命题的形式把上述猜想表达出来.

定理:一条弧所对的圆周角等于它所对圆心角的一半.

设计意图:培养学生的数学语言表达能力,鼓励他们自己探索,养成良好的学习习惯,获得成功的体验,从中得到乐趣.

(四)例题分析,巩固新知

例1 如图所示,若$\angle A$是⊙O的圆周角,且$\angle A=40°$,求$\angle BOC$的度数.

例2 如图:弧 AB 所对的圆周角 $\angle D$、$\angle C$、$\angle E$ 的大小关系是什么?

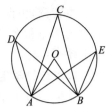

例3 两个推论(也可以当作练习).

练习:教材练习 2、3.

设计意图: 两个例题的难度适中. 直接运用定理解决问题, 强化对定理的理解和运用, 对于例 3 推论问题可根据课题实际情况来定处理与否.

(五)自主小结,突出重点

请同学们谈谈这节课我们有哪些收获?

1. 圆周角的定义及特征;
2. 圆周角定理;
3. 由特殊到一般,分类讨论时要做到不重不漏.

(六)课后作业,拓展延伸

1. 课本 P29,2.3.
2. 课后思考:同弧所对的圆周角相等吗?为什么?

设计目的:为下节课进一步运用定理解决问题做铺垫.

六、板书设计:三分法

(一)圆周角的概念　　　　(二)圆周角定理　　　　(三)学生示范区

　　圆周角特点　　　　　　　证明过程

七、设计反思

由于时间和环境条件有限,设计还可以借助其他课程资源以表达自己的教学设计思想. 当然课堂生成更重要,要尽量做到预设与生成相辅相成,最后才能完成一堂高水平的课.

教学反思: 略.

【点评】

新课程理念告诉我们:教师的教学角色发生了变化,由学生学习的灌输者和知识传递者向学生学习的促进者和学习能力的培养者转变;教师的角色发生了转变,由交往的权威者向学生的引导者、对话者、合作者转变;教师的课程建构角色发生转变,由课程的执行者向课程的研制者、开发者、决策者转变.总之,学生的自主学习和赏识互助学习,都是学生主体地位的体现,下面就这节课的特点作如下评析:

1. 以鼓励学生自主学习和互助学习为前提

学生的自主学习是学生从学习中找到乐趣的源泉;互助赏识学习,是对别人、对自己肯定的策略,也是学生自信的表现.

2. 以培养学生的逻辑思维能力为目标

本节课从圆周角的概念入手,上升到圆周角定理探究,思维的跳跃性大,并注重渗透了类比、猜想、化归的思想,使学生的情感得以提升.

3. 以总结性评价和过程性评价相结合,调动学生的学习积极性

整堂课始终本着以学生为主体,以老师为主导,老师不时抛出问题并作恰当适宜的引导,对学生的精彩回答加以肯定鼓励.本节课结束时老师和学生互相之间又作总结性评价,老师肯定学生在课堂的表现,始终让学生在一个和谐环境中学习成长.

课堂教学的实效性源于老师对课堂的精心设计.只有认真、一丝不苟地预设,才能真正打造互助、和谐的高效课堂.

点评人　安徽省合肥市教研室　许晓天

案例4 有理数的减法

安徽省合肥市第五十中学(西区) 张化

课题	有理数的减法 (上海科学技术出版社2005年版义务教育课程标准实验教科书《数学》七年级上册第1章《有理数》第1.4节《有理数的加减》第二课时)
执教教师	张化 (安徽省合肥市第五十中学)
执教时间	2007年9月22日 上午 第3节课 时间：45分钟
学情介绍	合肥市第五十中学是合肥市特色示范初中.学校的教学水平、教研水平均居合肥市先进行列.我校面向对应学区划片招生,学生大部分来自城区,学生小学的学习基础尚可,但整体学习素养并不突出.执教班级七年级(1)班是平行分配的平行班,经过与执教教师近三周的磨合,已初步建立了和谐的心理相容关系.在学习中,学生敢于提出问题,敢于探索与实践,初步具有合作交流的意识. 在本节课之前,学生已经学习了数轴、绝对值以及有理数的加法的相关知识,具备了学习有理数减法运算的知识储备和学习需求.
教学目标	1.知识目标 经历探索有理数的减法法则的过程,理解有理数的减法法则,并能熟练运用法则进行有理数的减法运算. 2.能力目标 经历由特例归纳出一般规律的过程,发展抽象概括能力及表达能力;通过减法到加法的转化,初步体会转化、化归的数学思想. 3.情感目标 在归纳有理数减法法则的过程中,通过讨论、交流等方式进行同伴间的合作学习.
教学重难点	教学重点： 有理数的减法法则的理解和运用. 教学难点： 在实际情境中体会减法运算的意义,并利用有理数的减法法则解决实际问题.
教学环节	课堂教学实录	设计意图

新课引入	师:同学们好! 生:老师好! 师:同学们,现在已经是九月下旬了,这段时间昼夜气温变化越来越大,我们已经有了一些秋天的感觉了!天气预报说今天咱们合肥地区的最高气温是30℃,最低气温只有19℃,那么大家能不能告诉我今天我市的温差是多少摄氏度?你是怎么计算的? 生(脱口而出):11℃!用30-19得到的! 师(板书30-19=11(℃)):很好!这里要求的温差就是今天的最高气温减去最低气温的差.像这种同类量的比较的问题一般用减法进行计算!下表是我市今年2月1日-2月6日每天的气温情况(投影展示): | 月/日	2/1	2/2	2/3	2/4	2/5	2/6
---	---	---	---	---	---	---
最高温度/℃	12	10	5	3	0	-1
最低温度/℃	3	0	-4	-4	-5	-5 | 请分别求出2月1日、2月2日、2月3日的温差. 生:12-3=9(℃),10-0=10(℃),5-(-4)=……(沉吟) 师(见状):5-(-4)和前两个计算有何不同? 生1:前两个计算我们小学时就学过了!5-(-4)里有负数,我们还没学过! 师(顺势引入课题):这就是我们今天要研究的有理数的减法!(板书课题)	从身边的温度差问题引入新课,自然有效!温度的探究很容易借助温度计的直观展现结果,也便于引导学生利用数轴进行探究. 从2月1日、2月2日温差的计算到2月3日的温差的计算,也蕴含了从小学所学的减法到有理数的减法的演变. 新课引入自然、有效,不拖泥带水!
法则探究	师:(板书5-(-4)=?)怎么解决这个问题呢? 生2:我觉得是9. 师:能不能说说你的想法? 生2:这里的这个问号表示的就是5和(-4)的差,实际上就是找一个数,它加上-4的和是5.我知道9+(-4)=5,所以应该是9. 师:大家听明白他说的意思了吗? 生(齐):明白! 师:他根据的数学原理是什么呢? (大部分学生较迟疑,心里知道却表达不好,生3和同伴在轻声地交流,似有所悟……) 师(示意):和大家说说! 生3:我觉得这里根据的就是加法和减法之间的关系. 师(插问):什么关系? 生3:互为逆运算的关系!就是根据"差加上减数得被减数"的原理!	这个探究有理数减法法则的过程比较精彩! 它改变了传统的"数学法则"教学只重掌握结果和熟练计算的做法.学生在教师引导下自己探索有理数减法法则,从而经历了法则的形成过程.

		续表
法则探究	(众生表示赞同，纷纷附和……) 师:(板书)5－(－4)＝? ?＋(－4)＝5 9＋(－4)＝5 利用加减法互为逆运算的关系，使用加法找到结果． 生2(调皮地):是"凑"出来结果! 师:也就是说这种方法不太方便，是吧? 师(话锋一转):除了上面的这种方法，大家有没有其他的办法了? 生4:我认为5℃是零上5℃，－4℃是零下4℃，一个零上，一个零下(用手势比划温度计的形状)，所以它们之间相差5＋4＝9℃，也就是说5－(－4)＝9℃． 师:非常好!根据我们生活中对温度正负实际意义的约定也能得出正确的结论!不过大家能不能用更数学化的语言来表达这种想法? 生5(急切地):可以这么说:5在数轴原点右边5个单位处，－4在原点左边4个单位处，所以它们之间相距5＋4＝9，也就是说5－(－4)＝9． 师:他是借助…… 生(齐):数轴来解决这个问题的． 师:利用数轴我们能很直观地发现结论!在探索有理数计算的结果时借助数轴的直观性可以帮助我们确定结果的符号和绝对值，从而得出结果! (多媒体展示课前准备的"超级画板"课件，教师结合使用说明进行示范，学生在学生机上查看) 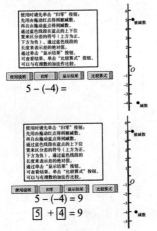 生6(指着大屏幕):那意思不就是5－(－4)＝5＋4吗? 师:继续说说你的想法． ……	从有理数减法问题提出到归纳得出有理数减法法则的整个教学过程来看，教师在"收和放""预设和生成"的关系上把握得比较适当，确实体现了新课程中教师引导者、合作者的角色定位．这种经历数学化的过程，无疑有利于培养学生主动探索的习惯，养成学生良好的创新意识． 这个教学课件的开发较新颖．它将抽象的代数原理直观的、可控制的、可重复的再现．它是动态的，可以实时互动的，是学生可以动手操作以获得基本活动经验的一个平台． 不足之处，使用说明较冗长，学生在理解上可能有困难!

续表

	生6：因为−(−4)=+4，也就是说5−(−4)=5+4． 师：这里−(−4)表示什么？ 生(部分)：−4的相反数． (顺势对上面的等式的两边进行对比进而引出法则) 师：比较5−(−4)=5+4，左右两边有什么变化？左右两边的变化有什么关系？ (学生观察、思考，渐渐有个别学生轻声交流，教师见时机成熟) 师：说说你们的发现？ 生7：左边是减法，右边变成了加法，减去−4就相当于加上4． 生8：减去一个数等于加上这个数的相反数！ 师：这个猜想对不对？ 生：(有人小声附和，也有同学表示不能立即下结论)…… 生9：只通过这一个特殊的例子得到的结论不一定成立！应该多举几个例子！ 师：那好，你能不能给大家举几个例子呢？ 生9：比如我们可以再算一算3−(−2)、4−(−3)、5−(−3)、6−(−7)……的结果，看看刚才的结论成不成立！ 师：好，我们一起在电脑上验证一下吧！ (教师在教师机上操作，学生在学生机上探索)	从提出猜想到得出正确结论之间有一个探索验证的过程，这个过程正是新课程改革所提倡的"做数学"的过程，教学中要提供足够的时间让学生探索、交流．在这节课中，这一点做得很好！
法则探究	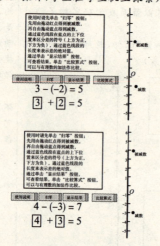 …… 师：好了，可以看出来：对这几个例子生9的猜想都是成立的！那么现在是不是就可以说"减去一个数，就等于加上这个数的相反数"了呢？ 生10：(狐疑地)……差不多了吧！ 生11：(激动地)老师，他举的例子还不够！你看他的这些例子都是一个正数减去一个负数．从他举的这些例子中我们最多只能发现一个正数减去一个负数等于加上一个正数！	

		续表
	师:(插问)等于加上一个正数? 生11:噢,是等于加上它的相反数! 师:大家觉得他说的有没有道理? 生:(齐)有道理! 师:那我们怎样才能验证对任意两个有理数相减,"减去一个数,就等于加上这个数的相反数"是不是都成立呢? 生11:我们可以再举一些不同类型的例子,举的例子应包括两个有理数相减的各种情况,也就是说要有代表性!比如:正数减去正数、正数减去零、正数减去负数、负数减去正数、负数减去零、负数减去负数、零减去正数、零减去零、零减去负数等有理数相减的各具不同代表性的特例,如果对这些例子这个猜想都成立,我们就可以得到这个结论了! 师:说得太棒了!把所有可能的情况都列举出来进行研究的方法在数学上叫分类讨论!下面请同学们在学生机上,以小组为单位展开探索,并与同伴交流你的想法. 生:(积极在电脑上举出多个各有代表性的特例,按上述步骤展开验证,并与同伴做必要的交流),如:	能及时抓住学生闪现的"火花",生成得精彩! 多么精彩的分类讨论!学生可能没有意识到这个层次,但可以想象这种数学思想方法的渗透、熏陶,会极大地提升学生的数学素养.
法则探究	$-5-2=-7$ $\boxed{-5}+\boxed{-2}=-7$ $1-4=-3$ $\boxed{1}+\boxed{-4}=-3$ …… (在充分的探索后,请学生在此基础上总结归纳有理数的减法法则) 师(板书):有理数的减法法则 　　减去一个数,等于加上这个数的相反数. 　　根据有理数的减法法则,我们可以把有理数的减法运算转化为有理数的加法运算来进行,这样我们就把新问题转化为已经解决了的旧问题来处理,这是一种非常重要的解决问题的方法.	"选择各种有代表性的特例进行验证"这种活动带有更多的理性成分.在交互式探索活动中,计算机不仅是计算工具,而且真正地成为学生主动学习的认知工具.这个过程中,学生主动的理性思考代替了以往的计算机辅助教学中常见的"电灌",是"人脑"对"电脑"的驾驭和利用!

续表

法则运用	师：下面我们一起来学以致用． (出示例3，学生先审题) 师：这几道计算题都是有理数的减法计算，因此可以直接根据有理数的减法法则，转化为有理数的加法来计算．今天我们初学这个法则，我们把解题过程书写得更详细一些．我以第(1)小题为例…… (口述同时规范板书详细的解题过程) 师：我们一起来完成第(2)小题…… (学生口述，教师规范板书详细的解题过程后) 师：本小题中我们计算了2-7，在小学阶段我们说2减7不够减，所以不能用2-7，而随着学习的深入，在引入了负数以后数的范围扩大到了有理数范围，2这样的小数可以减去7这样的大数了！ 师：第(3)、(4)两小题，请同学来完成．谁愿意试一试？ (生12,13板演，其余学生在练习本上作为练习处理，之后师生共同反馈) (学生口答练习第1题，学生14,15板演练习第2题，其余学生分组练习，之后师生共同评价) (学生16,17板演，学生分组练习，之后师生共同评价) 师：刚才我们运用有理数的减法法则完成了一组有理数的减法计算题，大家完成的质量非常高！下面我们一起来解决一个实际问题． (出示例4，请学生先审题) 师：如何去求：答对一题与答错一题得分相差多少？ 生(不假思索地)：用加法！ 师(追问)：谁减去谁？ 生(齐)：答对一题的得分减去答错一题的得分！ 师(强调)：大家要注意，减法是有序的，要弄清谁是被减数，谁是减数！ (师生共同解决例4) 师：在本节课开始提出的问题中，我们已经计算了前三天的温差，请你计算后三天的温差分别是多少？ | 月/日 | 2/1 | 2/2 | 2/3 | 2/4 | 2/5 | 2/6 | |---|---|---|---|---|---|---| | 最高温度/℃ | 12 | 10 | 5 | 3 | 0 | -1 | | 最低温度/℃ | 3 | 0 | -4 | -4 | -5 | -5 | (学生独立完成后，师生共同反馈)	第(1)小题对法则的巩固较到位！ 第(2)小题似乎想渗透数域扩张与运算法则(包括运算律)保持的关系！感觉太难了，学生不会有大的感受！理解到小的数也可以减大的数这个层次就差不多了！ 练习的形式可以安排得再丰富一些就更好了！

月/日	2/1	2/2	2/3	2/4	2/5	2/6
最高温度/℃	12	10	5	3	0	-1
最低温度/℃	3	0	-4	-4	-5	-5

续表

课堂小结	师:这节课咱们一起向在座的各位听课老师展现了我们学习、探究的过程,通过这节课的学习,你学到了哪些知识?你有哪些收获? 生18:我们学习了有理数的减法法则,学会了用这个法则去计算. 师:能不能具体说说法则是什么?怎么算? 生18:减去一个数,等于加上这个数的相反数;根据有理数的减法法则,我们先把有理数的减法运算转化为有理数的加法运算,再按加法来计算! 生19:有理数的减法和加法本质是一样的! 生18:不是"一样的",而是有理数的减法能转化为加法. 师:大家觉得谁的说法更确切? 生(齐):李晓菲的回答更确切! 师(总结升华):在数学上,加法和减法是同一级运算,由于减法可以转化为加法,因此加、减法可以统一为加法.明天我们一起来学习相关的内容! 师(停顿,环视教室):有没有补充的? 生20:我们探索法则的时候,不能只看一两个例子,应该多举一些例子,这些例子还应该包括各种情况! 师:这其实就是一种分类讨论的思想! 生21:探索的时候,我们又利用了数轴!和昨天学习加法有点相似! (学生逐渐放开了,绝大部分的学生都参与了进来,在讨论、交流中,下课铃响了.)	课堂总结基本总结出了本节课所学的知识,以及渗透的一些数学思想方法,并为下一节课《有理数的加减混合运算》作了一定的铺垫,比较成功! 总结的形式较普通,略显生硬,因此一开始有点"冷场".
布置作业	1.(必做题) 习题1.4　第2、6、7题 2.(思考题) 练习　第4题　(时差问题)	
教学反思	《有理数的减法》是比较传统的一节代数课,内容相对较简单.传统教学设计中较多关注法则自身的内容和运用,重掌握结果和熟练计算,学生对算理并不太理解,更不谈有什么深刻的感受!在本案例中,我试图从生活中的实际情景出发,让学生主动去探索有理数的减法法则,在探索的过程中理解法则的本质,进而在理解算理的基础上进行计算的学习.教学中为学生的探究活动预留了充分的时间和空间.通过学生的努力和教师的引导,学生较好地经历了"实际情境—猜想—验证—解释—运用"的"做数学"的过程.从实践的情况来看,效果较好.	

续表

教学反思	另外为帮助学生进行探究,我事先制作了一个很实用的动态教学课件用于辅助教学.在很多代数课的教学中,多媒体课件除了担当"电子课本""电子黑板"的作用之外,并没有显示出明显的辅助教学价值.其实并不是只有几何教学才有信息技术的用武之地,代数教学中计算机辅助教学也大有可为,关键是要有精巧的设计理念.在这个案例中我利用数轴作为载体,将代数原理几何化,从而化抽象为直观,将形式化的计算和直观经验紧密联系在一起,完善地解决了这一问题.值得指出的是教学过程中学生有很多很别致的想法,这些思维的"小火花"在适当的捕捉和引导下展现了一个生机盎然的、充满着数学味儿的生动课堂. 自我感觉不足之处:"导"的还是过于明显,如果放得更开些,或许效果会更好!

【点评】

张老师提供的这个教学案例对新时期传统课程(不止是代数课)的教学应该有一定的借鉴价值.

首先,整个案例最大的亮点就是充分体现了新课程改革的理念,将学习的主动权还给了学生,从而把经典的代数知识传授(由教师主导)转变为对代数原理的主动探究(由学生主导).教学中注重对学生理性精神的培养.通过精心设计的自主探索的学习活动将学生推上学习的前台.正是在这样的理性精神的指引下,学生所学的数学才能转化为学生的数学素养,成为其终生受用的财富.

其次,在教学过程中善于倾听,善于捕捉学生不时闪现的灵感火花,呈现了一节"既有预设的精彩,又有生成的美丽"的优秀案例!展现了自身较强的驾驭课堂的能力和素养.

最后,本节课制作的课件很新颖,它为学生提供了一个探究的平台.在以往的多媒体辅助教学中,信息的流向多是机器(电脑)学生的单向传输.包括时下流行的网页互动式多媒体课件实际上也是把学生局限在一个事先预设好的环境中,将教师事先准备的材料一一打开,逐一接受,实际上就是把"人灌"变为时髦的"机灌"!在这个教学案例中我们惊喜地看到,在借助机器进行知识的探索时,学生不再是被动接受机器呈现的信息,而是理性的、有选择的让机器呈现有用的信息帮助自己的学习和探索.信息的流向从单向的传输变成双向的人机互动,"人脑"和"电脑"相得益彰.

点评人　安徽省合肥市蜀山区教研室　李德山

案例 5　平方差公式

安徽省合肥市蜀山区江淮学校　江卫三

【设计思路】

在很多人的印象中,代数除了繁琐的计算就是空洞的符号,是一门内容枯燥、脱离实际的课程.事实上,代数是一门具有丰富内容并且与现实世界、学生生活、其他学科联系十分密切的学科;同时,代数也是一门基础的数学学科,它为数学本身和其他学科的研究提供了语言、方法和手段.它的符号表示手段,深刻地揭示了存在于一类实际问题的共性,有助于人们对现实世界的认识;它运用的代数式、表格、图像等多种表示方法,不仅为解决实际问题提供了重要的策略,而且为数学交流提供了有效的途径;它模型化的方法、表示的思想、方程的思想、函数的思想以及推理的方法等也为数学本身和其他学科的研究提供了基础.

本节课选自沪科版七年级下册.在前面内容的学习中,学生已经学习了幂的运算和整式乘法运算,通过类比小学的简便运算的运算法则,他们会产生"整式的运算会不会有简便运算""有没有简便运算的法则"等问题.为此,在教学中,我有意识地培养学生的推理能力,鼓励学生通过合情推理进行大胆推测,利用符号间的运算验证猜测或解决问题,同时鼓励学生有条理地表达自己的思考过程,最后通过多媒体拼图动态演示,给出平方差公式的一个几何解释.

一、教学目标

1. 知识目标:会推导平方差公式,并能运用公式进行简单的计算.
2. 能力目标:经历探索平方差公式的过程,进一步培养学生分析、综合和抽象、概括以及运算能力.
3. 情感目标:让学生在民主、和谐的共同学习过程中感受学习的乐趣.

二、教学重难点

重点:1. 平方差公式的应用.
2. 学生能力的培养.
难点:用公式的结构特征判断题目能否使用公式.

三、教学过程

(一)设置情境,探究新知

1.学生练习(目的:使学生进入状态,巩固以前所学知识,引入今天学习内容)(多媒体出示第1张幻灯片)

> 一、我会很快做好(多项式乘以多项式)
> 1. $(x+2)(x-2)$
> 2. $(1+3a)(1-3a)$
> 3. $(x+5y)(x-5y)$
> 4. $(y+3z)(y-3z)$

2.组内交流答案,然后教师提出问题:你发现了什么?再分组讨论,交流体会.

3.选代表发言,交流讨论结果.

学生可能回答:(1)两个二项式相乘,积可能是二项式,接着问:具备什么特征时,积才会是二项式?为什么具备这些特点的两个二项式相乘,积会是两项呢?你能不能再举例?(2)两数和与它们的差的积,等于这两数的平方差,等等.让同学们畅所欲言,只要合理,都给予肯定.

4.选一个学生上黑板用语言写出本节所需要的结论:

两数和与它们的差的积,等于这两数的平方差.

5.教师在黑板上写出课题及公式:$(a+b)(a-b)=a^2-b^2$.

6.说一说:知道这一规律有什么好处?(来源于整式乘法,用于整式乘法的辩证思想)

注意:探究新知识时,尽量由学生发现,这样有利于理解公式、运用公式;避免机械记忆公式,模仿公式.

(二)运用新知,试做例题

1.学生试做例题(教师巡视,辅导学习有困难的学生)(多媒体出示第2张幻灯片)

> 二、你能运用刚才的规律,计算下列各题吗?
> (1) $(5+6x)(5-6x)$
> (2) $(x-2y)(x+2y)$
> (3) $(-m+n)(-m-n)$

2.组内交流计算结果,组长汇报本组情况.

3. 多媒体出示答案,选一题点评,强调解题步骤,规范学生的解题格式.

(三)练习强化,灵活运用

(目的:这两道题练习,使学生灵活掌握公式)

1. 判断题(多媒体出示第3张幻灯片)

> 三、巩固提高
>
> 1. 想一想,下列各式中,哪些能利用平方差公式计算?哪些不能利用平方差公式计算?为什么?
> (1)$(x+y)(x-y)$; (2)$(x-y)(y+x)$; (3)$(-x+y)(-x+y)$;
> (4)$(-x-y)(x-y)$; (5)$(-x+y)(-x-y)$; (6)$(x-y)(-y+x)$.

学生通过对这些判断题的讨论甚至争论,加强对公式的掌握,同时培养学生一定的批判性思维能力.

2. 计算题:(多媒体出示第4张幻灯片)

> 2. 想好再做(下列习题,你能用公式来计算吗?)
> (1)$(2x+\frac{1}{2})(2x-\frac{1}{2})$; (2)$(-x-2)(-x+2)$;
> (3)$(-2x+y)(2x+y)$; (4)$(y-x)(-x-y)$.

教学方法:

先让学生练习,然后分组交流,接着选一名同学讲解各题方法.让采用不同解法的两个学生或发生错误的学生板演.最后教师提出问题:使用公式应注意哪些?

教师活动:让学生在练习本上计算时,教师巡视学生解题情况.

解法1: $(-x-2)(-x+2)$
$\quad\quad =[-(x+2)][-(x-2)]$

解法2: $(-x-2)(-x+2)$
$\quad\quad =(-x)^2-2^2$

根据学生板演,教师指出两种解法都很正确,解法1先用了提出负号的办法,使两项式首项都变成正的,而后看出两数的和与这两数的差相乘的形式,应用平方差公式,写出结果.解法2把$-x$看成一个数,把2看成另一个数,直接写出$(-x)^2-2^2$后得出结果.采用解法2的同学比较注意平方差公式的特征,能看到问题的本质,运算简捷.因此,我们在计算中,先要分析题目的数字特征,然后正确应用平方差公式,就能比较简捷地得到答案.

(四)动手操作,理解公式

(目的:体会数形结合的思想,又一次加深对公式的理解)

1.展示多媒体画面(一边教师做演示实验,一边学生跟着做实验).

观察动画图,再用等式表示下图中图形面积的运算:

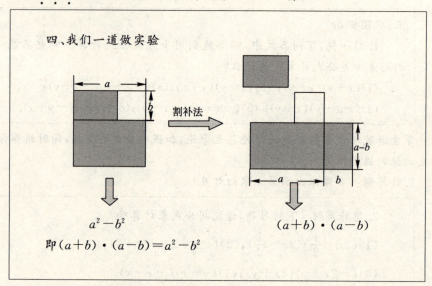

2.学生分组动手操作,加深理解.

这时有的学生可能疲劳,安排动手操作,一是提高兴趣,二是消除疲劳.

(五)知识升华,培养能力

1.计算题(多媒体出示第6张幻灯片)

> 五、知识拓展,提高能力
> 1.你会用今天的知识完成下列计算吗?
> 1998×2002
> 498×502
> 999×1001

教学方法:为满足学生的表现欲,选一名同学上台讲解一题,其他两题再做练习.

启发提问:要运用平方差公式进行简便运算,就要变为两数的和与这两数的积的形式,关键找到这两个数.

2.用数学知识解决实际问题(多媒体出示第7张幻灯片)

> 2.学数学,用数学,请看下列题目
> (1)街心花园有一块边长为 a 米的正方形草坪,经统一规划后,南北向要加长 2 米,而东西向要缩短 2 米.问改造后的长方形草坪的面积是多少?

教学方法:先让学生思考,然后组内交流答案,最后提出问题,通过这道题,你发现了什么?问:前后周长、面积如何变化?"2"改为"3"呢?

小结:进一步认识到"周长一定时,四边形中正方形的面积最大(因为以前我们已经知道)".

(目的:培养学生谈数学、想数学的习惯,为做下一题作好准备)

再做下列练习(多媒体出示第8张幻灯片):

> 2.学数学,用数学,请看下列题目
> (2)用一定长度的篱笆围成一个矩形区域,小明认为围成一个正方形区域面积最大,而小亮认为不一定.你认为如何?

教学方法:先让学生思考,然后由学生讲解.

(六)小结本节知识

1.什么是平方差公式?

2.运用公式要注意什么?

(1)要符合公式特征才能运用平方差公式.

(2)有些式子表面不能应用公式,但实质是能应用公式,要注意变形,归纳易错的地方.

(3)指出公式中的 a、b 可以代表数字、字母,还可以代表式子.

教学方法:教师提出问题,这节课你学到了什么?先分组交流,然后选代表发言,其余记录.这样有利于人人参与,克服一节课下来注意力不集中的毛病,同时通过学生的思考,可以提高学生归纳和创新思维能力.

(七)学生练习

1.思考:在横线上填上适当的代数式,使它能用平方差公式进行计算:(目的:进一步认识公式结构特点;因每题有多个答案,培养学生开放性思维)

(1)$(2a+3b) \cdot$ _____; (2)$(2a-3b) \cdot$ _____

2.看谁做得快? 计算:$103^2 - 3^2$.

(目的:培养学生逆向思维的能力;为以后学习因式分解铺垫)

3.下列各式的计算对不对？如果不对，说明形成错误的原因
(目的：培养细心能力；突破难点)

(1) $(7m+8n)(7n-8m)=49m^2-64n^2$；

(2) $(5ab+l)(5ab-l)=25a^2b^2-1$；

(3) $(3+2x)(3-2x)=9-2x^2$；

(4) $(3x-y)(-3x+y)=9x^2-y^2$；

(5) $(x+6)(x-6)=x^2-6$；

(6) $(2x^2+5)(2x^2-5)=4x^2-25$.

根据学生的回答，教师强调指出，运用平方差公式时应注意：(1)判断两个二项式相乘能否利用平方差公式计算的标准是一个二项式是两数的和，另一个二项式是这两数的差；(2)结果是平方差，且两个数(项)的位置不能弄错；(3)必须注意系数、指数的变化，还要注意字母的不同.

4.选做题：若 $A=(2+1)(2^2+1)(2^4+1)(2^8+1)\cdots(2^{64}+1)$，则 A 的值是（　）．

A. $2^{64}+1$　　　　B. $2^{64}-1$　　　　C. $2^{128}-1$　　　　D. $2^{128}+1$

5.选做题：计算：$(a-b)(a^2+b^2)(a+b)$.

教学反思

本节课的教学设计经过实际的教学检验.

教师的体会：在这节课的教学过程中，学生的思维始终保持着高度的活跃性，真正体现了人人参与，不同的人学习不同的数学，效果明显.个别学生对变形的能否运用公式运算出现困难，要加强辅导.

【点评】

本节课在教学设计上从以下几个方面出发，注意创建适合学生发展的教学思路.

①以提高兴趣、培养能力为中心.不求过分讲细、讲全，只求调动所有学生积极参与的兴趣，提高学生学习数学的积极性.

②教学过程始终关注中下等学生.布卢姆认为，学习成绩差的学生，就是因为教师忽视了教学反馈，未能及时对学生某些没有学会的知识进行补救，给学生以后的学习造成了困难.因此，教学过程的每一个环节都要注意教学反馈。通过课堂提问、观察、练习、谈话等及时获得学生学习情况的反馈信息，随时调节教学.

③前后六人为一学习小组，分组讨论交流，组长把关.

④提供学生交流、讨论的空间，多让学生从中体会数学的应用价值，养成谈数学、想数学、用数学的良好习惯.

⑤时间让给学生，教师只是学生学习的组织者、引导者、合作者.

点评人　安徽省合肥市教研室　张永超

案例6　二元一次方程

安徽省合肥市阿奎利亚学校　李茜

一、教材的地位与作用

《二元一次方程》是九年义务教育课程标准实验教科书浙教版教材七年级下册第二章《二元一次方程组》的第一节.在此之前学生已经学习了一元一次方程,这为本节的学习起了铺垫的作用.本节内容是二元一次方程的起始部分,因此,在本章的教学中,起着承上启下的作用.

二、教学目标

(一)知识技能

1. 了解二元一次方程概念.
2. 了解二元一次方程的解的概念和解的不唯一性.
3. 会将一个二元一次方程变形成用一个未知数的代数式表示另一个未知数的形式.

(二)数学思考

体会学习二元一次方程的必要性,学会独立思考,体会数学的转化思想和主元思想.

(三)问题解决

初步学会利用二元一次方程来解决实际问题,感受二元一次方程解的不唯一性.获得求二元一次方程解的思路方法.

(四)情感态度

培养学生发现问题的意识和能力,使其具有强烈的好奇心和求知欲.

三、教学重点与难点

教学重点:二元一次方程及其解的概念.
教学难点:二元一次方程的概念里"含未知数的项的次数"的理解;把一个二元一次方程变形成用一个未知数的代数式表示另一个未知数的形式.

四、教法与学法分析

教法:情境教学法、比较教学法、阅读教学法.

学法：阅读、比较、探究的学习方式.

五、教学过程

(一)创设情境,引入新课

从学生熟悉的姚明受伤事件引入.

师：火箭队最近取得了20连胜,姚明参加了前面的12场比赛,是球队的顶梁柱.

(1)连胜的第12场,火箭对公牛,在这场比赛中,姚明得了12分,其中罚球得了2分.你知道姚明投中了几个两分球?(本场比赛姚明没投中三分球)

师：能用方程解决吗?列出来的方程是什么方程?

(2)连胜的第1场,火箭对勇士,在这场比赛中,姚明得了36分.你知道姚明投中了几个两分球,罚进了几个球吗?(罚进1球得1分,本场比赛姚明没投中三分球)

师：这个问题能用一元一次方程解决吗?你能列出方程吗?

设姚明投进了 x 个两分球,罚进了 y 个球,可列出方程_____.

(3)在雄鹿队与火箭队的比赛中易建联全场总共得了19分,其中罚球得了3分.你知道他分别投进几个两分球、几个三分球吗?

设易建联投进了 x 个两分球,y 个三分球,可列出方程_____.

师：对于所列出来的三个方程,后面两个你认为是一元一次方程吗?那这两个方程有什么相同点吗?你能给它们起一个名称吗?

从而揭示课题.

(设计意图：第一个问题主要是让学生体会一元一次方程是解决实际问题的数学模型,从而回顾一元一次方程的概念;第二、三问题设置的主要目的是让学生体会到当实际问题不能用一元一次方程来解决的时候,我们可以试着列出二元一次方程,渗透方程模型的通用性.另外,数学来源于生活,又应用于生活,通过创设轻松的问题情境,点燃学习新知识的"导火索",引起学生的学习兴趣,以"我要学"的主人翁姿态投入学习,而且"会学""乐学".)

(二)探索交流,汲取新知

1.概念思辨,归纳二元一次方程的特征

师：那到底什么叫二元一次方程?(学生思考后回答)

师：翻开书本,请同学们把这个概念划起来,想一想,你觉得和我们自己归纳出来的概念有什么区别吗?(同学们思考后回答)

师：根据概念,你觉得二元一次方程应具备哪几个特征?

活动：你自己构造一个二元一次方程.

快速判断:下列式子中哪些是二元一次方程?

① $x^2+y=0$; ② $y=2x+4$;

③ $y+\dfrac{1}{2}x$; ④ $x=\dfrac{2}{y}+1$;

⑤ $\dfrac{x+y}{3}$; ⑥ $2x+1=2-x$;

⑦ $ab+b=4$.

(设计意图:这一环节是本课设计的重点,为加深学生对"含有未知数的项的次数"的内涵的理解,采取的是阅读书本中二元一次方程的概念,形成学生的认知冲突,激发学生对"项的次数"的思考,进而完善学生对二元一次方程概念的理解,通过学生自己举例子的活动去把"项的次数"形象化.在归纳二元一次方程特征的时候,引导学生理解"含有未知数的项的次数都是一次"实际上是说明方程的两边是整式.在判断的过程中,②⑥⑦是在书本的基础上补充的,②是让学生先认识这种形式,后面出现用关于一个未知数的代数式表示另一个未知数实际上是方程变形;⑥是方程两边都出现了 x,强化概念里两个未知数是不一样的;⑦是再次理解"项的次数".)

2. 二元一次方程解的概念

师:前面列的两个方程 $2x+y=36, 2x+3y=16$ 真的是二元一次方程吗?通过方程 $2x+3y=16$,你知道易建联可能投中几个两分球,几个三分球吗?

师:同学们是怎么考虑的?(让学生们说说他们是如何得到 x 和 y 的值的,怎么证明自己的这对未知数的取值是对的.)

利用一个学生合理的解释,引导学生类比一元一次方程的解的概念,让学生归纳出二元一次方程的解的概念及其记法.(学生看书本上的记法)

使二元一次方程两边的值相等的一对未知数的值,叫作二元一次方程的一个解.

(设计意图:通过引导学生自主取值,猜 x 和 y 的值,从而更深刻的体会二元一次方程解的本质:使方程左右两边相等的一对未知数的取值.引导学生看书本,目的是让学生在记法上体会"一对未知数的取值"的真正含义.)

3. 二元一次方程解的不唯一性

对于 $2x+3y=16$,你觉得这个方程还有其他的解吗?你能试着写几个吗?

师:这些解你们是如何算出来的?

(设计意图:设计此环节,目的有三个:首先让学生学会如何检验一对未知数的取值是二元一次方程的解;其次是让学生体会到二元一次方程的解的不唯一性;最后让学生感受如何得到一个正确的解:只要取定一个未知数的取值,就可以代入方程算出另一个未知数的值,这也就是求二元一次方程的解的方法.)

4. 如何去求二元一次方程的解

例 已知方程 $3x+2y=10$

(1) 当 $x=2$ 时,求所对应的 y 的值;

(2) 取一个你自己喜欢的数作为 x 的值,求所对应的 y 的值;

(3) 用含 x 的代数式表示 y;

(4) 用含 y 的代数式表示 x;

(5) 当 $x=-2,0$ 时,所对应的 y 的值是多少?

(6) 写出方程 $3x+2y=10$ 的三个解.

(设计意图:此处设计主要是想让学生形成求二元一次方程的解的一般方法,先让学生展示他们的思维过程,再从他们解一元一次方程的重复步骤中提炼出用一个未知数的代数式表示另一个未知数,然后把它与原方程比较,把一个知数的值代入哪一个方程计算会更简单,形成"正迁移",引导学生体会"用关于一个未知数的代数式表示另一个未知数"的过程,实质是解一个关于 y 的一元一次方程,渗透数学的主元思想.以此突破本节课的难点.)

5. 大显身手

课内练习第 2 题.

(三) 梳理知识,课堂升华

本节课你有收获吗?能和大家说说你的感想吗?

(四) 作业布置

必做题:书本作业题 1、2、3、4

选做题:书本作业题 5、6

【点评】

本节授课内容属于概念课教学.数学学科的内容有其固有的组成规律和逻辑结构,它总是由一些最基本的数学概念作为核心和逻辑起点,形成系统的数学知识,所以数学概念是数学课程的核心.只有真正理解数学概念,才能理解数学.二元一次方程作为初中阶段接触的第二类方程,形成概念并不难,关键如何理解它的概念,本节课采用先让同学自己试着下定义,然后与教材中的完整定义相互比较,发现不同点,进而理解"含有未知数的项的次数都是一次"这句话的内涵.

在教学过程中,采用的是让学生体会"一个解—不止一个解—无数个解"的渐进过程,感受到用一个二元一次方程并不能求出一对确定的未知数的取值,从而让学生产生后续学习的愿望.

在讲授用含一个未知数的代数式表示另一个未知数的时候，采用"一般—特殊——一般—特殊"的教学流程，以期突破难点.首先抛出问题"这几个解你是如何求的"，此时注意的聚焦点是二元一次方程；其次学生归纳先定一个未知数的取值，代入原方程求另一个未知数的值，此时注意的聚焦点是一元一次方程；然后教师引导回到二元一次方程，假如 x 是一个常数，那么这个方程可以看成是一个关于谁的一元一次方程，此时注意的聚焦点是原来的二元一次方程；最后代入求值，此时注意的聚焦点是等号右边的那个算式，体会"用含一个未知数的代数式表示另一个未知数"在求值过程中的简洁性，强化这种代数形式.另外，在引导学生推导"用含一个未知数的代数式表示另一个未知数"的过程中，渗透数学的主元思想和转化思想.

点评人　安徽省合肥市长丰县教研室　翟华能

案例 7　命题与证明

安徽省六安市皋城中学　张克玉

课题	4.1命题与证明	教材	浙教版数学八年级下册	授课教师	张克玉	学校	六安市皋城中学
教学目标	知识技能	1.了解定义的含义； 2.了解命题的含义； 3.了解命题的结构； 4.掌握区分命题的条件和结论.					
	过程与方法	1.经历感受定义的含义,能叙述一些简单的数学概念的定义； 2.体验命题的含义； 3.体验区分命题的条件和结论,会把一个命题写成"如果…那么…"的形式.					
	情感态度	1.在探索问题的过程中,感悟数学术语的科学性和严密性； 2.在与他人的合作过程中,培养学生敢于面对挑战和勇于克服困难的意志； 3.鼓励学生大胆尝试,从中获得成功的体验,培养学生的合作意识和团队精神.					
教学重点	命题的概念.						
教学难点	对条件和结论不十分明显的命题,改写成"如果…那么…"的形式时,学生会感到困难,是本节课的难点.						
教学准备与教学媒体	练习纸、多媒体.						
教法及学法	自主、合作、探究、体验式教学法.						
教学过程设计							
教学环节	教学活动			师生活动		设计意图	

续表

环节1 创设 情境, 导入 新课	1.活动1 叫四位同学的名字,请四位同学起立; (幻灯片:名字让素不相识的我们认识了!) 2.活动2 请这四位同学帮忙回答问题: (①两同学根据幻灯片播放的图片说出名称:五星红旗、奥运鸟巢;两同学根据幻灯片播放的名称展示实物:双手、三角尺) 3.小结:在生活中,正是因为有了这些名词,让我们能够由实物说出它的名称,也能由名称联想到对应的实物! (幻灯片:名称,让刚刚认识的我们可以沟通了!) 4.活动3(幻灯片:出示正方体,三角形图片,还有无理数和平行线的名词) (请同学们大声说出图形的名称!) 5.师总结:这些名称,我们知道它们的意义,所以我们能由名称联想到实物.我们再来看这两个数学名词:优弧、劣弧 (师:同学们能很快地说出它们的意义吗?) 同学们可能并不十分清楚它们的意义,所以(幻灯片:生词,让正在沟通的我们中断了!) 总结:所以,为了便于沟通和交流,达到某种共识,不造成歧义,我们有必要对一些名称和术语的意义作清楚的规定!	老师叫四名同学名字,叫到的学生起立,并根据幻灯片分别回答问题. 学生大声说出幻灯片上图形的名称. 学生摇头.	本环节设计意图: (一)已经有的有其明确含义的名词给我们的沟通交流带来的方便; (二)含义不明确的名词给交流带来不便,所以我们非常有必要清楚规定一些名称和术语的意义(下定义). 1.由叫同学们的名字,让同学们意识到取名字的必要性(为下面的名称和术语定义必要性作了铺垫); 2.四位同学的活动让同学们认识到已有的名词和术语给我们的沟通带来的方便(为名称和定义的必要性又做了铺垫); 3.正方体、三角形、平行线、无理数是学生熟悉的并知道其意义的数学名称,而优弧、劣弧一下子又难倒了学生,这样前后一比较,让学生深刻体会到给名词定义的必要性! 4.在以上几个步骤层层铺垫的前提下,让学生一步步感受对某些名称和定义的必要,自然引入定义的教学!
环节2 实践 活动, 探索 新知	(一)定义 定义的含义 从学生熟悉的数学名称(刚才出现在幻灯片中的)为着入点学习定义的含义: ①三角形:由不在同一直线上的三条线段首尾顺次连结而成的图形叫作三角形; ②无理数:无限不循环的小数叫作无理数;		本环节设计意图: (一)已经有的熟悉的名称和术语是怎样定义的,定义的句子的形式在一般形式上是怎样呈现的.

环节2 实践活动，探索新知（续）	③平行线：同一平面内不相交的两条直线叫作平行线． (师：这些语句清楚地规定了三角形、无理数、平行线的意义，我们就把它们称为三角形、无理数、平行线的定义.) (2)定义的含义 一般地，能清楚地规定名称和术语的意义的句子叫作该名称和术语的定义． (根据这三个定义，你能说说一般情况下一个名称和术语定义的句子结构以什么形式呈现的吗?) 2.趁热打铁：给已学名称和术语下定义： (1)极差； (2)直角三角形； (3)压强． (学生说完) **找一找** 阅读下面这段叙述能找到某些名称和术语的定义吗？ 在同一平面内，线段OP绕它固定的一个端点O旋转一周，另一端点P所经过的封闭曲线叫做圆，定点O叫做圆心，线段OP叫做圆的半径．圆上任意两点间的部分叫做圆弧．小于半圆的弧叫做劣弧，大于半圆的弧叫做优弧． (二)命题 1.命题的含义 (1)命题的含义的引入； (师：现在你们知道优弧、劣弧的含义了吧？那我们又可以继续交流了)	学生探索一个名称和术语定义的句子结构的呈现形式； 学生顺利说出前三个． 学生阅读，找出叙述中的定义． 学生比较如图两种弧的长短．	(二)模仿熟悉的名称和术语的定义给学过的名词下定义． (三)在一段叙述中要会找出名称和术语的定义，并感知叙述中需要下定义的名称和术语． (特殊→一般) 本环节设计意图： 知道了为什么要定义以及对一些已学名称下定义，还要让学生学会如何在一段叙述中找出定义，让学生学会学习． (1)解释了刚才学生感到迷惑的生词(优弧和劣弧)(承上)． (2)根据优弧、劣弧定义，教师提示又可以继续交流了(然后接下来的环节让学生比较如图的优弧、劣弧的长度，引出正确和不正确的判断,启下)．

续表

环节2 实践 活动, 探索 新知 (续)	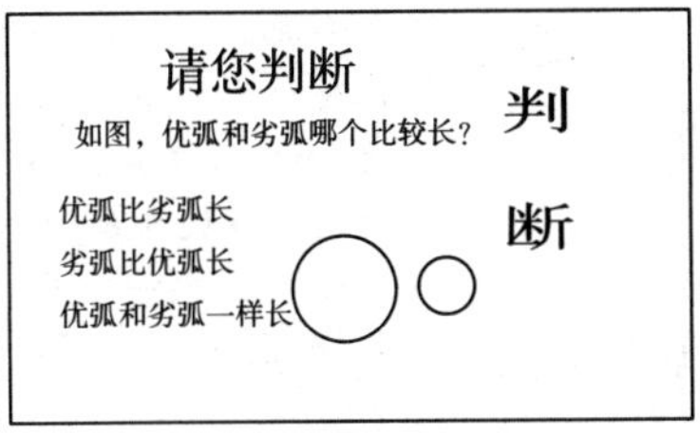 **请您判断** 如图, 优弧和劣弧哪个比较长? 优弧比劣弧长 劣弧比优弧长 优弧和劣弧一样长 判断 学生: …… 师: 同学们在比较中出现了正确的, 也出现了不正确的结果, 但都是对两条弧的长度作出了判断. (2)命题的含义 引出命题的定义: 命题: 对一件事情作出正确或不正确的判断的句子叫作命题. 2.练习(辨一辨) (1) **辨一辨** 下列句子中, 哪些是命题? 哪些不是命题? (1)浙江桐乡是江南水乡. (2)画一个角等于已知角. (3)杭白菊是动物. (4)a、b两条直线平行吗? (5)对顶角相等. (6)如果两个三角形是全等三角形, 　　那么这两个三角形的对应角相等. (7)若$a^2=4$, 求a的值. (8)若$a^2=b^2$, 则$a=b$. 3.命题的结构及命题的改写(改写成如果…那么…的形式) (1)命题的结构 师: 我们着重来分析上面第六句: 如果两个三角形是全等三角形, 那么这两个三角形的对应角相等.	教师制造小情境先举几例! 让学生说说判别一个句子是否是命题的关键要领是什么. 学生练习. 教师问, 学生答. 学生说题设和结论, 教师趁热打铁, 让学生用"如果…那么…"的形式改写.	在学生比较中出现了正确的, 也出现了不正确的, 但都是对如图两种弧的长度作出了判断, 教师此时引出命题的定义. 很好地起到承上启下的作用! 练习让学生学会通过判别一个句子是否是命题的关键要领, 来识别一句句子是否是命题, 有些内容编排贴近学生生活实际, 有些命题是下面改写"如果…那么…"要用到的, 让学生感受到知识的系统化. 先出现"如果…那么…"形式的目的: (1)一般的上课思路是直接让学生把一个命题改写成"如果…那么…"形式, 学生只是机械接受, 没有意识到为什么要把一个命题改写成"如果…那么…"形式. (2)先出现"如果…那么…"形式, 让学生感受到在"如

续表

环节2 实践活动，探索新知（续）	问：同学们认为这个命题的条件和结论分别是什么？ 学生：…… 师小结： 命题可看作由题设（条件）和结论两部分组成． 题设是已知事项，结论是由已知事项推出的事项． (2)命题的改写 师：再来看这个命题： 全等三角形的对应角相等 师：现在你们认为这个命题的题设和结论又是什么呢？ （让学生感受到在连结过程中出现了语句不通顺，自然意识到适当增加语词的必要性） 然后再幻灯片显示： 如果两个三角形是全等三角形，那么这两个三角形的对应角相等 让学生在比较中感受到：(1)改写成"如果…那么…"形式的必要性；(2)怎样适当地补充词语． 例题：请指出下列命题中的条件与结论，并改写成"如果…那么…"的形式． 1.两直线平行，同位角相等； 2.同位角相等； 3.对顶角相等； 4.同一个三角形中等角对等边．	教师分析，学生尝试． 学生练习．	果…那么…"形式下的命题找题设和结论是非常容易的．而学习命题就要学会找命题的题设和结论，所以让学生领会把一个命题改写成"如果…那么…"形式的必要性． (3)而且有些命题找出题设和结论比较困难，那么先以"如果…那么…"形式呈现，让学生感受到在此形式下找出题设和结论的方便的同时，也自然过渡到非"如果…那么…"的形式下的同一个命题，让学生在对比的情况下感到此命题要适当加上一些省略的词语！ 此例的编排意图： (1)两直线平行，同位角相等的改写是最基础的，让学生尝试成功的喜悦； (2)在第一个命题的基础上，改写第二个命题，让学生感受到一个命题的结论其实也是一个命题，而且让学生明白错误的命题其实也可以改写"如果…那么…"的形式．在形式上也为下一句对顶角相等的命题的分析做好铺垫！
	练一练： 1.两条边和它们的夹角对应相等的两个三角形全等； 2.直角三角形两个锐角互余．		

续表

环节3 操作演练，内化方法	(三)合作学习 小组争辉：先阅读，再回答： 观察下列各数： $6=1\times2\times3$ $24=2\times3\times4$ $60=3\times4\times5$ $120=4\times5\times6$ …… 我们把6,24,60,120这四个数都叫作"连绵数". (1)请观察等式右边，给连绵数下个定义. (2)探索连绵数的性质： ①"连绵数"一定是3的倍数.请把这个命题改写成"如果…那么…"形式. ②对两个连续的连绵数进行"加、减、乘、除"运算，会得到一些有趣的结论，根据你的猜想说出一些命题. (3)关于"连绵数"遐想 你能把"连绵数$n(n+1)(n+2)$"的三个因式$n,(n+1),(n+2)$和三角形的三边联系，说出一些命题吗？ 师小结：定义把名词的含义说清楚，不至于引起歧义；可以从探究名词的属性和相互关系中找到题，创造命题.	小组合作讨论，教师巡回指导.	小组合作环节意图： 让学生体会： (1)给名词适当的下定义； (2)怎样找命题,造命题； (从名词间的属性和名词间的关系中找、造) (3)在与他人的合作过程中，培养学生敢于面对挑战和勇于克服困难的意志.
环节4 收获与感悟	**丰收园** 本节课你学到了什么？ 师生总结：	学生谈收获，教师总结.	在教师引导下，学生自主进行归纳，能够构建并优化学生的认知结构.

续表

环节5 课后延伸 布置作业	1.必做题:作业本,同步练习; 2.选做题:书本作业题; 3.课外思考:班级中小组进行合作,尽可能多地发现生活和学习中的定义与命题,并把命题改写为"如果…那么…"的形式.	学生记录作业内容	通过作业的布置对本节知识复习和巩固,实现对知识的应用与拓展.

教学反思:略.

【点评】

"数学教学是数学活动的教学". 数学学习是一个经历体验的过程,从整个案例来看,教师通过引导,让学生在非常自然的状态下获得新知,又让学生通过用已经学过的知识解决具体问题,用自己的话来概括,让学生充分体验知识的产生过程,使学生在不断地参与、探究、动脑中获得新的知识,而且很快将新的知识纳入旧知识体系,学生的能力培养与知识的形成结伴而行,真正做到了让学生体会知识发生、发展、形成的全过程,体会到了学生才是学习的主人.

在创设情境、问题探究、巩固提高、课后作业中均可以使学生感受本节课知识的多样性,以及课外知识的延续,留给学生更广阔的思考空间和想象空间.

点评人　安徽省六安市教研室　贾兵

案例 8　平行四边形的性质

安徽省合肥市第四十五中学　刘志余

教材:义务教育课程标准实验教科书·数学(河北教育出版社)八年级(下)第 22 章《四边形》第 1 节《平行四边形的性质》.

教学目标:

1. 知识与技能:掌握平行四边形的定义及对边相等、对角相等、对角线互相平分的性质,并能用它们解决简单的问题.通过旋转等操作活动体会平行四边形的中心对称性.在操作、探究等数学活动中提高学生的探究能力,进一步提高学生的说理和初步的推理能力;

2. 过程与方法:经历平行四边形有关概念的形成过程和性质的探究过程;采用多种方法(观察、作图、实验、变换、推理等)探索平行四边形性质,体验解决问题策略的多样性;体会平移、旋转等图形变换在研究平行四边形及其性质中的应用.将探究过程与说理紧密结合,渗透"类比""转化"的数学思想;

3. 情感态度价值观:在探究活动与性质应用中,有意识地培养学生独立思考的习惯和积极的情感态度,促进良好数学观的形成,同时增强交流与合作意识.

教学重点:平行四边形性质的探究与性质的应用.

教学难点:平行四边形对角线互相平分、中心对称性的探究.运用平移、旋转的图形变换思想探究平行四边形的性质.

教法:启导探究法.

学法:自主探究、合作交流.

学具:刻度尺、两张全等的平行四边形(其中一张为半透明)纸片、一枚大头针.

教学过程设计:

	教学过程	设计说明
创设情境	● 启发学生找出身边常见的四边形实例. ● 引领学生预知本章《四边形》的学习内容. ● 引导学生感受生活中的平行四边形,揭示课题.	由于本节是《四边形》这一章的第一节,所以通过学生列举四边形实例,以对本章所要研究的四边形形成初步的感知.

续表

揭示课题		通过解读"章题页",使学生了解这一章的主要内容,为本章学习搭建了知识框架.
		设置"感受身边的平行四边形"环节,使学生体会平行四边形是生活中最常见的四边形,继而引出课题.
挖掘认知 作图说理	• 引导学生思考、叙述对平行四边形的认识. • 类比三角形,介绍平行四边形的记法:▱ABCD. • 学生画一个平行四边形,在作图中去研究已有认知:"平行四边形的对边相等""平行四边形的对角相等",并能进行说理. 注意文字语言向符号语言的转换. 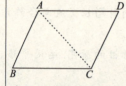 学生可能用以下两种方法说明"平行四边形的对角相等": (1)利用平行线的性质; (2)连结 AC 或 BD,根据全等三角形中对应角相等可证. 学生可能用以下两种方法说明"平行四边形的对边相等": ①平移线段可形成平行四边形,利用平移性质. ②连结 AC 或 BD,根据全等三角形中对应边相等可证. • 师生共同体会:①用三角形全等的方法是证线段相等、角相等的常用方法. ②图形变换是研究图形性质的有效工具. • 引导学生观察平行四边形中重要线段——对角线,介绍"对角线"概念,使学生感受转化思想——通过连结对角线,把平行四边形问题转化为三角形问题解决.	本环节充分调动学生,通过学生阐述对平行四边形的已有认知,为下面学习平行四边形的性质打下基础;接着用类比的方法介绍平行四边形的记法. 由于小学课本中通过观察、测量的方法已得到平行四边形对边相等、对角相等的结论,所以本环节在学生已有认知基础上充分进行说理,说理可利用学生熟悉的平行线的性质、全等三角形知识,还可以利用刚学过的平移性质.要突出图形变换的工具性作用. 在对角线概念的教学中,没有采用以往教师直接给出概念的陈述式方式,而是引导学生感受在说理过程中连结的重要辅助线,让学生充分感受到学习对角线的必要性,实现了真正从学生的需要出发去学习.

续表

	教学过程	设计说明
设置问题	学生利用画的平行四边形和教师提前下发的学具（两张全等的平行四边形纸片模型、一枚大头针），对平行四边形再探究． • 学生在连结两条对角线 AC、BD（AC、BD 交于点 O）时，可能发现 $OA=OC$，$OB=OD$，可能用测量、叠合法或证三角形全等方法说明，教师要给予及时的肯定． 注意引导学生试着把结论从符号语言向文字语言转换．	为了学生能充分探究平行四边形对角线、对称性的性质，所以本环节给予学生充分的观察、实验、发现、说理的时间和空间．学生可通过实验、合情推理、图形变换——"旋转"的方式来探究平行四边形的对角线互相平分和中心对称性．
自主探究	• 学生用大头针固定在两张全等的平行四边形纸片的对角线的交点处，使两张纸片完全重合，下面那张固定不动，旋转上边的纸片 180 度，引导学生阐述自己的新发现…… • 教师用几何画板演示，师生共同体会在旋转中的平行四边形的性质．	学生在三种数学语言——符号语言、图形语言、文字语言的相互转换中加深了对平行四边形性质的探究和理解． 本环节教师要注重培养学生的说理意识和能力．注重在探究说理中实现师生互动、生生互动的学习方式．体现了从合情推理到初步的演绎推理的思维推进．
归纳体会	引导学生体会平行四边形性质分别是从哪些角度阐述的？在探究过程中都用到了哪些方法？研究其他四边形性质时可类比平行四边形性质． 教师引导学生体会：解决线段相等、角相等问题的新方法——平行四边形的性质．	本环节通过对平行四边形从角、边、对角线、对称性等方面性质的归纳，有助于学生从不同角度来探究问题的意识形成，引导学生采用类比平行四边形性质的方法去研究其他特殊四边形的性质．

续表

性质应用	例题:在 □ABCD 中,∠B=140°,求其他内角的度数.(学生板演、讲解) 变式:在 □ABCD 中,已知 ∠B+∠D=280°,求其他两个内角的度数.	此题是巩固平行四边形对角相等的性质. 变式的目的是渗透转化思想.
性质应用	总结提升:如果平行四边形一个内角的度数是已知的,就能确定其他三个内角的度数. 练习 1. 已知 □ABCD 的周长是 20 cm,△ABC 的周长是 18 cm,则 AC 的长度是多少? 练习 2. 已知点 O 是 □ABCD 两条对角线的交点,对角线 AC=6cm,BD=10 cm,则 BC 的取值范围是_____. 若 BC=7cm,则 △OAD 的周长是_____.	注意引导学生从特殊到一般地思考问题. 此题是巩固平行四边形对边相等的性质. 此题是平行四边形性质的综合运用,锻炼了学生的说理能力.
收获与感悟	学生先独立思考这节课的收获,再在小组内交流,最后全班交流.	本环节使学生的知识、方法在反思中得到巩固、升华.
作业	1. 课本 P_{62} 练习 1;习题 1、2. 2.(思考题)一块平行四边形土地,在对角线 AC 上有一口井 E,连结 BE、DE,现将两块地 △BCE、△DCE 分给两农户,这样分公平吗?为什么?	由于本节重点探究了平行四边形的性质,所以创设了有一定思考深度的应用性思考作业,这是平行四边形性质的应用与推广.

【点评】

本节充分体现以教师为主导、学生为主体,以知识为载体、以培养学生的思维能力为重点的教学思想.始终贯彻教师引导与学生自主探究相结合的教学模式.

1. 创设情境,揭示课题

由于本节是《四边形》这章的起始,所以教师充分调动学生寻找现实生活中四边形的实例,以对本章所学特殊四边形形成初步的感知;教师以解读"章题页"的形式,使学生了解这一章的主要学习内容,为本章学习搭建了知识框架;通过"感受身边的平行四边形"这一环节,让学生感受平行四边形是生活中最常见也是应用广泛的一类四边形,从而揭示课题.

2. 挖掘认知,作图说理

本节对平行四边形性质的探究分两个层次.第一,平行四边形的对边相等、对角相等的性质是按"作图—说理"的研究模式;第二,平行四边形对角线互相平分、中心对称性的性质是按"问题—探究—发现—说理"的研究模式.两个环节各有侧重,提倡思维多样化,注重培养学生表达自己思维过程的能力,对学生出现的多种思路和方法,应给予充分肯定并在全班展示,使学生的求异思维和创新意识得到及时的表现.

3. 归纳性质,体会感悟

在教师的引导下,学生对平行四边形从角、边、对角线、对称性等方面性质进行归纳,有助于学生形成从不同角度研究问题的意识,并对平行四边形的性质加深了认识.

4. 应用性质,总结反思

通过几个平行四边形问题的解决,平行四边形的性质得到巩固,说理能力进一步得到提升;收获与感悟环节教师并没有让学生立刻去总结发言,而是给予一定的思考时间和交流的时间,使学生的知识在交流中得到完善、内化,方法在反思中得到升华.

点评人 安徽省合肥市庐阳区教研室 李国凯

案例9 锐角三角函数——正弦

安徽省合肥市肥西县金牛学校 刘钰

一、目标分析

(一)教学目标

知识与技能:

1. 理解锐角正弦的意义,并能运用 sinA 表示直角三角形中两边的比.
2. 能根据正弦概念正确进行计算.

过程与方法:

1. 经历探索直角三角形中的边与角的关系,培养学生由特殊到一般的演绎推理能力.
2. 通过学生自我发现培养学生的自我反思能力,通过提出困惑提升学生发现问题的能力.

情感态度价值观:

1. 在主动参与探索概念的过程中,发展学生的合情推理能力和合作交流、探究发现的意识.
2. 培养学生独立思考的习惯以及使学生获得成功的体验,建立自信心.

(二)教学重点、难点:

重点: 理解认识正弦(sinA)概念,能用正弦概念进行简单的计算.

难点: 1. 引导学生比较、分析并得出:对任意给定锐角,它的对边与斜边的比值是固定值;

2. 正弦概念的理解.

突出重点、突破难点的策略

从生活实际入手,结合多媒体直观演示,并通过系列探究活动引导学生合作交流,作图、猜想论证,配合由浅入深的练习,使学生不但知道对任意给定锐角,它的对边与斜边的比值是固定值,而且加以论证并会运用.

二、教学方法

1. 教法学法:

本节采用"探究—推理—发现"模式.

教师的教法突出活动的组织设计与方法的引导.

学生的学法突出探究、推理与发现.

2. 课前准备：

教具：多媒体、课件、三角板.

学具：三角板等作图工具.

三、教学设计

教学环节

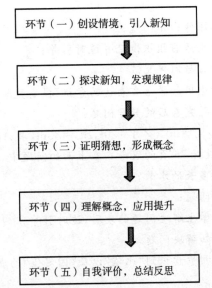

环节(一)：创设情境，引入新知

教师活动：1. 结合新疆当地实际情况以及书本引例引入本课；

2. 电脑展示教材76页引例.

问题：为了绿化荒山，市绿化办打算从位于山脚下的机井房沿着山坡铺设水管，对坡面的绿地进行喷灌.现测得斜坡与水平面所成角的度数是30°，为使出水口的高度为35m，那么需要准备多长的水管？

提出问题：你能将实际问题归结为数学问题吗？

学生活动：熟悉背景，从中发现数学问题.同时思考、探求解决问题的途径和方法.

设计意图:

结合新疆当地实际情况为背景创设情境,引发学生兴趣;培养学生发现数学并将实际问题转化为数学问题的能力.

环节(二):探求新知,发现规律

1.解决问题

隐去引例中的背景材料后,直观显示出图中的 Rt△ABC.

(1)想一想:你能用数学语言来表述这个实际问题吗?与同伴交流.

教师活动:多媒体课件出示问题;
　　　　　了解学生语言组织情况并适时引导;

学生活动:组织语言与同伴交流.

设计意图:培养学生用数学语言表达的意识,提高数学语言表达能力.

(2)出示学生总结并完善后的数学问题:

在 Rt△ABC 中,∠C=90°,∠A=30°,BC=35m,求 AB.

(3)议一议(出示教材76页的思考):在上面的问题中,如果使出水口的高度为50m,那么需要准备多长的水管?

教师活动:1.出示问题;
　　　　　2.观察学生解决问题的表现,适时引导.

学生活动:应用旧知解决问题.

设计意图:让学生初步意识到"比值"以及"固定值"的表达,为得出结论奠定基础.

(4)归纳:在一个直角三角形中,如果一个锐角等于30°,那么不管三角形的大小如何,这个角的对边与斜边的比值都等于 $\frac{1}{2}$.

教师活动:引导学生用准确的语言组织.

学生活动:独立思考,得出结论.

设计意图:

让学生从这一情景中得知我们研究的重点不再是"直角三角形中,30°角所对的直角边是斜边的一半",把注意力转移到"直角三角形中,30°角的对边与斜边的比值是 $\frac{1}{2}$".

让"比值"的研究首先进入学生的视野,建立了数学模型,为下一环节顺利进行奠定基础.

2.类比思考

议一议:(出示教材77页的思考)

如图,任意画一个 Rt△ABC,使∠C=90°,∠A=45°,计算∠A 的对边与斜边的比 $\dfrac{BC}{AB}$,你能得出什么结论?

教师活动:出示问题;观察基础薄弱的学生的反应或与他们共同讨论.

学生活动:思考、解决问题.

设计意图:由特殊到一般的过渡,强化了学生对"比值"的关注,点击重点.

3. 归纳猜想

(1)归纳:在一个直角三角形中,如果一个锐角等于30°,那么不管三角形的大小如何,这个角的对边与斜边的比值都等于 $\dfrac{1}{2}$.

在一个直角三角形中,如果一个锐角等于45°,那么不管这个直角三角形的大小如何,这个角的对边与斜边的比都等于 $\dfrac{\sqrt{2}}{2}$.

(2)猜想:在直角三角形中,当锐角 A 的度数一定时,不管三角形的大小如何,它的对边与斜边的比也是一个固定值.

教师活动:引导学生用准确的语言归纳猜想.

学生活动:思考、交流、语言表达.

设计意图:

让学生体验合理的猜想是数学学习中研究问题的方法之一.

为学生提供了自主探究的空间,提高学生的说理能力,增强语言表达能力.

环节(三):证明猜想,形成概念

1. 在"几何画板"课件制作平台中演示、验证猜想

教师活动:多媒体演示.

学生活动:体验成功的快乐.

设计意图:运用现代教育手段,让学生感受到自己猜想的正确性的快乐.

2. 证明猜想

教师活动:出示猜想,观察学生的思考方向,引导学生找到证明猜想的方法.

(出示教材 75 页探究)任意画 Rt△ABC 和 Rt△A′B′C′,使得∠C=∠C′=90°,∠A=∠A′=α,那么 $\dfrac{BC}{AB}$ 与 $\dfrac{B'C'}{A'B'}$ 有什么关系.你能解释一下吗?

学生活动:思考、寻找方法并验证.

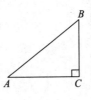 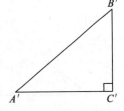

设计意图:

培养学生的论证意识,提高学生自己设计探究活动的能力.

通过证明认识到"在直角三角形中,当锐角 A 的度数一定时,不管三角形的大小如何,∠A 的对边与斜边的比也是一个固定值"的结论,从而引出"正弦"的概念,突出重点.

3. 形成概念

正弦的概念及表示

如图,在 Rt△ABC 中,∠C=90°,我们把锐角 A 的对边与斜边的比叫作∠A 的正弦(sine),记作 sinA,即

$sinA = \dfrac{\angle A}{\angle C} = \dfrac{a}{c}$,

$sinA = sin30° = \dfrac{1}{2}$,

$sinA = sin45° = \dfrac{\sqrt{2}}{2}$.

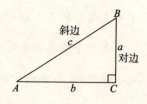

注意: 正弦的三种表示:sinA(省去角的符号)、sin39°、sin∠DEF.

教师活动: 课件给出概念,解释并强调正弦的符号、符号所表示的意义、正弦的表示方法.

学生活动: 理解正弦的概念以及正弦的表示.

设计意图: 概念的引入已是水到渠成,让学生在一系列的问题解决中,经历一个数学概念形成的一般研究过程.

环节(四):理解概念、应用提升

1. 概念辨析

教师活动:

提问:如图:∠B 的正弦怎么表示?

出示判断是非:

(1)sinA 表示"sin"乘以"A". (　　)

(2)如图,$sinA = \dfrac{1}{2}$(m). (　　)

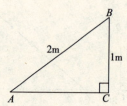

(3)在 Rt△ABC 中,锐角 A 的对边和斜边同时扩大 100 倍,sinA 的值也扩大 100 倍. (　　)

(4)如图,∠A=30°,则 $\sin A=\dfrac{3}{7}$.(　　)

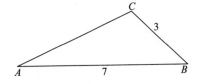

学生活动:思考,理解概念.

设计意图:

通过判断是非加深学生对正弦概念的理解,随着问题的解决更加深了学生对角度与比值的对应关系的关注,进一步的渗透了函数思想.

通过是非判断引导学生注意:

①sinA 不是 sin 与 A 的乘积,而是一个整体.

②sinA 是线段之间的一个比值,没有单位.

③一个角的正弦值与边的大小无关,只与角的大小有关,锐角一旦确定,正弦值随之确定.

2.例题讲解

教材 79 页例题一:

例1 如图,在 Rt△ABC 中,∠C=90°,求 sinA 和 sinB 的值.

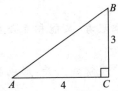 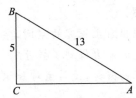

教师活动:课件出示例1,引导学生相互口述解题方法后,派代表详细叙述,同时出示详细解题过程(板书).

学生活动:分析、思考解题的方法,小组交流讨论,互相评议,组织语言叙述解题的过程.

设计意图:

为学生提供自主探究的空间,学生既能独立思考,又能相互合作,在交流中学生解决问题的能力得到了提升.

巩固正弦的概念,形成能力.

规范学生的解题格式,为学生完全独立的解决问题尽可能的排除了障碍.

3.巩固新知

(1)在 Rt△ABC 中,∠C=90°,BC=2,$\sin A=\dfrac{2}{3}$,则 AC 的长是(　　).

A. $\sqrt{13}$　　　　B. 3　　　　C. $\dfrac{4}{3}$　　　　D. $\sqrt{5}$

(2)在正方形网格中,∠α 的位置如图所示,则 sinα 的值是多少?

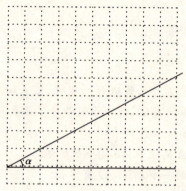

(3)（依据认知水平）

在 Rt△ABC 中，∠C=90°，AC=2，$\sin A=\dfrac{1}{3}$，求 AB、BC 的长.

教师活动：课件出示练习.

学生活动：分析、独立思考.

设计意图：

为学生提供自主探究的空间，学生既能独立思考，又能相互合作，在交流中学生解决问题的能力得到了提升.

巩固正弦的概念，使学生对知识的理解与应用螺旋上升，形成能力，达到了较高要求.

体现了"实际—理论—实际"的过程，帮助学生形成从实际问题中抽象出数学问题，得出结论，再用来解决实际问题的学习数学的思路，符合新课程标准要求的"实际问题—建立模型—解释、应用与拓展"的思路.

环节(五)：自我评价、总结反思

问题 1：本节课你有哪些收获？

教师活动：引导学生思考回答.

学生活动：回顾、思考、组织语言回答.

设计意图：

引导学生回顾自己的学习过程，畅所欲言，加强反思，提炼以及将知识纳入自己的知识结构.

帮助学生提炼本节课的重要知识点和必须要掌握的技能：

(1)在直角三角形中，当锐角 A 的度数一定时，不管三角形的大小如何，∠A 的对边与斜边的比都是一个固定值.

(2)在 Rt△ABC 中，∠C=90°，我们把锐角 A 的对边与斜边的比叫作∠A 的正弦，记作 sinA.

问题 2：本节课你认为自己解决的最好的问题是什么？

教师活动：一边口述、一边课件出示问题.

学生活动：回顾、思考、与同伴交流、组织语言回答.

设计意图：

有目的的引导学生发现自己在合作学习、解决问题的过程中能否提出有价值的解决方案,能否与他人沟通合作等等.

培养学生自我认同,自我发现、自我反思的意识.

这一环节与同学交流可以让学生感受到来自同学的信任,感受到被同学肯定的快乐.

问题 3：你还有什么困惑吗？

教师活动：出示问题.

学生活动：思考、组织语言说感受、困惑.

设计意图：

引发学生进一步的思考.

布置作业

1. 对于自己还存在的疑惑利用业余时间上网或者查阅书籍.

2. 教材 85 页习题 28.1 第一、四题(仅求正弦值).

3. 用计算器试着探索锐角的正弦值的求法.

板书设计

§28.1.1 锐角三角函数——正弦

概念   例题

【点评】

"教必有法,而教无定法",只有方法恰当,教学才会有效. 根据本课内容特点和九年级学生思维活动特点,采用"探究—推理—发现"模式,在教法上突出活动的组织设计与方法的引导. 在学法上突出探究、推理、猜测与论证. 在教学设计过程中力求让学生参与知识发现的全过程,体现以学生为主体,以促进学生发展为本的教学理念,变教师知识的传授者的身份为学生自主探求知识的引导者、指导者、合作者.

①本节课的教学内容通过实际生活中的问题情境呈现,给了学生亲切感,提高了学生的学习兴趣,让学生感受到了数学来源于生活,学生通过合作交流、发现规律,能够体会到学习数学的价值.

②本节课以让学生进行独立思考、共同探索、验证猜想为主线的课堂形式组织教学,因此在课堂教学中,给了学生更多展示自己的机会,有助于培养学生理

性思维的习惯,达到课程目标的教学要求.

③在教学的具体实施中,需要老师不失时机的进行引导,让学生在充分思考的同时,找出思维漏洞,使他们在自我认识、自我完善的基础上学会从不同角度考虑问题.

④通过小组活动以及学生的互评,加深学生对知识的掌握,同时让学生感受到被同学认可的快乐,增进学生之间的感情.

点评人　安徽省合肥市肥西县教研室　张杰

案例10 探索三角形全等的条件

安徽省铜陵市第十中学 吴正强

一、教学内容分析

本节课选自北师大版七年级数学下册第五章第四节探索三角形全等的条件第一课时,本节课探索第一种判定方法——边边边。为了使学生更好地掌握这一部分内容,本节课遵循启发式教学原则,用设问形式创设问题情景,设计一系列实践活动,引导学生操作、观察、探索、交流、发现、思维,真正把学生放到主体位置,发展学生的空间观念,体会分析问题、解决问题的方法,积累数学活动经验,为以后的证明打下基础.

二、学生学习情况分析

学生的知识技能基础:学生在前几节中,已经了解了三角形的有关概念(内角、外角、中线、高、角平分线),以及三角形三边之间的关系、图形的全等,对本节课要学习的三角形全等条件中的"边边边"和三角形的稳定性来说已经具备了一定的知识技能基础.

学生活动经验基础:在相关知识的学习过程中,学生已经经历了一些探索图形全等的活动,通过拼图、折纸等方式解决了一些简单的现实问题,获得了一些数学活动经验的基础;同时在以前的数学学习中学生已经经历了很多合作学习的过程,具有了一定的合作学习的经验,具备了一定的合作与交流的能力.

三、设计思想

我们所在的学校处于市区,教学设备齐全,学生学习基础较好,在这之前他们已了解了图形全等的概念及特征,掌握了全等图形的对应边、对应角的关系,这为探究三角形全等的条件做好了知识上的准备.另外,学生也基本具备了利用已知条件拼出三角形的能力,具备探索的热情和愿望,这使学生能主动参与本节课的操作、探究.遵循启发式教学原则,采用引探式教学方法.用设问形式创设问题情景,设计一系列实践活动,引导学生操作、观察、探索、交流、发现、思维,真正把学生放到主体位置,发展学生的空间观念,体会分析问题、解决问题的方法.

四、教学目标

1. 知识与技能:掌握三角形全等的"边边边"条件,了解三角形的稳定性.

2.过程与方法：在探索三角形全等的条件及其运用的过程中，体会利用操作、归纳获得数学结论的过程，初步形成解决问题的基本策略.

3.情感态度价值观：通过探索活动，体验数学知识在现实生活中的广泛应用，培养学生勇于探索、敢于创新的精神.

五、教学重点和难点

重点：三角形全等条件的探索过程和三角形全等的"边边边"条件.

难点：三角形全等条件的探索中的分类思想的渗透.

六、教学过程设计

具体设计的教学过程描述如下：

(一)创设情境，提出问题

1.出示多媒体

大家来看一个问题：这是一块三角形玻璃窗，里面的玻璃"啪"的一声损坏了，现在要打电话给玻璃店的老板配一块与损坏的玻璃大小相等形状相同的三角形玻璃，至少要报给玻璃店的老板(这块破裂三角形玻璃)几个数据呢？

[学情预设]学生考虑情况和条件多，大多围绕角和边进行分析.

[设计意图]通过问题情境的创设，不但引入了本课的课题，而且激发了学生的好奇心和求知欲，调动了学生的学习积极性，使他们体会探索的过程是为了解决问题的实际需要.联系生活，充分调动学生的积极性(让学生动起来).

(二)探索发现，合作交流

1.一个条件

按照三角形"边、角"元素进行分类，师生共同归纳得出：

一个条件：一边，一角；

再按以上分类顺序动脑、动手操作验证.

2.验证过程可采取以下方式

画一画：按照下面给出的一个条件各画出一个三角形.

①三角形的一条边长是8cm；

②三角形的一个角为60°.

剪一剪：把所画的三角形分别剪下来.

比一比：同一条件下作出的三角形与其他同学作的比一比，是否全等.

对只给一个条件画三角形，画出的三角形一定全等吗？

同组同学互相比较，观察得出结果.小组代表说明本小组的结论.

再结合展示幻灯片,以便强化结论.

教师收集学生的作品,加以比较,得出结论:只给出一个条件时,不能保证所画出的三角形一定全等.

3. 两个条件

继续探索两个条件的情况,师生共同归纳得出:

两个条件:两边,一边一角,两角;

[教师活动]教师积极帮助学生分析、归纳,对学生在分类中出现的问题,教师予以有序的引导.重点抓住"边",按"边"由多到少的顺序给出.

[设计意图]因为初一学生缺乏思维的严谨性,不能对问题作出全面、正确的分析,并对各种情况进行讨论,所以教师设计上述问题,逐步引导学生归纳出三种情况,分别进行研究,向学生渗透分类讨论的思想.从一个,两个到三个条件.培养学生思维的主动性和广阔性.很自然的突破难点.

4. 画一画:按照下面给出的两个条件各画出一个三角形.

① 三角形的两条边分别是:8cm、10cm;

② 三角形一条边为 7cm,一个角为 30°;

③ 三角形的两个角分别是:30°、50°.

剪一剪:把所画的三角形分别剪下来.

比一比:同一条件下作出的三角形与其他同学作的比一比,是否全等.

[学情预设]学生按条件画三角形,然后将所画的三角形分别剪下来,把同一条件下画出的三角形与其他同学画的比一比.

[教师活动]在此教师给学生留出充分的时间画图、观察、比较、交流,然后教师收集学生的作品,加以比较,为学生顺利探索出结论创造条件.

5. 学生展示本小组的结论

[设计意图]培养学生的合作意识调动学生的主观能动性,使学生积极主动地参与教学活动,使学生对只有两个条件得不到三角形全等有更直观的认识.

[知识链接]这一知识点既是对后续归纳总结起到实验性证明.

6. 教师同时展示幻灯片,加以比较说明,得出结论:只给出两个条件时,不能保证所画出的三角形一定全等.

[设计意图]从实践操作中,引发总结,将前面画图的结果升华成理论,让学生学会思考,善于思考.参与构建对知识的形成和体验.

7. 继续探索三个条件的情况,师生共同归纳得出:

三个条件:三边,两边一角,一边两角,三角.

再继续探索三个条件中的三条边的情况.

8. 画一画:在硬纸板上画出三条边分别是 10cm、12cm、14cm 的三角形.

(对画图有困难的同学提示:用长度分别为 10cm、12cm、14cm 小棒拼一个

三角形并在硬纸板上画出)

剪一剪:用剪刀剪下画出的三角形,与周围同学比较一下,你们所剪下的三角形是否都全等.

比一比:作出的三角形与其他同学作的比一比,是否全等.

[学情预设]全班几十个三角形摆在讲台上,形成了一个高高的三棱柱.学生看着讲台上的三棱柱,心中充满了自豪.

[设计意图]培养学生的合作意识、创造性思维,合理猜想,为得出"SSS"来进行三角形全等的验证作了铺垫.深入探索使学生积极主动地参与教学活动,使学生更利于理解"SSS".很自然的突出重点.

(三)归纳结论,解决问题

1.从上面的活动中,我们总结出:

三边对应相等的两个三角形全等,简写为"边边边"或"SSS";

学生由理解上升到口述出原理,以便以后更好地运用到实践中去.

[学情预设]学生口述,从口头表达上升到书面表达.对学生的回答是否正确全面,都要给予肯定和鼓励,更好的促进他们学习的积极性.

2.成功解决了上面提出的玻璃问题.

我们只要报给玻璃店的老板三条边长就可以配一块与损坏的玻璃大小相等形状相同的三角形玻璃.

(三条边就可以作出一模一样的三角形玻璃)为学生继续探索三个条件的其他情况,铺下了好的问题情境.(对于两边一角,一边两角和三个角,我们将下一节课研究)

[设计意图]学以致用,发现问题解决问题.

(四)运用知识,巩固新知

1.已知:在△ABC和△DCB中,AB=DC,AC=DB,这两个三角形全等吗?为什么?

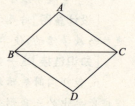

解:∵在△ABC和△DCB中,

$\begin{cases} AB=DC, \\ \underline{\quad\quad}=\underline{\quad\quad}, \\ AC=DB, \end{cases}$

∴△ABC≌△DCB.(　　　)

鼓励学生上台讲演(将想法说出来).

[设计意图]让学生用已获得的知识去解决新问题,这样做可以培养学生"学以致用"的思想.初步体验SSS在三角形全等中的应用,让学生主动填空的方式参与其中,调动积极性也让学生感受到数学学习的逻辑严密性.同时也是对SSS

的更深刻的理解.

变式训练2.已知:在△ABC和△DEF中,AB=DE,AC=DF,BF=EC,这两个三角形全等吗?为什么?

解:∵ BF=EC,

∴ BF+____=EC+____,

∴ ____=____.

∵在△ABC和△DEF中,

$\begin{cases} AB=DE, \\ \underline{}=\underline{}, \\ AC=DF. \end{cases}$

∴ △ABC≌△DEF.( )

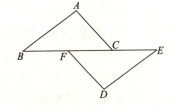

[学情预设]分组竞争,增强合作交流意识,让学生在合作交流中体验快乐.

[设计意图]变式训练,巩固提高,拓展,使学生知识技能螺旋式的上升,也是一种思维的训练.及时反馈,同时也再次强调了全等条件的具备情况.

(五)再创情境,联系实际

1.由三根木条钉成的一个三角形框架,它的大小与形状是固定不变的.

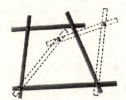

[设计意图]让学生感受实例,直观,生动,便于理解.

[知识链接]只要三边的长度确定了,三角形的形状和大小就完全确定了.三角形的稳定性正是SSS的一个很好的拓展延伸.

2.三角形的这个性质叫作三角形的稳定性.

3.接着幻灯片展示大量三角形稳定性的实例.

4.再鼓励学生自己举出实例,体验数学在生活中的应用.

[设计意图]从理论上升到实践,将知识延伸开去,应用到生活实践,才真正做到学有所用.大量的多媒体图片让学生体会数学无处不在.

(六)反思小结,提炼规律

1.通过本节课的学习,你学会了哪些知识?

教师引导学生回顾本节课探索三角形全等的条件的过程,让他们自主归纳整理出:

①三角形全等的"边边边"条件;

②三角形的稳定性.

2.通过本节课的学习,你有什么体验?

3.通过本节课的学习,你掌握了什么方法?

[设计意图]小结归纳不应该仅仅是知识的罗列,而应该是优化知识结构、完善知识体系的一种有效手段,为充分发挥学生的主题作用,从学习的知识、体验、方法三个方面归纳.

(七)布置作业,提高升华

以作业的巩固性和发展性为出发点,我设计 A、B、C 三组作业,分层次提高.

A 组作业:课本第183页　题6　《课时作业》第87页第1,2,5,6,7题

B 组作业:课本第183页　题6　《课时作业》第87页第2,3,5,6,7题

C 组作业:课本第183页　题6　《课时作业》第87页第2,3,7题

第88页第8,11题

[设计意图]分层次作业使不同层次的学生得到了不同的发展,又为后续的学习打下了良好的基础.巩固所学,分层要求.体现"人人学有价值的数学,不同的人在数学上有不同的发展".

(八)板书设计

```
          探索三角形全等的条件(一)

三边对应相等的两个三角形全等,    一个条件:一边、一角
简写为"边边边"或"SSS".          二个条件:二边、一边一角、二角
                                 三个条件:三边、二边一角、一边二角、三角
```

【点评】

本节课的设计体现了以教师为主导、学生为主体,以知识为载体、以培养学生的思维能力为重点的教学思想.数学学习不仅是知识的学习,更重要的是方法的学习.在教学中,教师摒弃了直接给出"SSS"条件的教学方法,以学生的数学探索活动为主线,采用了"引导—自主探索"的教学模式,以探索三角形全等的条件为中心,遵循学生的认识规律,注重学生在独立思考基础上的合作交流,将教师的"引"与学生的"探"融为一个和谐的整体,让学生亲身经历操作、观察、归纳、交流等确定三角形全等的条件的过程.教师以探究任务引导学生自学自悟的方式,提供了学生自主合作探究的舞台,营造了思维驰骋的空间,在经历知识的发现过程中,培养了学生分类、探究、合作、归纳的能力.

在课堂上要给予学生充分的时间去思考、动手实践,而不是使合作流于形

式.要把合作交流的空间真正的还给学生.教师在课堂中还要照顾到每一名学生,让全体的学生都动起来.在把他们的结论互相比较之前,应该留给学生足够的时间,使大部分的学生都能完成画图的活动,不能以一些思维活跃的学生的完成时间作为标准,剥夺了其他学生的操作时间.教师还应对画图有困难的学生给予适当的指导.

做到让知识动起来、让学生动起来、让情感动起来.

点评人　安徽省铜陵市第一中学　李晟

案例11 勾股定理

安徽省肥西县上派初级中学 卫德彬

教材：(人教版)义务教育课程标准实验教科书 数学八年级(下)

教师	卫德彬	年级	八年级	授课时间	
科目	数学	班级	八(1)班		
课题	18.1.1 勾股定理(1)				
教学目标	1.理解勾股定理的两种证明方法——毕达哥拉斯证法和赵爽的弦图证法；应用勾股定理解决简单的直角三角形三边计算问题； 2.通过对直角三角形三边关系的猜想验证，经历从特殊到一般的探索过程，发展合情推理，体会数形结合的思想； 3.在勾股定理的探索过程中感受数学文化的内涵，增进数学学习的信心.				
教学重点	探究并理解勾股定理.				
教学难点	探索勾股定理的验证方法.				
教学方法	启发式与探究式相结合.				
教学手段	多媒体投影、计算机辅助教学，自制教具实验辅助.				
教学过程设计					
教师活动			学生活动		设计意图
一、旧知新问，引出新课 提问：你们对直角三角形都有哪些了解？ 预案： 学生易答：直角三角形中有一个直角，两个锐角互余；三角形两边之和大于第三边等. 预设问题：直角三角形的三边长之间满足怎样的等量关系呢？为什么？你能直接从图形中看出来吗？ 从而引出今天我们将共同探讨问题——直角三角形三边的数量关系. 二、猜想探索，形成方法 在2500年前，古希腊著名的哲学家、数学家、天文学家毕达哥拉斯就已经对此问题有了明确的结论并给予了证明，相传他对三角形三边关系的发现竟然是从地砖中得到的，现在就让我们一同回到2500年前，体验一下毕达哥拉斯的经历：			学生交流对直角三角形中的角、边关系的认识.		激发学生探索勾股定理的兴趣.

		续表
【活动1】:"地砖里的秘密?" 地砖中隐含着直角三角形三边关系的什么"秘密"呢?  (图1) 预设问题: 问题1:地砖是由全等的直角三角形拼接而成的,每个直角三角形都相邻三个正方形,这三个正方形面积间有怎样的关系?你是怎样看出来的? 问题2:如果用直角三角形三边长来分别表示这三个正方形的面积,又将反映三边怎样的数量关系? 问题3:等腰直角三角形满足上述关系,那么一般直角三角形呢? 【发现】: $S_{蓝}+S_{绿}=S_{黄}$ ⇒等腰直角三角形直角边长的平方和等于斜边的平方. 【活动2】:"勾三,股四,弦几何?" 鼓励学生利用毕达哥拉斯的面积方法在图2的网格图中尝试探索"勾三股四的直角三角形的弦长". 已知:Rt△ABC,∠C=90°,BC=3,AC=4. 求AB的长. 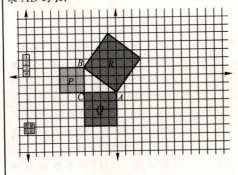 (图2) 预设问题: (1)正方形P、Q的面积为什么易求? (2)正方形R的面积不易求的原因是什么? (3)怎样将正方形R的面积转化为几个"格点图形"的面积和或差来计算呢?	【活动1】 在三个问题的引领下,学生逐渐发现三个正方形面积间的关系,转化为等腰直角三角形的三边关系,进而提出一般直角三角形三边关系的猜想. 【活动2】 学生小组合作,在网格纸上画图探究正方形R的面积,小组代表交流方法.	通过【活动1】对地砖中图形的探索培养学生能够用数学的眼光认识生活中现象的能力;将面积关系转化为等腰直角三角形三边长之间的数量关系,让学生体验"面积法"在几何证明中的作用,为探索一般直角三角形三边关系提供了方法线索. 【活动2】对"勾三,股四,弦五"这种较一般的直角三角形的三边关系进行探究,让学生进一步体验毕达哥拉斯的面积法,也再次为猜想提供有力证据;不仅如此,正方形R面积的计算方法已经体现"割"和"补"的思想,这为下一步应用面积证法进行一般化证明做好铺垫.

三、预案：

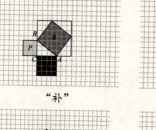

"补"　　　　　"割"

 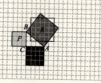

"平移"　　　　"旋转"

由此发现直角边长为 3 和 4 的直角三角形的三边具有怎样的关系？　　$3^2+4^2=5^2$

预案：

已知：Rt△ABC，∠C=90°，BC=2，AC=3.
求 AB 的长．

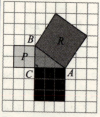

【板书】

猜想：直角三角形的两条直角边的平方和等于斜边的平方．

【活动 3】我们一起来验证！
已知：Rt△ABC，∠C=90°，BC=a，AC=b，AB=c．
求证：$a^2+b^2=c^2$．

预案 1：

c^2 可代表边长为 c 的正方形的面积，那么就存在一个边长为 c 的正方形，需要四条长为 c 的线段，即四个与△ABC 全等的直角三角形，用这样的四个三角形能拼成边长为 c 的正方形吗？应用代数方法能否证明 $a^2+b^2=c^2$？试动手拼一拼，证一证．

【活动 3】学生动手操作，在感受图形变化的同时，用"数"描述图形的面积，进而数形结合地得出直角三角形的三边关系．小组代表在黑板上用模具展示拼图结果，师生共同应用代数法转化等式，证明猜想．

【活动 3】通过使用直角三角形模具完成拼图过程，让学生体会应用图形"割补拼接"面积不变的特点来验证直角三角形三边数量关系的猜想，培养学生由数到形再由形到数的数学思想以及转化的能力．在实验拼图探究的过程中发展学生的空间想象力和合情推理能力．

证法1:将四个全等的直角三角形围成如图所示的正方形 $\because c^2 = (a-b)^2 + 4 \times \frac{1}{2}ab$ $\therefore a^2 + b^2 = c^2$ 证法2:将四个全等的直角三角形围成如图所示的正方形 $\because (a+b)^2 = c^2 + 4 \times \frac{1}{2}ab$ $\therefore a^2 + b^2 = c^2$ 预案2: 沿用面积法的思路:a^2可代表边长为a的正方形的面积;b^2可代表边长为b的正方形的面积;c^2可代表边长为c的正方形的面积;要证明$a^2+b^2=c^2$,则需证明边长为a的正方形和边长为b的正方形通过"割补拼接"后得到边长为c的正方形,请尝试实验验证. 方法如右图所示: 【历史介绍】 预案1中的证法1是我国汉代的赵爽在注解《周髀算经》时给出的方法,人们称之为"赵爽弦图",2002年北京召开的国际数学家大会就将"赵爽弦图"定为会标;预案2中的方法是我国古代的刘徽在他的《九章算术》中应用面积"出入相补"的原理给出的"青朱出入图"法.公元1世纪中国一部天文学著作《周髀算经》中记载的商高和周公的对话:周公问商高"我听说您对数学非常精通,我想请教一下:天没有梯子可以上去,地也没用用尺子去一段一段丈量,那么怎样才能得到关于天地的数据呢?"商高回答说:"数的产生来源于对方和圆这些形体的认识.其中有一条原理:当直角三角形'矩'的一条直角边'勾'等于3,另一条直角边'股'等于4的时候,那么它的斜边'弦'就必定是5."		教师把握时机向学生讲述勾股定理的探索历史,使学生感受数学证明的灵活与精巧,体会勾股定理中蕴含的历史和文化,学生在发现自己的方法与古代数学家的想法不期而遇时,自豪感和自信心油然而生. 通过以上三个活动,学生经历了实际抽象、猜想探索、一般验证的探究过程,实现了从特殊到一般的思维跨越.

		续表
【阶段小结】 以上的两种方法都不约而同地通过割补拼接的方法把直角三角形三边关系问题转化为正方形面积问题得以解决的.其中的依据是图形经过割补拼接后,只要没有重叠,没有空隙,面积不会改变.这种原理在以后的数学学习中也会应用到. 三、归纳总结,描述定理 【文字语言】 直角三角形两条直角边的平方和等于斜边的平方. 【符号语言】 Rt△ABC ∵ ∠C=90°, BC=a, AC=b, AB=c ∴ $a^2+b^2=c^2$. 【图形语言】 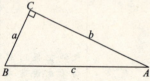 四、巩固练习,适当拓展 例 如图,要借助一架云梯登上24米高的建筑物顶部,为了安全需要,需使梯子底端离墙7米.这个梯子至少有多长?如果梯子的顶端下滑了4米,那么梯子的底端在水平方向上也滑动了4米吗?为什么? 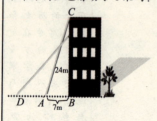	学生归纳总结直角三角形三边关系,结合图形语言,从文字语言和符号语言两方面描述勾股定理. 学生分析已知条件,确定直角位置及已知边的位置,尝试应用勾股定理在直角三角形已知两边时求第三边.	让学生从文字语言、符号语言、图形语言三个方面对勾股定理进行描述,培养学生数学语言的表达能力. 本例是勾股定理在实际生活中的应用,通过条件的变化体会在直角三角形中已知两边可求第三边.

	续表
自我检测： （基础题）在下列图形中标出直角三角形中未知边的长度： 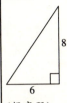 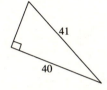 （提高题） 选择： (1)"赵爽弦图"是由四个全等的直角三角形与中间的一个小正方形拼成的一个大正方形（如图），若直角三角形的两条直角边的长分别是2和1，则小正方形（阴影区域）的面积与大正方形的面积比为（　　）．  A. $\dfrac{1}{3}$　　B. $\dfrac{1}{4}$　　C. $\dfrac{1}{5}$　　D. $\dfrac{\sqrt{5}}{5}$ (2)如图，直线 l 上有三个正方形 a、b、c，若 a、c 的面积分别为5和11，则 b 的面积为（　　）． A. 4　　B. 6　　C. 16　　D. 55 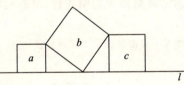 五、课堂小结，布置作业 小结提示： (1)勾股定理的使用条件是什么？ (2)直角三角形三边有什么样的数量关系？ (3)勾股定理的探索和应用过程中你用到了哪些数学方法？领悟到了什么样的数学思想？ 作业布置： （基础必做题） 1.求出下列直角三角形中未知边的长度：	学生独立完成自我检测题，并交流解题方法． 学生在三个问题的引领下回顾并归纳本节课的知识技能、思想方法、情感体验． 学生课后完成作业，其中的提高选做题可预留一周时间完成．

基础题是对勾股定理的简单应用，帮助学生巩固基础．
提高题是对"赵爽弦图"以及毕达哥拉斯面积方法的应用．

通过以上问题的练习，学生对勾股定理证明方法的应用以及定理本身的应用都有了较深刻的认识，从而实现了从理解知识到初步运用知识的提升．

为了有效地对学生的学习情况进行反馈，尊重学生的个体差异，满足学生多样化的学习需要，我对作业设计进行分层布置，分为基础必做题和提高选做题．

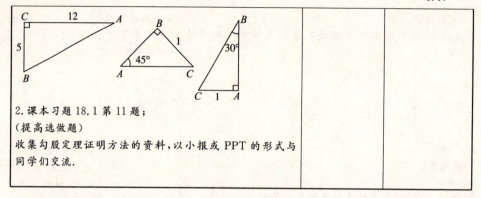

2.课本习题18.1第11题;
(提高选做题)
收集勾股定理证明方法的资料,以小报或PPT的形式与同学们交流.

【点评】

本节课的教学能引领学生从不同的角度发现问题、用多样化策略解决问题,体现以学生为主体,以促进学生发展为本的教学理念,变教师知识的传授者身份为学生自主探究知识的组织者、引导者与合作者.通过证明勾股定理,体验数学证明的灵活、精巧与优美,能够掌握勾股定理及其基本应用,即在直角三角形中已知两边求第三边的方法.通过勾股定理的背景知识,使学生感受勾股定理的丰富文化内涵,发现它的实际用途和美学价值,通过介绍我国古代学者在勾股定理研究方面的卓越成就,感受我国古人对数学的钻研精神和聪明才智,培养同学们的民族自豪感和爱国情怀.

点评人　安徽省合肥市肥西县教研室　张杰

案例12 课题学习 镶嵌

安徽省淮北市实验学校 邱广东

【教学目标】

知识技能:通过探索平面图形镶嵌的条件,理解镶嵌的概念和特点.

数学思考:经历动手拼、相互交流、展示成果等活动,引导学生解决使用一种正多边形镶嵌的条件.

问题解决:能用实验的方法寻找多边形镶嵌的条件.

情感态度:培养学生积极动手,从中感受数学活动的乐趣和数学美的魅力.

【教学重难点】

重点:探究用一种正多边形镶嵌的条件.

难点:学生通过数学实验的方法发现多边形镶嵌的条件.

【教法与学法】

教法:探究发现法

学法:动手实验,合作探究

【教学准备】

正三角形、正四边形、正五边形、正六边形及形状、大小相同的任意三角形、任意四边形纸片若干张.

【教学过程】

一、音乐声中话镶嵌

在优美的音乐声中,带领学生领略生活中的镶嵌图案,而欣赏的同时,学生感受到一种特殊的数学美——镶嵌美,激发学生探索镶嵌的秘密,引入课题学习——镶嵌.

由实际模型抽象出几何图形,引导学生从几何的角度观察这几种镶嵌图案,思考以下三个问题:

(1)这些拼接的图案都是平面图形吗?

(2)拼接点处有空隙吗?有重叠的现象吗?

(3)铺成的是一块还是一片呢?

结合以上三个问题,小组成员在充分交流的基础上,说说自己对镶嵌概念、特点的理解,教师给予鼓励和评价,再给出镶嵌的概念、特点.

平面图形镶嵌的概念:

用一种或者几种平面图形进行拼接,彼此之间不留空隙、不重叠地铺成一片,这就是平面图形的镶嵌.

平面图形镶嵌的特点:

(1)用一种或者几种平面图形进行拼接;

(2)拼接点处不留空隙、不重叠;

(3)能连续铺成一片.

二、动手实验探镶嵌

活动1:探究仅用一种正多边形镶嵌,哪些正多边形能单独镶嵌成一个平面图案?

学生四人一组,以小组合作的形式动手拼一拼,看看正三角形、正四边形、正五边形、正六边形能单独镶嵌成一个平面图案吗?同时完成实验报告,并选派代表在投影仪上展示他们的作品.

实验报告

正n边形	拼图	每个内角的度数	使用正多边形个数	每个内角的度数、使用正多边形的个数与360°的大小关系	360°与正多边形每个内角的度数的整除关系
$n=3$		$60°$	6	$6\times 60°=360°$	360°能被60°整除
$n=4$		$90°$	4	$4\times 90°=360°$	360°能被90°整除
$n=5$		$108°$	3	$3\times 108°<360°$	360°不能被108°整除
			4	$4\times 108°>360°$	

续表

$n=6$	120°	3	3×120°=360°	360°能被120°整除

用一种正多边形镶嵌的条件：

1. 正三角形、正四边形、正六边形能单独镶嵌，正五边形不能单独镶嵌.

2. 用一种正多边形镶嵌，则360°一定是这个正多边形每个内角度数的整数倍.

活动2： 探究用几个形状、大小相同的任意三角形、任意四边形能单独镶嵌成一个平面图案吗？

各学习小组拿出课前准备好的任意三角形、任意四边形进行拼接，看看能否单独镶嵌成一个平面图案？

选派代表在投影仪上展示自己的作品，同时观察：拼接在同一个点的角和边满足什么条件时，多边形能镶嵌成一个平面图案.

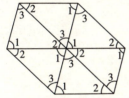 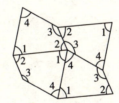

学生观察教师的动态演示，归纳出多边形平面镶嵌的条件：

1. 拼接在同一个点的各个角的和恰好等于360°；

2. 相等的边互相重合.

随堂练习

一、填空题

1. 用一种正多边形铺满整个地面的正多边形有　正三角形　、　正四边形　、　正六边形　.

2. 当围绕一点拼在一起的几个多边形的内角加在一起恰好组成一个　周角（或360°角）　时，就能拼成一个平面图案.

二、选择题

1. 张山的父母打算购买形状和大小都相同的正多边形瓷砖来铺卫生间的地面，为了保证铺地面时既没缝隙，又不重叠，所购瓷砖不能是（ D ）.

A. 正三角形　B. 正方形　C. 正六边形　D. 正八边形

2. 只用下列一种正多边形不能镶嵌成平面图案的是（ C ）.

A. 正三角形　B. 正方形　C. 正五边形　D. 正六边形

三、拓展延伸说镶嵌

活动3：用边长相等的正三角形与正六边形组合，能镶嵌成一个平面图案吗？如果能，请说明使用正多边形的个数和理由．

正三角形和正六边形的镶嵌

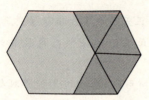

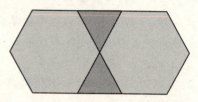

$2\times60°+2\times120°=360°$ $4\times60°+1\times120°=360°$

通过拼图，观察上升至利用规律进行计算，从而使学生有所发现，使数学结论更加全面与完善．

快速反应

- 中间空缺处应补上什么图形？

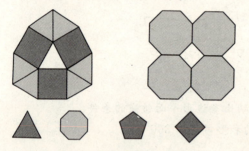

- 中间空缺处应补上什么图形？

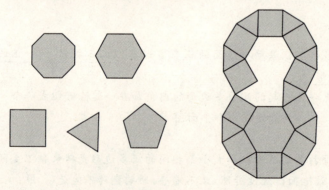

四、总结反思谈镶嵌

谈谈你的收获和感想，并对自己和同伴在本节课中的学习作出评价．

课后作业

你还能找到用两种正多边形镶嵌的其他图案吗？如果能,请你设计一个用两个正多边形镶嵌的图形.

五、回归生活赏镶嵌

本节课的结尾让学生赏析世界著名版画以及各种计算机制作的镶嵌图案,配上优美的轻音乐,拉近了生活与数学的距离.让学生震撼于镶嵌的美感和丰富性,激发学生对镶嵌的兴趣,达到数学来源于生活又回归生活的目的.

附实验报告

实验报告

【小组成员】

【实验课题】

单一正多边形的平面镶嵌

【实验目的】

用一种正多边形镶嵌的条件

【实验材料】

正三角形、正四边形、正五边形、正六边形

【实验步骤与观察记录】

正 n 边形	拼图（只拼不画）	每个内角的度数	使用正多边形个数	每个内角的度数、使用正多边形的个数与360°的大小关系	360°与正多边形每个内角度数的整除关系
$n=3$					
$n=4$					
$n=5$					
$n=6$					

【实验结果】

1._____、_____、_____能单独镶嵌,_____不能单独镶嵌.

2. 用一种正多边形镶嵌,则 360° 一定是这个正多边形_____的整数倍.

【点评】

教学能从镶嵌的概念和特点出发,引导学生思考拼出的图形是否正确,真正体现了新课程新理念所倡导的自主、探究、合作、交流的学习方式,学生在交流互助中人人进步,人人成功.本节课采用探究发现法进行教学,教师应该充分利用学生已有的生活经验,随时引导学生把所学的数学知识应用到生活中去,解决身边的数学问题,了解数学在现实生活中的作用,体会学习数学的重要性.相信学生在饶有兴趣的探究活动中感受到学习的乐趣,同时敢说、敢想,去做自己想做的,在做中理解知识,学会解决问题,在做中激起智慧的火花,不断进行发现和创新.

点评人　安徽省淮北市教研室　陶学礼

案例13 解一元二次方程——配方法

安徽省淮北市濉溪县城关中心学校 张森

【教学目标】

1. 知识技能

(1)能正确运用平方根的定义解形如 $x^2=n(n\geqslant 0)$ 与 $(mx+n)^2=p(p\geqslant 0)$ 的一元二次方程;

(2)能正确书写一元二次方程的根;

(3)能指出转化后的两个一元二次方程.会用配方法求出二次项系数为1、一次项系数为偶数(绝对值小于10)的一元二次方程的根.

2. 数学思考

在根据平方根的定义解形如 $x^2=n(n\geqslant 0)$ 的方程的过程中,能运用"整体性"将此方法迁移到解形如 $(mx+n)^2=p(p\geqslant 0)$ 的方程.

3. 问题解决

在学习的过程中,体会配方法的运用,并能求解形如 $a(ex+f)^2+c=0$ 型的一元二次方程,进一步发展符号感,提高代数运算能力.

4. 情感态度

体验探究的乐趣,克服数学活动中的困难,促进形成学好数学的自信心,体会与他人合作交流的优点.

【重难点、关键】

重点:理解平方根的定义理解并能求解形如 $x^2=n(n\geqslant 0)$、$(mx+n)^2=p(p\geqslant 0)$ 的方程.

难点:解形如 $x^2+ax+c=0(|a|\leqslant 10$,且 a 为偶数)的方程.

关键:将一元二次方程转化成两个一元一次方程.

【教学准备】

教师准备:制作课件,精选习题与达标检测题.

学生准备:复习有关知识,预习本节课内容.

【教学过程】

一、问题情境,导入新课

小知识:堰塞湖

堰塞湖是指山崩、泥石流或熔岩堵塞河谷或河床,储水到一定程度便形成的湖泊.

堰塞湖的堵塞物不是固定永远不变的,它们也会受到冲刷、侵蚀、溶解、崩塌等等.一旦堵塞物被破坏,湖水便漫溢而出,倾泻而下,形成洪灾,极其危险.灾区形成的堰塞湖一旦决口会对下游形成洪峰,破坏性不亚于灾害的破坏力.为此要采取开凿泄洪渠等一系列抢险措施.

南方某地区因连降暴雨、山体滑坡导致一条河流形成堰塞湖,为排除险情需要开凿400米长的泄洪渠,已知泄洪渠的截面为梯形,其下底是上底的3倍,高和上底长度相等,预计需挖土石方总量约为15000立方米,求所挖泄洪渠的上底长度是多少米?

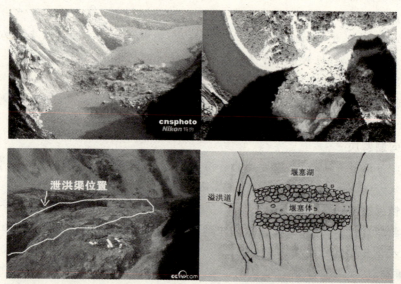

解:设所挖泄洪渠的上底长度是 x 米,根据题意得

$$\frac{400x(x+2x)}{2} = 15000.$$

师:这个方程是我们上节遇到的一元二次方程,如何解这种类型的方程是本节课我们共同学习的目标.上述方程可化 $x^2=25$.这个方程的解是什么?你会求解吗?

生:$x=\pm 5$.

师:你的依据是什么?

生:我们在八年级学过平方根,用这一定义可得到 $x=\pm 5$.

师:我们今后将写作:$x_1=5, x_2=-5$.

生:$x_2=-5$ 不合题意,应舍去.因此所挖泄洪渠的上底长度是5米.

师:很好!这位同学的数学思维很深刻!

二、基于问题,探索方法

仿照上述解方程的方法,你能解下列方程吗?

$(2x-1)^2=9$. (学生尝试)

解:$2x-1=\pm 3$

$2x-1=3$ 或 $2x-1=-3$.

所以,方程的两根为 $x_1=2, x_2=-1$.

师:具有什么结构的一元二次方程能用上述方法去解呢?你能举出这样的例子吗?

生:举例:$x^2=49$;$x^2=12$;$(x+1)^2=4$;$(3x-2)^2=5$ 等.

师:请同学求解上述方程的根,要求每人至少解两个方程,之后与同伴相互交流你的方法.

归纳(学生):在解上述方程时,我们把原来的方程转化成两个一元一次方程.

归纳(师):如果方程能化成 $x^2=p$ 或 $(mx+n)^2=p(p \geq 0)$ 的形式,那么直接开平方可得 $x=\pm\sqrt{p}$ 或 $mx+n=\pm\sqrt{p}$.

练习1

(1)方程 $x^2=0.25$ 的根是_____;

(2)方程 $2x^2=18$ 的根是_____;

(3)方程 $(x+1)^2=1$ 的根是_____.

例1 用开平方法解方程 $9x^2=4$,

师分析,示范完成解答.

解:两边同除以9,得 $x^2=\dfrac{4}{9}$

利用开平方法,得 $x=\pm\dfrac{2}{3}$

所以,原方程的根是 $x_1=\dfrac{2}{3}, x_2=-\dfrac{2}{3}$.

例2 用开平方法解方程 $3x^2=-4$.

解:两边同除以3,得 $x^2=-\dfrac{4}{3}$.

因为负数没有平方根,所以原方程没有实数根.

探究一:对于方程 $x^2+6x+9=25$,$x^2+6x=16$,你会解吗?请解答并说说你的理由.

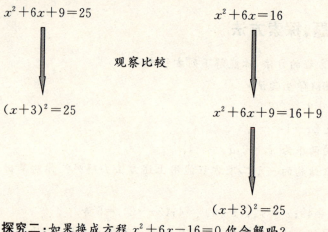

探究二：如果换成方程 $x^2+6x-16=0$ 你会解吗？

$x^2+6x-16=0$

⬇ 移项

$x^2+6x=16$

⬇ 配方

$x^2+6x+9=16+9$

⬇ 变形

$(x+3)^2=25$

⬇ 降次

$x+3=\pm 5$

⬇

$x_1=2, x_2=-8$

师：在学生讨论方程 $x^2+6x=16$ 的解法时，注意引导学生根据降次的思想，利用配方的方法解决问题，进而体会配方法解方程的一般步骤．

归纳：通过配成完全平方式的形式解一元二次方程的方法，叫作配方法；配方的目的是为了降次，把一元二次方程转化为两个一元一次方程．

练习2

完成下列填空题：

(1) $x^2+10x+\underline{}=(x+\underline{})^2$；

(2) $x^2+x+\underline{}=(x+\underline{})^2$；

(3) $x^2 - \dfrac{2}{3}x + \underline{} = (x - \underline{})^2$.

问：利用配方法解下列方程，你能从中得到在配方时具有的规律吗？
(1) $x^2 - 8x + 1 = 0$；(板书)
(2) $2x^2 + 1 = 3x$；
(3) $3x^2 - 6x + 4 = 0$.

生：先独立思考，自主探索，然后交流配方时发现的规律．

分析交流：(1) 中经过移项可以化为 $x^2 - 8x = -1$，为了使方程的左边变为完全平方式，可以在方程两边同时加上 4^2，得到 $x^2 - 8x + 4^2 = -1 + 4^2$，从而将原方程化为 $(x-4)^2 = 15$；

(2) 中二次项系数不是 1，此时可以首先把方程的两边同时除以二次项系数 2，然后再进行配方，即 $x^2 - \dfrac{3}{2}x = -\dfrac{1}{2}$，方程两边都加上 $(\dfrac{3}{4})^2$，方程可以化为 $(x - \dfrac{3}{4})^2 = \dfrac{1}{16}$；

(3) 按照 (2) 的方式进行处理．

解：(1) 移项，得 $x^2 - 8x = -1$

配方，得 $x^2 - 8x + 4^2 = -1 + 4^2$

$(x-4)^2 = 15$

即：$x - 4 = \pm\sqrt{15}$

所以，方程的根为：$x_1 = \sqrt{15} + 4, x_2 = -\sqrt{15} + 4$．

(2) 移项，得 $2x^2 - 3x = -1$

二次项系数化为 1，得 $x^2 - \dfrac{3}{2}x = -\dfrac{1}{2}$.

配方得 $x^2 - \dfrac{3}{2}x + (-\dfrac{3}{4})^2 = -\dfrac{1}{2} + (-\dfrac{3}{4})^2$

由此可得 $(x - \dfrac{3}{4})^2 = \dfrac{1}{16}$

即：$x - \dfrac{3}{4} = \pm\dfrac{1}{4}$

所以，$x_1 = 1, x_2 = \dfrac{1}{2}$．

(3) 移项，得 $3x^2 - 6x = -4$

二次项系数化为 1，得 $x^2 - 2x = -\dfrac{4}{3}$

配方，得 $x^2 - 2x + 1 = -\dfrac{4}{3} + 1$

即： $(x-1)^2 = -\dfrac{1}{3}$.

所以，原方程无实根.

师：在学生解决问题的过程中，适时让学生讨论解决遇到的问题（比如遇到二次项系数不是1的情况该如何处理），然后让学生分析利用配方法解方程时应该遵循的步骤：

(1)把方程化为一般形式 $ax^2 + bx + c = 0$；

(2)把方程的常数项通过移项移到方程的右边；

(3)方程两边同时除以二次项系数 a；

(4)方程两边同时加上一次项系数一半的平方；

(5)此时方程的左边是一个完全平方式，然后利用平方根的定义把一元二次方程化为两个一元一次方程来解.

练习 3

(1) $x^2 + 10x + \underline{\qquad} = (x + \underline{\qquad})^2$；

(2) $x^2 + x + \underline{\qquad} = (x + \underline{\qquad})^2$；

(3) $x^2 - \dfrac{2}{3}x + \underline{\qquad} = (x - \underline{\qquad})^2$.

三、达标检测

1. $x^2 - \dfrac{2}{3}x + \underline{\qquad} = (x - \underline{\qquad})^2$.

2. 一元二次方程 $2x^2 - 6 = 0$ 的解为 \underline{\qquad}.

3. 若 x_1, x_2 是方程 $x^2 = 4$ 的两根，则 $x_1 + x_2$ 的值是( ).

A. 8　　　　　B. 4　　　　　C. 2　　　　　D. 0

4. 方程 $(x-2)^2 = 9$ 的解是( ).

A. $x_1 = 5, x_2 = -1$　　　　B. $x_1 = -5, x_2 = 1$

C. $x_1 = 11, x_2 = -7$　　　　D. $x_1 = -11, x_2 = 7$

5. 用配方法解方程 $3x^2 - 6x + 1 = 0$，则方程可变形为( ).

A. $(x-3)^2 = \dfrac{1}{3}$　　　　B. $3(x-1)^2 = \dfrac{1}{3}$

C. $(3x-1)^2 = 1$　　　　D. $(x-1)^2 = \dfrac{2}{3}$

6. 解方程：$x^2 - 2x - 3 = 0$.

7. 解方程：$2x^2 + 2x - \dfrac{7}{2} = 0$.

四、小结提升

问：本节课你在哪些方面有了新的提高，受到什么启发？

生（师完善）：1.一般地，对于 $x^2=p$ 或 $(mx+n)^2=p(p\geqslant 0)$ 的方程，根据平方根的定义，用开平方法去求解．

2.如果一个一元二次方程不能直接开平方解，可把方程化为左边是含有 x 的完全平方形式，右边是非负数，再开平方降次的方法去求解．

注意：配方时，首先把二次项系数化为1，再在等式两边同时加上一次项系数一半的平方．

教师引导学生归纳小结，学生反思学习和解决问题的过程．

五、布置作业

1.必做题：课本 P45 习题 22.2 第 1、2、3 题．

2.选做题：如图，在 $\triangle ABC$ 中，$\angle B=90°$，点 P 从点 B 开始，沿 AB 边向点 B 以 1cm/s 的速度移动，点 Q 从点 B 开始，沿 BC 边向点 C 以 2cm/s 的速度移动，如果 $AB=6$cm，$BC=12$cm，P、Q 都从 B 点同时出发，几秒后 $\triangle PBQ$ 的面积等于 8cm²？

板书设计：

22.2.1 解一元二次方程——配方法

一、直接开平方法 　　　　　　　二、配方法

$x^2=p(p\geqslant 0)$　　$(mx+n)^2=p(p\geqslant 0)$　　定义描述

$\Downarrow$　　　　　$\Downarrow$

$x=\pm\sqrt{p}$　　$mx+n=\pm\sqrt{p}$　　例1　　　　板演区

　　　　　　　　　　　　　　　　　　例2

【点评】

根据新课程标准的评价理念，在教学过程中，不仅要注重学生的参与意识和学生对待学习的态度是否积极，而且更要注重引导学生尝试从不同角度分析和解决问题．

本节课采用"自主探索、合作交流与教师引导相结合"的教学方式，给学生提供充分的探索与交流的空间，使学生进一步经历观察、实验、猜想、证明等一系列的数学活动．在活动中获得知识，发展能力，形成解决问题的一些基本策略，体验数学活动的探索性与创造性，感受数学的严谨性和结论的确定性．

本节课教学采用了"自主探究"模式，由"创设情境—总结概括—启发引导—

探究完善—实际应用"五个教学环节组成.在教学中,从学生熟悉的实际问题情境出发,把较多的课堂时间留给学生,使他们有机会独立思考、相互切磋,并发表意见.而教师作为自主探究活动的组织者、引导者、管理者,运用了讨论法、讲解法、发现法等多种教学方法的组合,既注重提供知识的直观素材和背景材料,又为激活相关知识和引导学生思考探究创设生动有趣的现实问题情境.教学的各个环节均从提出问题开始,在师生共同分析、讨论和探究中展开学生的思路,把启发式思想贯穿于教学活动的全过程.

本节课的教学设计坚持从学生情况出发,以学生为主体,注重对新理念的贯彻和教学方法的使用;在突破难点时,充分尊重学生,多种方法并用,注意培养自学能力,以使学生充分理解所学内容;坚持当堂训练,例题、练习的设计针对性强,重点突出,并注重对方法的总结;强调通过学生积极、主动的参与,充分经历知识的形成、发展与应用的过程,在这个过程中掌握知识,形成技能,发展思维.

总之,在数学课堂教学的过程中,教师必须认真审视自己在新课堂教学中的角色和职能,只有"相信学生自主学习,主动思维"才会让我们的课堂教学更有效,才能创造出课堂教学的辉煌,也只有这样的课堂才能让学生不断地迸发出智慧的火花.

点评人　安徽省淮北市濉溪县二中　刘勇

案例 14　随机事件

安徽省淮北市杜集区翔里实验初中　李德宝

【教学任务分析】
【教学目标】
1. 知识技能
(1) 理解必然事件、不可能事件、随机事件的概念；
(2) 区分必然事件、不可能事件和随机事件；
(3) 通过对生活中各种事件的判断，归纳出必然事件、不可能事件和随机事件的特点，并根据这些特点对有关事件作出准确判断.

2. 数学思考
(1) 经历体验、操作、观察、归纳、总结的过程，发展学生从复杂的表象中，提炼出本质特征并加以抽象概括的能力；
(2) 从事件的实际情形出发，会分析事件发生的可能性；

3. 问题解决
能根据随机事件的特点辨别哪些事件是随机事件，并在解决实际问题的过程中体会与他人的合作.

4. 情感态度
(1) 学生通过亲身体验，亲自演示，感受数学就在身边，促进学生乐于亲近数学，感受数学，喜欢数学；
(2) 让学生在与他人合作中增强互助、协作的精神；
(3) 培养学生的数学素养，体验数学与生活密切相关，激发学生学以致用的热情.

5. 教学重难点
重点：能对必然事件、不可能事件、随机事件的类型作出正确判断；
难点：必然事件、不可能事件、随机事件的区别，对生活中的随机事件作出准确判断.

6. 教学辅助手段
黄、白球若干，不透明袋子两个，透明杯子若干，骰子若干，多媒体课件等.

【教学流程安排】

活动流程图	活动内容和目的
活动1　必然事件和不可能事件	通过摸奖游戏和几个具体的例子理解必然事件和不可能事件
活动2　接触一个随机事件的例子	初步感受随机事件
活动3　再接触一个随机事件的例子	进一步感受随机事件的特点
活动4　总结随机事件的特点,给出随机事件的定义	通过探究与讨论,形成对随机事件的特点及定义的理性认识
活动5　课堂练习	从不同侧面,以不同的视角进一步深化对随机事件的理解
活动6　闯关训练	注意事件发生的条件,各类事件在一定的情境下是可以相互转化的
活动7　小结与拓展	回顾梳理随机事件的特点,拓展学生的思维,激发学生的好奇心及学习数学的兴趣

【教学过程设计】

环节	课件展示	师生活动	设计意图
幻灯片1	抽奖了!	生活中常有许多确定或不确定的事情发生,如中奖游戏,现在我们将中奖游戏搬入课堂进行模拟。通过试验来进行数学学习.(一个袋中装有黄球,一个袋中装有白球,让学生在看不到球的情况下摸一个球,摸到黄球者中奖)	用学生喜闻乐见的中奖事件引入课题,让学生感受到数学来源于生活,同时又激起学生的思考,使他们有进一步学习的兴趣.
幻灯片2	摸到黄球是必然的　　摸到黄球是不可能的	学生总结原因,并进行思考.	利用这两次摸球实验,自然地引出必然事件和不可能事件,并激发学生参与活动的热情.

续表

幻灯片3	**说一说** 说说下列事情可能发生吗? 1、一个玻璃杯从10层高楼落到水泥地面会摔碎. 必然发生 2、明天南昌市的最低气温是-100℃. 不可能发生 3、若a>0, b>0, 则a+b<0. 不可能发生 4、每天太阳从东边升起. 必然发生	学生回答	首先,这几个事件都是学生熟知的生活常识和学科知识,通过这些生动的、有趣的实例的分析和比较,引出必然事件和不可能事件;其次,必然事件和不可能事件相对于随机事件来说,特征比较明显,学生容易判断,从学生知识的最近发展区出发,把它们首先提出来,符合由浅入深的理念,降低了难度,也容易激发学生的学习积极性.
幻灯片4	(1) 在一定条件下,必然会发生的事件叫做必然事件. (2) 在一定条件下,不可能发生的事件叫做不可能事件. 必然事件和不可能事件统称为确定性事件.	学生概括总结	概念也让学生来完成,把课堂尽量多地还给学生,以此来体现自主学习、主动参与的理念.
幻灯片5	**做一做** 1、将4个黄球和4个白球放入同一个袋中搅匀,在我们看不到袋中球的情况下,从袋子里随机地摸出一球,请考虑以下问题: (1)摸出的球的颜色有几种的结果? 两种 (2)摸出的球的颜色一定是红色的吗? 不一定 (3)摸出的球的颜色会是黑色的吗? 不可能 (4)摸出的球的颜色是黄色的吗? 有可能是黄色,也有可能不是黄色.事先不能确定	请几名同学到台上来进行演示试验. 本次活动中,教师应重点关注学生:学生是否细心观察、认真思考.	"摸"这个活动是学生容易理解或亲身经历过的,操作简单省时,又具有很好的经济性,最主要的是活动中含有丰富的随机事件,事件(4)就是一个典型的事件,它的提出,让学生产生新的认知冲突,从而引发探究欲望.
幻灯片6	**玩一玩** 掷骰(tóu)子(俗称色子) 我们掷一枚质地均匀的骰子,骰子的六个面上分别刻有1到6的点数,观察向上的一面,请考虑以下问题: (1)向上的一面会出现哪些点数?事先能预知吗? (2)向上的一面出现的点数大于6吗? (3)向上的一面出现的点数会是0吗? (4)向上的一面出现的点数是4吗? 我们在同样的条件下重复地进行掷骰子试验,从试验结果发现: (1)每次掷骰子的结果不一定相同,1到6的点数都有可能出现,共有6种,但事先不能确定是哪一结果. (2)肯定大于0. (3)不可能是0. (4)出现的点数可能是4,也可能不是4,事先不能确定.	教师指导学生做好游戏. 本次活动中,教师应重点关注学生的参与程度,学生是否认真思考.	随机事件对学生来说是陌生的,因此要理解随机事件的含义.活动"玩一玩"的安排很有必要,它和前面的"做一做"形成一个比较,进一步让学生感知和深化对必然事件、不可能事件的理解,同时将两个活动中的随机事件进行对比分析,便于学生透过随机事件的表象,概括出随机事件的本质特性,从而自主描述随机事件这一概念.

续表

幻灯片 7	**议一议** 做一做中"摸出的球是黄色"与玩一玩中"出现的点数是4"这两个事件有什么共同点？ 共同特点： 在一定条件下，可能发生，也可能不发生，这样的事件我们称之为随机事件。 你能举出一些随机事件的例子吗？	教师让学生互相讨论，并举出一些实例.	教师让学生充分发表意见，相互补充，相互交流，然后引导学生建构随机事件的定义，充分发挥学生的主观能动性.
幻灯片 8	**课堂练习** 指出下列事件中哪些是必然事件，哪些是不可能事件，哪些是随机事件. (1) 一个大气压下加热到100℃时，水沸腾．必然事件 (2) 篮球队员站在罚球线上投篮一次，未中！随机事件 (3) 掷一次骰子，向上的面是6点．随机事件 (4) 正确度量三角形的内角，和是360°．不可能事件 (5) 经过城市有交通信号的路口，遇到红灯．随机事件 (6) 某射击运动员射击一次，命中靶心．随机事件 (7) 掷1000次硬币，1000次正面向上．随机事件	学生思考，教师随机点学生回答问题.	随机事件在现实生活中广泛存在，通过大量丰富多彩的实例，激发学生的学习热情，调动学生学习兴趣，使学生对随机事件有较充分的感知，从不同的侧面，以不同的视角进一步深化对随机事件的理解与认识.通过此例，达到理解和巩固刚学的概念的目的.
幻灯片 9	**智力闯关 第一关！ 罚 免** 一休得罪了幕府将军，将军决定处罚一休，幸得安国寺长老和百姓们的求情，将军同意让一休用自己的聪明才智来决定自己的命运. ◆方法是将军写上两张签，一张罚，一张免，让一休抽签，抽中罚则罚，中免则免. 在这种条件下抽签，一休受到的是__随机__事件. ◆将军一心想惩罚一休，在写签时怎么写呢？原来将军在两张签上都写上了"罚". 在这种条件下抽签，一休受到的是__必然__事件； ◆爱动脑筋的一休早就料到了这一点，一休会用什么办法应对狡诈的幕府将军呢？	学生认真看故事，并进行思考，教师请学生回答.	通过这个故事，大大激发了学生的学习兴趣，充分调动了学生的学习积极性，更好地把握了随机事件的特点，从而突破了难点；同时，充分感受到数学的应用价值，更加坚定学好数学的信心.
幻灯片 10	**智力闯关 第二关！** 请你设计三个摸奖游戏： 1、使摸奖者一定能中奖. 2、使摸奖者一定不能中奖. 3、使摸奖者可能中奖，也可能不中奖.	学生分组讨论，得出各组的方案，并上台展示.	通过这个活动，让学生利用所学知识，即事件的分类进行设计，充分培养学生的想象力、知识运用能力、合作交流能力、语言表达能力.
幻灯片 11	**引申拓展** 将形状、质地、大小相同的4个黄球和2个白球放入同一个袋中搅拌，我们可得不到袋中球的情况下，从袋子里随机（随意）地摸出一球，请回答下问题： (1) 摸出的颜色是黄色还是白色？ (2) 如果两种球都有可能被摸出，那么摸出黄球和摸出白球的可能性一样大吗？ **课后实验**		通过拓展引申，加深学生对随机事件的理解，为下节课的内容埋下伏笔，同时把课堂知识延伸到课外，加强学生学习数学的兴趣.

续表

			通过激发学生的主动参与,调动学生学习兴趣,为每一位学生创造成功的体验,并为程度不同的学生提供充分展示自己的机会,使小结具有实效性.通过小结和课后作业,加深对本节课所学内容的理解.解决遗留的疑问,回顾和体验学习的乐趣,进一步坚定学好数学的信心.
幻灯片12	课堂小结 1、这节课你学到了什么? 2、你体会到了什么? 3、最让你难忘的是什么? 4、你还有什么困惑吗? 作业:(1) P₁₃₁第1题 (2) 再收集一些生活中的随机事件实例,下节课展示.		

【点评】

本节是"概率初步"一章的第一节课,教学中,首先列举了学生在实际生活中所熟悉的、生动的、鲜活的实例,让学生初步感受必然事件、不可能事件、随机事件的意义.然后,通过演示试验,小组讨论,逐步形成对随机事件的特点及定义的理性认识,这样从易到难,从简单到复杂,逐渐深入地引入随机事件的概念的安排,显得自然而又流畅.

本节课,没有纠缠在对随机事件这一概念的论述,而是通过经典的随机事件的例子,使学生准确地理解和把握随机事件的这一概念及本质特征.

新的教育观指出,动手实践、自主探索和合作交流是学生学习数学的重要方式.针对教学内容的特点,本节课遵循了教科书的结构模式:创设情境—数学活动—从具体到抽象,从感性到理性的渐进认识规律,以学生感兴趣的摸球游戏引出课题,以熟悉的抽签和掷骰子游戏引导学生分清必然事件、不可能事件和随机事件,增强了学生的学习兴趣.

本节课教学设计的特点是贴近生活,让学生在体验中感悟学习;创设情境,让学生在兴趣中自主学习;开放课堂,让学生在活动中探索学习.

点评人 安徽省淮北市实验学校 邱广东

第五章 高中数学课堂教学设计案例

案例 1 函数的单调性

安徽省亳州市第一中学 史嘉

一、教学内容解析

1. 教材内容及地位

本节课是北师大版《数学》(必修 1)第二章第 3 节函数的单调性的第一课时,主要学习用符号语言(不等式)刻画函数的变化趋势(上升或下降)及简单应用.

它是学习函数概念后研究的第一个,也是最基本的一个性质,为后继学习(如研究幂函数、指数函数、对数函数和三角函数的性质,包括导函数内容等)奠定了理性思维基础;在对函数定性分析、求最值和极值、比较大小、解不等式、函数零点的判定以及与其他知识的综合问题上都有重要的应用.因此,它是高中数学的核心知识之一,是函数教学的战略要地.

2. 教学重点

函数单调性的概念,判断和证明简单函数的单调性.

3. 教学难点

函数单调性概念的生成,证明单调性的代数推理论证.

二、学生学情分析

1. 教学有利因素

学生在初中阶段,通过学习一次函数、二次函数和反比例函数,已经对函数的单调性有了"形"的直观认识,了解用"y 随 x 的增大而增大(减小)"描述函数图像的上升(下降)的趋势.亳州一中实验班的学生基础较好,数学思维活跃,具备一定的观察、辨析、抽象概括和归纳类比等学习能力.

2. 教学不利因素

本节课的最大障碍是如何用数学符号刻画一种运动变化的现象,从直观到抽象、从有限到无限是个很大的跨度.而高一学生的思维正处在从经验型向理论型跨越的阶段,逻辑思维水平不高,抽象概括能力不强.另外,他们的代数推理论证能力非常薄弱,这些都容易产生思维障碍.

三、课堂教学目标

1. 理解函数单调性的相关概念.掌握证明简单函数单调性的方法.

2. 通过实例让学生亲历函数单调性从直观感受、定性描述到定量刻画的自然跨越,体会数形结合、分类讨论和类比等思想方法.

3. 通过探究函数单调性,让学生感悟从具体到抽象、从特殊到一般、从局部到整体、从有限到无限、从感性到理性的认知过程,体验数学的理性精神和力量.

4. 引导学生参与课堂学习,进一步养成思辨和严谨的思维习惯,锻炼探究、概括和交流的学习能力.

四、教学策略分析

在学生认识函数单调性的过程中会存在两方面的困难:一是如何把"y随x的增大而增大(减小)"这一描述性语言"翻译"为严格的数学符号化语言,尤其抽象概括出用"任意"刻画"无限"现象;二是用定义证明单调性的代数推理论证.对高一学生而言,作差后的变形和因式符号的判断也有一定的难度.

为达成课堂教学目标,突出重点,突破难点,我们主要采取以下形式组织学习材料:

1. 指导思想.充分发挥多媒体形象、动态的优势,借助函数图像、表格和几何画板直观演示.在学生已有认知基础上,通过师生对话自然生成.

2. 在"创设情境"阶段.观察并分析沙漠某天气温变化的趋势,结合初中已学函数的图像,让学生直观感受函数单调性,明确相关概念.

3. 在"引导探索"阶段.首先创设认知冲突,让学生意识到继续学习的必要性;然后设置递进式"问题串",借助多媒体引导学生对"y随x的增大而增大"进行探究、辨析、尝试、归纳和总结,并回顾已有知识经验,实现函数单调性从"直观性"到"描述性"再到"严谨性"的跨越.

4. 在"学以致用"阶段.首先通过3个判断题帮助学生从正、反两方面辨析,逐步形成对概念正确、全面而深刻的认识.然后教师示范用定义证明函数单调性的方法,一起提炼基本步骤,强化变形的方向和符号判定方法.接着请学生板演实践.

五、教学过程

(一)创设情境,引入课题

实例 科考队对沙漠气候进行科学考察,下图是某天气温随时间的变化曲线.请你根据曲线图说说气温的变化情况.

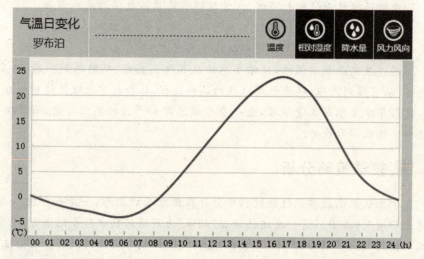

预设:学生的关注点不同,如气温的最值,某时刻的气温,某时间段气温的升降变化(若学生没指明时间段,可追问)等.图像在某区间上(从左往右)"上升"或"下降"的趋势反映了函数的一个基本性质——单调性(板书课题).

设计说明:从科考情境导入新课,了解"早穿棉袄午穿纱,围着火炉吃西瓜"这一独特的沙漠气候,直观形象感知气温变化,自然引入函数的单调性.

函数是描述事物变化规律的数学模型.如果清楚了函数的变化规律,那么就基本把握了相应实物的变化规律.在事物变化过程中,保存不变的特征就是这个事物的性质.因此,研究函数的变化规律是非常有意义的.

问题1:观察下列函数图像,请你说说这些函数有什么变化趋势?

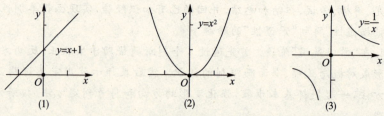

设计说明:学生回答时可能会漏掉"在某区间上",规范表达"函数在哪个区间上具有怎样的单调性".借此强调函数的单调性是相对某区间而言的,是函数

的局部性质.

设函数的定义域为 I,区间 $D \subseteq I$.在区间 D 上,若函数的图像(从左向右)总是上升的,即 y 随 x 的增大而增大,则称函数在区间 D 上是递增的,区间 D 称为函数的单调增区间;(学生类比定义"递减",接着推出下图,让学生准确回答单调性)

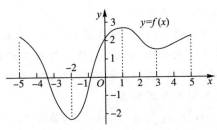

设计说明:从图像直观感知到文字描述,完成对函数单调性的第一次认知.明确相关概念,准确表述单调性.学生认为单调性的知识似乎够用了,为下面的认知冲突做好铺垫.

(二)引导探索,生成概念

问题 2 (1)下图是函数 $y = f(x)$ 的图像(以 $f(x) = 0.001x + 1$ 为例),它在定义域 **R** 上是递增的吗?

(2)函数 $f(x) = x + \dfrac{1}{x}$ 在区间 $(0, +\infty)$ 上有何单调性?

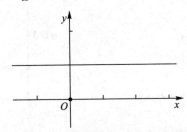

预设:学生会不置可否,或者凭感觉猜测,可追问判定依据.

设计说明:函数图像虽然直观,但是缺乏精确性,必须结合函数解析式;但仅凭解析式常常也难以判断其单调性.借此认知冲突,让学生意识到学习符号化定义的必要性,自然开始探索.

问题 3 (1)如何用数学符号描述函数图像的"上升"特征,即"y 随 x 的增大而增大"?

以二次函数 $f(x) = x^2$ 在区间 $[0, +\infty)$ 上的单调性为例,用几何画板动画演示"y 随 x 的增大而增大",生成表格(每一秒生成一对数据).

设计说明:先借助图形、动画和表格等直观感受"y 随 x 的增大而增大",然后让学生思考、讨论得出,若 $x_1 < x_2$,则必须有 $y_1 < y_2$.

(2)已知 $a < x_1 < x_2 < b$，若有 $f(a) < f(x_1) < f(x_2) < f(b)$，能保证函数 $y = f(x)$ 在区间 $[a,b]$ 上递增吗？

拖动"拖动点"改变函数 $y = f(x)$ 在区间 $[a,b]$ 上的图像，可以递增，可以先增后减，也可以先减后增。

(3)已知 $a < x_1 < x_2 < x_3 < b$，若有 $f(a) < f(x_1) < f(x_2) < f(x_3) < f(b)$，能保证函数 $y = f(x)$ 在区间 $[a,b]$ 上递增吗？

拖动"拖动点"，观察函数 $y = f(x)$ 在区间 $[a,b]$ 上的图像变化。

设计说明：先让学生讨论交流、举反例，然后借助几何画板动态说明验证两个定点不能确定函数的单调性，三个点也不行，无数个点行不行呢？引导学生过渡到符号化表示，呈现知识的自然生成。

(4)已知 $a < x_1 < x_2 < x_3 < x_4 < \cdots < b$，若有 $f(a) < f(x_1) < f(x_2) < f(x_3) < f(x_4) < \cdots < f(b)$，能保证函数 $y = f(x)$ 在区间 $[a,b]$ 上递增吗？

设计说明：可先请持赞同观点的同学说明理由，再请持反对意见的学生画图反驳，然后追问：无数个 x 也不能保证函数递增，那该怎么办呢？若学生回答全部取完或任取，追问"总不能一个一个的验证吧？"

紧接着师生一起回顾子集的概念，(PPT 展示教材上子集定义)再次体验对"任意一个"进行操作，实现"无限"目标的数学方法，体会用"任意"来处理"无限"的数学思想。

问题4 如何用数学语言准确刻画函数 $y = f(x)$ 在区间 D 上递增呢？

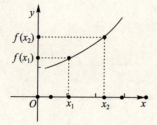 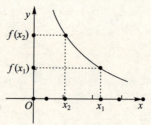

预设：请学生尝试概括定义。板书"任意 $x_1, x_2 \in D$，当 $x_1 < x_2$ 时，都有 $f(x_1) < f(x_2)$，则称函数 $y = f(x)$ 在区间 D 上递增"，则突出关键词"任意"和"都有"；若缺少关键词"任取"或"任意"，则追问"验证两个点就能保证函数在区间 D 上递增吗"。

问题5 请你试着用数学语言定义函数 $y = f(x)$ 在区间 D 上是递减的。

预设：为表达准确规范，要求学生先写下来，然后展示。并有意引导使用"任意 $x_1, x_2 \in D$，当 $x_1 > x_2$ 时，都有 $f(x_1) < f(x_2)$，则称函数 $y = f(x)$ 在区间 D 上递减"，以此打破必须"$x_1 < x_2$"的思维定势。

(三)学以致用，理解感悟

判断题：你认为下列说法是否正确，请说明理由。(举例或者画图)

(1) 设函数 $y=f(x)$ 的定义域为 $[a,+\infty)$,若对任意 $x>a$,都有 $f(x)>f(a)$,则 $y=f(x)$ 在区间 $[a,+\infty)$ 上递增;

(2) 设函数 $y=f(x)$ 的定义域为 $\mathbf{R}$,若对任意 $x_1,x_2\in(a,+\infty)$,且 $x_1>x_2$,都有 $f(x_1)>f(x_2)$,则 $y=f(x)$ 是递增的;

(3) 反比例函数 $f(x)=\dfrac{1}{x}$ 的单调递减区间是 $(-\infty,0)\bigcup(0,+\infty)$.

设计说明:让学生分组讨论,然后作展示性回答.若学生认为正确,则要求说明理由;若学生认为错误,则要求学生到黑板上画出反例.通过构造反例,逐步完善和加深对函数单调性的理解.

例题:判断并证明函数 $f(x)=0.001x+1$ 的单调性.

设计说明:对照定义板书示范,指明变形的目的是变出因式 (x_1-x_2) 等,并让学生提炼证明的基本步骤.

练习:证明函数 $f(x)=x+\dfrac{1}{x}(x>0)$ 的单调性:

(1) 在 $(0,1)$ 上递减;

(2) 在 $(1,+\infty)$ 上递增.

设计说明:回答"问题2"悬而未决的问题.先请两位学生板演,然后由其他学生完善步骤.

思考题:物理学中的玻意耳定律 $p=\dfrac{k}{V}$ (k 为正常数)告诉我们,对于一定量的气体,当其体积 V 减小时,压强 p 将增大.试用函数的单调性证明.

设计说明:引导学生用数学知识解释其他学科的规律,培养学生应用数学的意识和能力.

(四) 回顾反思,深化认识

课堂小结:通过本节课的学习,你的主要收获有哪些?

(关键词:三种语言,证明方法,数学思想,情感体验等)

设计说明:先给出问题,要求学生自主小结,再推出引导性关键词,使得总结简明、到位.

(五) 布置作业

课堂作业:(1) 第38页习题2-3 A组:3,5;

(2) 判断并证明函数 $f(x)=x+\dfrac{1}{x}(x<0)$ 的单调性.

探究题:向一杯水中加一定量的糖,糖加得越多糖水越甜.请你运用所学的数学知识解释这一现象.

设计说明:课堂作业设置的目的是及时巩固初学的知识和方法,完善对"对钩函数"的认识.探究题设置的目的是培养学生运用数学的意识(从地理情境开始,中间解答物理定律,最后以化学实验结束),感受数学的实用性和人文性.

(六)板书设计

函数的单调性	
递增:(板书定义) 递减:(学生类比)	例题(提炼步骤,明确变形方向) 练习(学生板演)

六、教后反思

反思"三个理解"的理解程度、教学策略和落实情况等.

【点评】

作为高中数学的一个经典课题,《函数的单调性》如同一盘围棋名局,每次"摆谱"都可能获得新的感悟.由安徽省亳州一中史嘉老师执教的这节课,称得上是一节优质、高效的数学课.

1. 高效,始于深刻

要想"教好数学",其首要前提是"理解数学、理解学生",也就是要科学把握数学知识的内涵实质与相互联系,准确分析学生的认知规律与思维特点,突出表现在深刻理解数学教学过程中的各种矛盾,特别是学生现有的知识基础、能力水平与教学要求之间的矛盾.

"函数的单调性"教学,主要存在以下两个矛盾:一是"几何直观判断与代数推理证明之间的矛盾".学生在初中学习函数的单调性时,主要是结合具体的一次函数、二次函数与反比例函数的图像,借助几何直观进行形象化的判断:图像从左往右上升(y随x的增大而增大)是增函数,图像从左往右下降(y随x的增大而减小)是减函数.

在高中阶段,"函数的单调性"定义之所以要进一步符号化(形式化),是基于数学精确化、严谨性的要求.只有这样,学生才可以通过准确的代数计算变形进行推理证明,以保证结论的严密性.

一方面,几何直观判断与代数推理证明具有紧密的联系,前者是后者的认知基础和先行组织者;另一方面,二者也存在明显的"矛盾":刚进入高一的学生,会觉得初中所学的这种定义通俗易懂、易于接受,同时用它解决函数的单调性问题时似乎也没有遇到过什么困难.因此,他们往往对学习符号化(形式化)定义的必要性产生怀疑,认为是"多此一举",进而在心理上产生排斥感,使得教与学的效果大打折扣,这是一个不容忽视的问题.

二是"学生现有的思维水平与函数单调性定义的思维要求之间的矛盾".刚进入高一的学生,其思维处在从经验型水平向理论型水平转变的阶段,仍然偏于简单化、直观化,逻辑思维水平不高,抽象概括能力不强.函数单调性的定义,是用静态的数学符号刻画动态的数学对象,是数学概念形式化的典型案例,具有高度的抽象性.从"随着x增大,y也增大"这一自然语言转换到"对于某区间上任意的$x_1<x_2$,都有$f(x_1)<f(x_2)$"这一数学符号语言,跳跃性非常大,学生往往不习惯,特别是为什么要用"任意"二字,在区间上"任意"取两个大小不等的$x_1<x_2$,通过比较$f(x_1)$与$f(x_2)$的大小来刻画函数的单调性,学生更是感到难以理解,容易产生思维障碍,进而在应用单调性定义进行推理证明时,很多学生仅仅停留在单纯记忆、机械模仿的阶段,知其然而不知其所以然,其数学思维能力与思维品质也未能得到应有的提升.

从"课堂录像""文字实录"及"教师自述"中可以看出,史老师紧紧围绕如何解决上述两个矛盾展开教学,真正牵住了这节课的"牛鼻子",为真正实现高效教学奠定了坚实的基础,显示出其对教学内容和教学对象有着全面而深刻的理解.

2. 高效,源于自然

要想"教好数学",还必须"理解教学",也就是要遵循数学教学的客观规律,做到严谨性与量力性、抽象性与具体性、巩固性与发展性相结合,精心设计教学环节,为学生构建前后一致、逻辑连贯的学习过程,使数学知识发生发展的原始过程与学生的数学认识过程有机地、自然地融合为一体,使学生在掌握数学知识的过程中学会思考.

本节课的整个教学进程自然、连贯,主要表现在以下几点:

第一,自然引入新课,明确相关概念.首先,"早穿棉袄午穿纱,围着火炉吃西瓜"这一独特的沙漠气候,学生较为熟悉(地理、物理都曾解释过),并且能够直观形象地感受到气温变化的较大落差,因此很容易吸引学生的注意力,有利于唤起学生积极的学习心向.如此引入新课,显得自然、亲切.其次,与教材不同的是,在学生回顾描述性定义之后、学习形式化定义之前,史老师便给出了增函数、减函数、单调区间等概念,看似毫不经意,实则匠心独具.从实际教学来看,这些概念的提前呈现,与学生已有的认知基础是连贯的,与两种定义的衔接也是自然的,不仅易于接受,而且使随后学习时的语言表述变得更加简洁、更为明确.

第二,自然设置冲突,激发学习需求.为了解决第一个矛盾,史老师顺应学生的已有基础,"不动声色"地出示了"问题3",让学生分别根据函数图像、函数解析式判断单调性.问题3-1中,由于所给的函数图像是一条看似水平的直线,因此,学生很容易出现误判,然后教师再给出该函数的解析式$f(x)=0.001x+1$,学生自然领悟到利用图形直观判断单调性并不完全可靠;问题3-2中,由于函数

$f(x) = x + \dfrac{1}{x}, x \in (0, +\infty)$ 是由区间 $(0, +\infty)$ 上的增函数 $y = x$ 与减函数 $y = \dfrac{1}{x}$ "叠加"而成,因此,学生很难根据解析式作出正确判断(其图像学生也不熟悉),自然意识到自己知识上的欠缺,认识到用精确的数学语言刻画定义的必要性,从而进入一种"愤悱状态",产生较强劲的学习动力.正所谓"润物细无声",这一环节,充分展示了史老师设计教学的精心与睿智.

第三,自然引导探究,突破认知障碍.为了解决第二个矛盾,史老师精心设置了一系列问题,使学生充分参与函数单调性定义的符号化过程,感悟数学的研究方法,积累基本的数学活动经验.

首先,教师紧紧抓住新旧知识间的内在联系,引导学生将描述性的文字语言"当 x 增大时,函数值 y 随之增大"转化为"当 $x_1 < x_2$ 时,$f(x_1) < f(x_2)$",使得形式化定义是在文字语言描述的基础上自然"生长"出来的,而不是"天上掉下个林妹妹".

其次,教师通过取区间 $[a,b]$ 上自变量的两个值、三个值乃至无数个值(对应图像上的两个点、三个点乃至无数个点),引导学生思考探究:它们都满足"当 $x_1 < x_2$ 时,$f(x_1) < f(x_2)$"这一条件,能保证函数 $y = f(x)$ 在区间 $[a,b]$ 上递增吗? 对于学生的不同回答,教师并没有急于肯定或否定,而是借助几何画板的动态图像以及学生相互讨论、动手作图等,并结合已有的认知基础,帮助学生在不断进行"拨乱反正"的过程中逐步突破认知障碍,自然领悟到定义中的 x_1,x_2 必须是"任意"的.

总之,本节课充分体现了史老师以教师为主导、学生为主体的教学观和较深厚的教学功底,课堂氛围宽松、自由、和谐、充满活力.无论是学生独立思考、师生(生生)对话还是小组合作研讨,史老师始终关注每个学生的真实思维活动,暴露他们的"相异构想",引导学生在说理、展示、交流中不断矫正、完善自己的认知结构.学生不仅学到了数学知识、提升了思维品质,而且数学精神得以培育、身心得到愉悦.

点评人　安徽省六安中学　陆学政

案例 2 直角三角形的射影定理

安徽省铜陵市第一中学 陈恩兵

一、教学内容分析

本节课选自人教 A 版数学选修 4-1 第一讲"相似三角形的判定及有关性质"的第四节"直角三角形的射影定理".主要内容有:

1. 点和线段的正射影;
2. 直角三角形的射影定理.

学生是在学习了相似三角形的判定与性质的基础上研究直角三角形的射影定理.教材先从生活实例出发,介绍了射影的概念,然后用"探究"引导学生探索直角三角形中一些线段之间的关系,经过逻辑推理而得出定理.本节内容可以看成是相似三角形的判定与性质定理的一个应用,体现了从特殊到一般的数学思想.

射影定理与勾股定理是欧氏几何中的经典定理,它们建立了直角三角形中的直角边与其射影之间的关系,是数与形结合的典范,在解决与直角三角形相关的几何问题中是一个强有力的工具.在选修部分安排射影定理的教学,既是对初中研究勾股定理的延续,也是对相似与全等等几何性质的应用.

作为高三的选修内容,直角三角形的射影定理可由向量法、解析法、三角法、勾股定理、圆幂定理等给出证明,在教学中可以适当安排射影定理的多种证明方法,这既是对初、高中已有知识的一个应用,又深刻体现了射影定理作为经典欧氏几何定理与已有知识的内在联系.而正是由于这些新的方法,很多平面几何问题(如三大不可能问题:倍立方体、化圆为方、三等分角)才得以解决.给出射影定理的多种证法,有助于拓展学生研究平面几何的视野、培养学生的发散性思维.

二、学情分析

经过初中与前面平面几何相似判定与性质的学习,学生的知识储备已经足够,也已经具备了一定的识图能力和逻辑推理能力.但在学习几何证明的严谨性方面仍有欠缺,在勾股定理与射影定理的互推上可能会存在问题.在射影定理与高中已有知识的联系上可能会存在困难,如用向量法证明射影定理.

三、教学策略分析

现代教育学认为,学生的学习过程是一个已有知识和经验为基础的主动建构过程,只有学生充分地、主动地参与到学习过程中,才是有效的教学.

新课改提出"创设情境、激发情感、主动发现、主动发展"的教学模式,在课堂设计上,教师应学会如何创设情境,激发学生学习的兴趣;围绕教材的重难点,教师应学会如何设计不同的活动环节,设置由浅入深、环环相扣的问题,通过教师适时的引导,通过生生间、师生间的交流互动,通过学生自己的发现、分析、探究、反思,使学生真正成为学习的主人,不断完善自己的知识体系,提高获取知识的能力,尝试合作学习的快乐,体验成功的喜悦.

基于以上分析,我将这节课设计为"探究"课,采用探究活动、自主学习的方式,以问题引导学生思考,随着学生思维的发展,问题设置层层递进,环环相扣,使学生对问题的思考逐步深入,思维水平不断提高.尝试通过探究活动进行几何定理的教学,在知识的发生、发展过程中,逐步培养学生发现问题、解决问题的能力,体会数形结合等数学思想方法.

本节课立足教材,引导学生利用相似的性质得到定理,并把射影定理与其他知识相联系,让学生体会到解决几何问题策略的多样性,注重知识的发现过程、注重数学思想方法的渗透、注重与已有知识的内在联系,在知识的发生、发展过程中增强学生的思维能力,激发学生的学习兴趣.

四、教学目标与要求

1. 掌握射影的概念;理解射影定理的内容和证明;

2. 经历射影定理的发现与证明,体会经典几何定理的内在美,体会逻辑推理的严密性;

3. 通过射影定理的不同方法的探究,体会数形结合的思想方法,培养学生对已有知识的综合应用意识,体会解决几何问题策略的多样性;

4. 体会数学是有趣的、有用的,平面几何也是有趣的、有用的.射影定理的发现、证明过程无不揭示了数学的和谐美、简洁美;

5. 在学生经历观察、猜想、类比、推理的自主学习中,激发学生的学习兴趣,培养学生学习数学的热情.

五、教学重点与难点

1. 教学重点:直角三角形的射影定理及其简单应用;
2. 教学难点:射影定理的证明及其与勾股定理的互推.

六、教学过程(课堂实录)

(一)设置情境,提出问题

情境 1. 射影的概念

师:我们知道,在光线的照射下,物体总会在地面上留下阴影,这就是射影的概念.下面我们讨论当光线垂直于直线 l 时,点和线段在直线 l 上的射影.(教师打开几何画板,展示光线垂直于直线 l 时的情形)

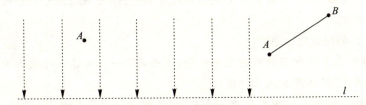

师:当光线垂直于直线 l 时,点 A 在直线 l 上的射影会是什么图形?

生:(齐声)点.

师:你能作出它吗?

生:过 A 作直线 l 的垂线.

师:A 的射影是……?

生 1:垂足.

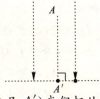

师:很好!(几何画板展示过 A 作直线 l 的垂线,并闪烁垂足 A')我们把从点 A 向直线 l 所引垂线的垂足,叫作点 A 在直线 l 上的正射影.

师:那么线段 AB 在直线 l 上的射影会是什么图形?

生:(齐声)线段.

师:你能作出它吗?

生 2:过 A、B 做直线 l 的垂线.

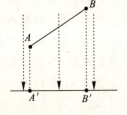

师:(几何画板演示垂线作出过程)射影是什么线段?

生 2:垂足之间的连线段.

师:类比点的正射影的定义,你能给出线段在直线 l 上的正射影的定义吗?

生 3:过线段 AB 两端点做直线 l 的垂线的垂足 A'、B' 间的线段.

师:(几何画板展示点与线段正射影的概念)线段的正射影一定是线段吗?

生:(齐声)不一定.

师:还可能是什么?

生:(齐声)点.

师:什么情形下会是点?

生 4:当 AB 垂直于直线 l 时.

师:非常好!点和线段的正射影我们简称射影.

【设计意图】通过物体在地面上留下阴影这一大家熟知的生活实例入手,引入点和线段的正射影的概念,为直角三角形的射影定理的引出铺垫.通过射影的作图过程,让学生体会几何作图的重要性,养成良好的学习习惯.

【情境1的思考】射影的概念高三学生并不陌生,在向量、立体几何中已大量出现射影的相关内容.教材在此处用不少的篇幅介绍正射影的概念是否必要?是否会对学生理解已学的射影概念产生阻碍?正是基于这样的思考,笔者采用直接引入的方法,并没有对射影的概念做过多的处理,重点放在了几何作图确定射影的环节上.

情境2:射影选址问题

师:我们有了点和线段的射影的概念,下面我们一起来看一个实际问题.(教师展示问题情境,并在黑板上作图)

师:如图,某化工厂在 B 处有一仓库,现拟在路线 AE 上修建一分厂 C.

(1)为使仓库到分厂 C 的路程最短,分厂 C 应建在何处?

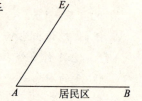

生1:过 B 作 AE 的垂线.

师:分厂 C 建在……?

生1:垂足 C 处.

师:非常好! C 就是 B 在……?

生:(齐声)直线 AE 上的射影.

(教师在黑板上作出垂线 BC)

师:这类问题我们称之为射影选址问题.请大家接着思考第二个问题.

(2)已知离 C 的距离越近,空气污染指数越高.环保部门要在 AB 上建立污染监测站 D,实时监测该分厂的最大污染指数,那么监测站 D 应建在何处?

生2:过 C 做 AB 的垂线,垂足 D 就是监测站所建位置.

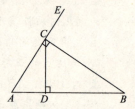

师:(教师在黑板上作出垂线 CD)很好! D 是谁的射影?

生2:C.

师:在哪条直线上的射影?

生2:D 是 C 在直线 AB 上的射影.

师:很好!请坐.这一类问题在生活中比较常见,我们可以利用射影的概念加以解决.下面请大家接着思考第三个问题.

(3)若已知 BC 和 AB,那么你能求出 BD 吗?

(学生独立作图,思考)

【设计意图】奥苏伯尔的有意义学习理论认为:创设一定的"问题情境",能够使学生对知识本身产生兴趣,进而产生认识需要,产生一种要学习的倾向,从而能够激发学习的动力.

教师应在教学过程中创设以问题为核心的教学情境,促使学生在知识与情感的相互作用下参与整个教学过程,激发学习数学的兴趣,启迪学生的思维,引导学生深入探究,指导学生主动构建.

数学来源于生活,又应用于生活,与学生的生活经验存在着密切的联系.几何学起源于土地测量问题,直角三角形在几何度量中有着重要的地位.通过情境2的创设,既让学生体会几何来源于生活,是有用的,又让学生体会直角三角形的特殊性.情境2本身来源于生活,有很强的现实性和趣味性,在教师叙述结束后学生的思维将会彻底激活,课堂上气氛一定会更加热烈,引人入胜;同学们一定会表现得跃跃欲试,很想一探究竟.

一个好的情境,能够充分调动学生的原有生活经验和数学背景,更能激起由情境引起的几何意义的思考,从而让学生有机会经历"问题情境—建立模型—解释和应用"这一重要的数学活动过程.

【情境2的思考】在设计教学时,如何引入射影定理是我首先考虑的问题.几何在工程测量等领域都有着重要的应用,但如何通过实例引入2次垂线,让学生体会学习射影定理的必要性从而认识到学习几何、学习数学是有用的,一度困扰了笔者.为此,笔者查阅了非常多的资料,最终灵感来源于航海中的追及问题及噪音污染问题.笔者紧紧围绕射影定理的主图,将最短路程与最大空气污染指数纳入背景,这些都是学生熟悉的实际问题.笔者将情境2分解为3问,让学生的思维层层递进,一步步由生活走向几何,经历"生活—几何"的抽象过程.

(二)启迪思维,探究新知

探究1:直角三角形的射影定理

师:哪位同学得到了结果?请你分享你的成果.

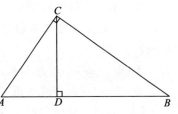

生1:我得到了:$BD = \dfrac{CD^2}{AD}$.

师:你是如何得到的?请你上来写出你的过程.

(生1上台板演)

师:由 $\triangle ACB \backsim \triangle CDB$ 得到了 BD,是正确的.(教师批改生1的解答过程并点评)

但请你仔细读题,CD 已知吗?

(生1恍然大悟,已知 AB、BC,求 BD)

师:请你接着思考.还有哪位同学来展示你的结果.

(生2上台板演) $BD = \dfrac{BC^2}{AB}$

(教师批改生2的解答过程并点评)非常好!这样我们就得到了:$BC^2 = BD \cdot AB$.

师:请同学们观察该式的结构,BD是谁的射影?

生:(齐声,声音比较小)BC在AB上的射影.

师:声音小,请大声说一遍!

生:(齐声,声音稍大)BC在AB上的射影.

师:还是不清楚,大声说一遍!

生:(齐声,声音很大)BC在AB上的射影.(学生的情绪被完全调动起来,不再胆怯)

师:(教师在主图下书写该式)很好!重要的事说三遍!由于该式给出了直角三角形的直角边及其在斜边上的射影的数量关系,我们称之为直角三角形的射影定理.

(教师给出课题)

师:我们再看生1得到的副产品,结构与该式类似吗?

生:(齐声)类似.

(教师在主图下接着写入 $CD^2 = AD \cdot BD$)

师:你还能找到类似的结构优美的等式吗?

(生思考,教师巡视,发现一位学生没有计算直接找出了第三式)

师:这位同学你得到了什么等式?

生:$AC^2 = AD \cdot AB$.

师:我看你好像没有经过计算就直接写出了等式,你能说说你是如何思考的吗?

生:由 $\triangle ACB \backsim \triangle ADC$.

师:很好!(教师在主图下写入第三个等式并展示探究成果)

【点评】这里比较遗憾,应引导学生从图形的对称入手,自然得到另一直角边和其在斜边上的射影的数量关系.

师:如图,在 Rt$\triangle ABC$ 中,CD是斜边AB上的高.我们通过三个直角三角形的相似关系得到了直角三角形的射影定理.你能用文字语言叙述我们的探究成果吗?试试看!

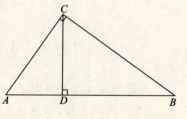

生1:直角边等于它的射影与斜边的乘积.

师:直角边的……?

生1:平方.

师:很好!或者可以说直角边是其在斜边上的射影和斜边的……?

生:(沉默)

师:若 $b^2 = ac$,则 a,b,c 成……

生:(齐声)等比数列.

师:b 是 a,c 的……

生:(齐声)等比中项.

师:那请你完整的叙述一遍!

生1:在直角三角形中,直角边是其在斜边上的射影和斜边的比例中项.

师:很好!请坐.还有一个等式呢?

生2:斜边上的高是两直角边在斜边上的射影的比例中项.

师:非常好!这就是《几何原本》中的欧几里得定理.(教师展示课件)请同学们一起朗读一遍!

生:(齐声朗读)直角三角形的斜边上的高是两直角边在斜边上的射影的比例中项;两直角边分别是它们在斜边上的射影与斜边的比例中项.

师:非常棒!让我们一起来体会射影定理的美!这是它的图形,大直角三角形像母亲一样包容着2个子直角三角形,它们之间存在着相似关系,我们可以称之为"母子相似"!多么美妙的图形!

生:(露出会心的笑容)

师:再看三个等式,从数上刻画了图形的内在美,多么简洁!多么对称!(教师点击 BD、AD,射影随之闪烁)射影定理给出了直角边与斜边的一部分和斜边的数量关系,高与斜边的两部分的数量关系,体现了整体与部分的关系.

生:(原来如此)

师:图形语言、符号语言、文字语言集于一身,这三者是有机的整体,它们共同组成了直角三角形的射影定理,三者缺一不可!

【设计意图】 探究1及其成果展示是这节课的重点内容.为了突出射影定理这一主要内容,笔者设计了三个小环节:1.由情境2问题3,探究得到 $BC^2 = BD \cdot AB$;2.类比 $BC^2 = BD \cdot AB$ 的得出过程,引导学生探求结构类似的等式;3.从数、形、文字语言三个维度分析射影定理的内在美,加深学生对定理的理解.

每个环节的设计都是为了让学生主动、积极地参与到教学过程中.环节1安排生1板演他的结果,虽然得到的等式成立,但不满足题意,让学生体会到了数学探究的艰辛及审题的重要性;环节2安排一位同学分享了他得到的类似的等式及他的思路,处处体现出学生参与第一的原则.这里教师不单是知识的呈现者,不再是知识权威的象征,不能不顾学生的思维规律和现状,而应该重视学生自己对各种现象的理解,倾听他们时下的看法,思考他们这些想法的由来,并以此为据,引导学生丰富或调整自己的解释.

环节3的设计笔者认为是必要的.学生在学习射影定理时,还只是停留在三个结构对称的等式上,不能将数、形、语言有机整合,从而体会射影定理作为欧氏几何经典定理之一的内在美.通过环节3的教学,让学生对射影定理的理解从感性上升到理性,使得整个课堂主线明确,重点突出,又能进一步深化定理,让学生最后恍然大悟:原来射影定理是如此之美,数学之美就更不言而喻了!

【探究1的思考】在设计教学时,如何让学生感受经典几何定理的内在美是笔者考虑的第二个问题.由最初的三个等式的对称美,上升到图形的"母子相似"关系,最后升华到语言叙述,通过探究活动,主动参与,学生亲身经历了一次几何探究之旅,深化了对定理的理解.

探究2:射影定理与勾股定理的互推

师:刚刚我们得到了射影定理.射影定理给出了直角边和斜边的高和斜边的一部分之间的数量关系.(教师课件闪烁展示射影 AD、BD)那能不能将这两个部分合二为一呢?你能得到什么?

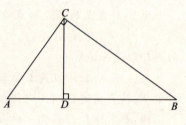

生:沉默.

师:(再次闪烁两部分 AD、BD)

生:(齐声)将2、3两式相加!

师:很好!动动手,你得到了什么?

生:(齐声)$AC^2 + BC^2 = AB^2$

师:这是什么定理?

生:勾股定理.

师:咦!将两部分合二为一我们得到了勾股定理!也就是说射影定理可以推导出勾股定理,这体现了部分到整体的思想.(教师板书这一过程 $\left. \begin{array}{l} AC^2 = AD \cdot AB \\ BC^2 = BD \cdot AB \end{array} \right\} \Rightarrow AC^2 + BC^2 = AB^2$)

勾股定理和射影定理作为欧氏几何的经典定理是存在内在联系的,那你能由勾股定理推导出射影定理吗?请你试试看.

生:(独立思考,推导)

师:(巡视,发现不少同学只将 AB^2 中的一个 AB 换成了 $AD+BD$,教师进行恰当的指导)

师:要想由勾股定理,只需将斜边……?

生:代换成两部分:AD、BD.

师:(板书 $\left.\begin{array}{l}CD^2 = AD \cdot BD \\ BC^2 = BD \cdot AB \\ AC^2 = AD \cdot AB\end{array}\right\} \Leftrightarrow AC^2 + BC^2 = AB^2$)

生:(恍然大悟,立刻动笔推导……)

师:哪位同学上台展示下你的成果?这位女同学!

生1:(板演推导过程)

师:非常完美!推导过程严密,以后同学们在几何证明时就要这样!

师:这位同学得到了 $CD^2 = AD \cdot BD$,你能得到另外两个等式吗?

生2:在 Rt△ACD 中,由勾股定理得:
$AC^2 = AD^2 + CD^2 = AD^2 + AD \cdot BD$
$= AD(AD + BD) = AD \cdot AB.$

师:很好!这个过程又体现了部分到整体的思想.另外一个等式同理可得.

射影定理与勾股定理作为经典几何定理存在着内在的联系,它们在与直角三角形相关的计算与证明中有着重要的应用.

【设计意图】探究2:勾股定理与射影定理的互推是这节课的难点.为了突破这一难点,笔者设计了两个环节:1.由部分到整体推导出勾股定理;2.类比环节1,由整体到部分推导出射影定理.

两个环节的设计都强调了部分与整体之间的关系,再次深化了射影定理的内在本质及其蕴含的思想.探究2的教学突出学生的独立思考,没有走形式化的"学生分组讨论"模式.笔者认为,学生只有通过认真的分析与思考,才能体会和理解射影定理的内在美,体会射影定理与勾股定理的内在联系,理解学习勾股定理与射影定理互推的必要性及其蕴含的数学思想.

探究2教师也预留了充分的思考时间,让不同层次的学生都能体会学习的乐趣与成功的喜悦,这是一件多么美好的事情啊.当学生遇到困难时,教师只是做了恰当的引导,并没有越俎代庖,将思考的机会充分留给了学生,整个过程充分体现了让学生自主探究的教学理念,进一步培养了学生独立思考的良好习惯和几何证明的严谨性.

【探究2的思考】在设计教学时,如何让学生感受勾股定理和射影定理的内在联系、理解学习勾股定理与射影定理的互推并不是纯证明技巧的展现是难点.在磨课的过程中,笔者发现绝大多数同学并不能由勾股定理推导出射影定理,他们只是简单地罗列出三个直角三角形的勾股定理后就束手无策.个别学生能够推导,也只是运用了代数式恒等变形的技巧.为此,笔者查阅相关资料,加入了部分与整体这样的个人理解,帮助学生剖析射影定理与勾股定理的内在联系,教学效果显著.

探究3：射影定理的其他证明方法

师：刚刚我们由勾股定理推导出了射影定理．你还能利用高中已学的知识给出射影定理的其他证明吗？

生：(跃跃欲试)

师：请大家动笔试试看！如果没有思路，可以相互讨论．

生：(激烈讨论)

师：(巡视，恰当指导)

师：这位同学，你有思路了吗？

生1：我想用向量来证明．

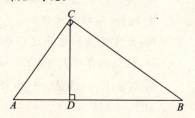

师：你是怎么想到用向量的呢？

生1：数量积．

师：你指的是……？

生1：向量垂直时，数量积为0．这里有很多垂直关系．

师：很好的思路！请你按照你的思路接着做下去！

师：这位同学，你是怎么证明的？

生2：我建立了直角坐标系！

师：我看看！咦，你还将直角三角形 ABC 竖起来了！非常好！你是怎么想到的呢？

生2：可以通过坐标计算各边的长度，从而证明射影定理．

师：这是什么思想？

生2：解析几何！

师：非常好！请你按照你的思路接着做下去！

师：这位同学，你有什么好的办法吗？

生3：利用三角函数．

师：哦？谈谈你的想法！

生3：$\cos A = \dfrac{AD}{AC} = \dfrac{AC}{AB} \Rightarrow AC^2 = AD \cdot AB$．

师：非常好！我们得到了很多证明射影定理的方法！课后大家可以继续研究，完善你的思路与证明！

【设计意图】 新课程标准指出：培养和发展学生的思维能力是发展智力、全面培养数学能力的主要途径．因此，数学课程应注重提高学生的思维能力．笔者设计了探究3：射影定理的其他证明方法，以此来训练学生的思维，让学生体会数学知识之间的内在联系性．设计意图主要有：

(1) 通过探究3，培养学生思维的广阔性和发散性．从不同的角度分析射影定理，会得到不同的思维启迪．经典欧氏几何在近现代的研究手段已不仅仅局限于公理化体系.

(2)通过探究3,培养学生思维的深刻性.射影定理的不同证明方法的研究有助于学生理解高中所学知识的内在联系,体会解决几何问题的策略的多样性!

(3)通过探究3,培养学生思维的灵活性.数学问题形式多样,千姿百态,由于思维定势产生的负效应,学生思考时往往墨守成规,思路受到限制.射影定理不同证明方法的探究有利于学生思维跳出欧氏几何公理化体系的牢笼,不拘泥于平面几何,不拘泥于初中所学,将高中所学知识整合到经典几何定理中,也有利于激发高三学生的学习兴趣.

(4)自主探究,动态生成.整个探究3都是由学生自主探究完成,进一步体现了教学过程要以学生为主体,以学生的思维为主线,教师不能越俎代庖,做过多的引导.

【探究3的思考】在设计教学时,考虑到所教班级可能为省重点高中高三理科班这一学情,笔者预设了多种方法证明射影定理这一探究活动.为了防止探究3对主要教学内容射影定理形成负干扰,考虑再三,笔者认为课堂展示思路,课后研究并形成方法集锦比较合适.

(三)定理应用

例1 如图,圆O上一点C在直径AB上的射影为D,$AD=2$,$DB=8$,求CD、AC和BC.

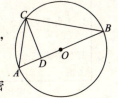

(利用展台展示学生的解答过程,强调逻辑推理的严密性和解题过程的严谨性)

课堂练习:如图,$\triangle ABC$中,顶点C在AB边上的射影为D,且$(CD^2)=AD \cdot DB$.

求证:$\triangle ABC$是直角三角形.

(四)课堂小结

师:我们一起回顾一下这节课主要研究了什么.

生:(齐声)直角三角形的射影定理.

师:它的内容是……?

生:直角三角形的斜边上的高是两直角边在斜边上的射影的比例中项;两直角边分别是它们在斜边上的射影与斜边的比例中项.

师:非常好!我们在射影定理的证明过程中,应用了哪些数学思想呢?

生:数形结合、整体与部分.

师:伟大的数学家华罗庚曾经说过:数少形时缺直观,形少数时难入微,数形结合千般好,数形分离万事休!数形结合思想是重要的数学思想方法之一.

师:你还有什么体会吗?

生:我发现了射影定理来源于生活,形、数与语言是一个有机整体:形美——母子相似;数美——结构对称;语言美——简洁明了.

师:感谢大家的总结.

(五)布置课后研究提纲

师:最后,老师给出课后的研究方向.(教师课件展示提纲:1.你还有没有射影定理的其他证明方法? 2.收集相关资料,写一篇射影定理和勾股定理在几何证明、计算与作图中的应用的小论文)

1. 按照刚刚同学们的思路,收集射影定理的多种证明方法,形成证法集锦,对已学知识进行系统的梳理.

2. 收集资料,可百度,写一篇射影定理和勾股定理在几何证明、计算与作图中的应用的小论文.如"给定单位线段和长为 a 的线段,作出长为 $\sqrt{a}$ 的线段!"

七、板书设计

```
                    课题:1.4   直角三角形的射影定理
1.正射影的概念
                                            学生展示区
2.射影定理
主图
```

八、教学反思

笔者认为整堂课思路清晰,环节紧凑,重难点突出,设计合理,引导与探究水乳交融,生成与预设相映生辉.教师在教学中以知识为载体,放手让学生自主学习研究,重视留有时间和空间,充分地体现了课堂教学中"以学生为主体,教师为主导"的课堂教学理念,取得了理想的效果.

【点评】

1. 对本节课的反思

①创设有效情境,促进有效教学

教学情境是指在课堂教学中,根据教学的内容,为落实教学目标所设定的,适合学习主体并作用于学习主体,产生一定情感反应,能够使其主动积极建构起学习的具有学习背景、景象和学习活动条件的学习环境.教学情境就其广义来说,是指作用于学习主体,产生一定的情感反应的客观环境.从狭义来说,则指在课堂教学环境中,作用于学生而引起积极学习情感反应的教学过程.它可以综合利用多种教学手段,通过外显的教学活动形式,营造一种学习氛围,使学生形成良好的求知心理,参与对所学知识的探索、发现和认识过程.

知识是人类从实践活动中得来的,是对实际事物及其运动和变化发展规律的反映.这也就是说,知识本身具有丰富生动的实际内容,而表征它的语言文字(包括符号图表)则是抽象和简约的,学生所学的正是语言文字所汇集成的书本知识即教材.教学情境就是以直观方式再现书本知识所表征的实际事物或者实际事物的相关背景,显然,教学情境解决的是学生认识过程中的形象与抽象、实际与理论、感性与理性以及旧知与新知的关系和矛盾.捷克教育家夸美纽斯曾说:"一切知识都是从感官开始的."

直角三角形的射影定理是欧氏几何经典定理,在几何证明与计算中有着重要的地位,在实际生活如工程计算中也有着广泛的应用.如何让学生认识到数学知识来源于生活,又服务于生活是笔者这节课首先考虑的问题.通过射影选址问题,给学生展现了射影定理产生的实际背景,激发了学生的学习热情和强烈的好奇心;通过3个问题串的设计,环环相扣,从实际生活抽象到几何图形计算,让学生完整经历了"问题情境—建立模型—解释和应用"这一重要数学活动过程.

②学生参与和教师引导

由于应试教育的影响,在传统课堂教学中普遍存在三个弊端:一是教师讲得多;二是学生"参与少",课堂教学实践环节薄弱;三是教师"目中无人",缺乏民主,过分强调教师的主导作用,忽略课堂教学过程中学生的主体参与地位.以上弊端造成学生依赖性过大,自信心不足,没有提出问题发现问题的心态,缺乏创新的意识和能力,厌学情绪明显,学习效率不高.

建构主义学习观认为:学习意义的获得,是每个学习者以自己原有的知识经验为基础,对新信息重新认识和编码,建构自己的理解.教学是师生双边活动的一致和统一,现代教学理论早已阐明,在教学双边活动中教师是引导者、学生是学习的主体.美国教育家苏娜丹戴克有句名言:"告诉我,我会忘记,做给我看,我会记住,让我参与,我就会完全理解."美国教育心理学家布鲁纳指出:我们教一门科目,并不是希望学生成为该科目的一个小型图书馆,而是要他们参与获取知识的过程.学习是一种过程,而不是一种结果.这一过程的成功与否,关键在于教师是否能交给学生恰当的自主权和能动的探索空间.

教师要把以"教"为重心逐渐转移到以"学"为重心,把以"研究教法"为重心逐渐转移到以"研究学法"为重心,并做好教与学的最佳结合.以"学"为重心,其基本精神就是使学生爱学习,学会学习,养成良好的学习习惯.叶圣陶先生说:"教是为了不需要教."面对21世纪对人才的需求,"授人以渔"已成为师者的最高教育境界.

本节课设计时陈老师围绕"尽可能让所有学生参与进来"做了周密的部署.

对学生发言、讨论,走上讲台演说操作、纠错总结等诸多环节做了充分的准备,并给学生的思考留下了足够多的时间.课堂现场教师发言不多,主要是以精练的语言安排和过渡,主导课堂的走向与流程,努力给学生搭建了一个自我思考与展示的平台.在保证了课堂的严谨性和流畅度的前提下充分调动了学生的积极性.笔者通过创设良好的师生关系和学习氛围激励学生学习潜能的释放,努力提高学生的参与质量,便于发挥学生学习的主动性、积极性.重视实践活动在教学过程中的启智功能,通过观察、思考、讨论等形式诱导学生参与知识形成发展的全过程,尽可能增加学生的参与机会.虽然这样的设计对教师课堂的教学能力与智慧提出更高的要求,但这不应该是教师照本宣科灌输知识强拉硬塞的理由.如果不突出学生的主体地位,课堂的设计理念与思路都有很大的偏差,谈何优秀课?事实上,陈老师以学生为主体,在本节课的课堂上也得到了丰硕的回报:学生学习热情高涨、参与程度高,通过师生的互动、生生的互动充分激发了学生的数学思维,三维目标达成度非常高.

③教材的二次开发

众所周知,数学教材是数学知识体系的载体.它是众多教育专家、学者的智慧结晶,凝聚着广大前辈同仁的心血.人教A版高中数学教材更是如此,在编排上极富时代性,层次感,体现出了螺旋上升的课改理念.然而,在实践过程中,"尽信书不如无书",一律生搬教材是极不可取的.应该根据教学目标和实际情况,认真细致地对教材实施二次开发,做到从"教教材"到"用教材教"再到"创造性地用教材教"的转变.

A."数学教学情境化"是新课程的一大特点.如果教材所提供的情境素材是学生陌生、不感兴趣或没有相应生活体验的,其作用就会大打折扣.因此,教师需要充当教材与教育情境之间的协调者,以提高教材对教育实际情境的适应性.陈老师这节课通过射影的概念引入射影定理并不能很好的引起学生的学习兴趣和好奇心,于是精心设计了情境2,通过射影选址及空气污染等学生熟悉的、关注的实例,激发学生的学习热情.

B."数学教学活动必须建立在学生的认知进展水平和已有的知识经验基础之上".这就是说,学生的个体知识和经验不仅是学习的起点,也是重要的教学资源.准确地把握和利用学生的基础与经验是有效教学的前提.在射影定理的证明环节上,相似的性质只是其中的一种证法,作为高三的学生只掌握相似和勾股定理是远远不够的.因此,陈老师精心设计了探究活动3:射影定理的其他证法,意在拓展学生的思维,增强学生已有知识间的联系,并为学生以后学习几何打好基础.事实上,正是有了多种证法的思考和升华,让学生有了比较、合作、争鸣的空间与时间,从结果上看,很好地复习了高中所学的主要知识,体会到了解决几何问题决策的多样性.

C.在新课程理念下,作业设计与评价要以学生发展为本,兼顾基础知识的巩固和能力的发展,正确处理全面发展与因材施教的关系,让学生在练习与评价中获得满足、愉悦和成功的体验,对后续学习更有信心.课后作业要关注重点、难点和关键点,要有代表性;要不落俗套,要新颖灵活,具有启发性.短短的课堂45分钟是有限的,陈老师精心设计了课后研究提纲1:用不同方法证明射影定理并形成集锦以继续课堂上没有完成的探究3,意在让学生多动手证明,从而对所学知识形成系统的整理与比较,巩固和欣赏射影定理之美.此外,陈老师布置了作业2:收集资料(可百度),写一篇射影定理在几何证明、计算、作图中的应用的小论文,意在培养学生自主学习和研究的能力,体会射影定理的应用.

④存在的不足之处

A.在创设情境2时,陈老师设计了三个问题串让学生思考、回答;在射影定理的探究和证明过程中,采用的也是层层设问,引导学生的思维逐步深入.这样做虽然使学生明确了研究的方向与思路,但没有充分考虑学生的主体地位.应尽量鼓励学生提出问题,教师再做适当的补充.让"学生提出有价值的问题,比解决一个问题要更有效".

B.限于教师的教学水平,教学时间的把握不是很准.在探究多种证法证明射影定理时,由于课堂时间不足,陈老师草草地找了三位同学谈了自己的思路与想法,并没有深入,这不得不说是一个遗憾.陈老师在教学过程中进行了灵活的处理,没有深入的探究活动以课后研究并形成证法集锦的形式布置给学生继续学习,在一定程度上弥补了因课堂时间有限而造成的这一遗憾.

2. 教学启示

(1)上好一节课首先要从精心备课开始

①备教材

教材是学生学习和掌握知识的基本工具,也是教师向学生系统传授知识、进行教学活动的主要依据.只有熟悉大纲,吃透教材,使教材的精神内化为自己的思想,上课时才能挥洒自如,得心应手,游刃有余,教师教得轻松,学生学得愉快.因此,深入钻研教材,正确使用教材,是非常重要的.因为它是优化课堂教学的前提,更是显示教师教学能力和学识水平的重要标志.

②备学生

备课要备学生,备学生比备教材更为重要、更难.因为教材是死的,只要下苦功夫多钻研几遍就不难掌握.可是,备学生就不同了,要想从学生的实际出发,讲得不多也不少,不深也不浅,既能合乎学生的接受能力,又能引起学生的学习兴趣,充分调动起学生的积极性,则不是一件容易的事,非下苦功夫不可.要针对学生的实际,认真分析他们学习这部分知识时的有利条件和障碍所在,还要了解学生学习这些知识时的思维特点,学生会怎么想,会出现几种不如意的地方,教师怎么处理,这些都要细致地考虑到.本节课因为是异地公开比赛课,课前是不知道学生的状况的,所以只能尽可能的预设课堂上可能出现的情况.因此,陈老师精心设计了三个探究活动,逐步引导学生的思维,并在勾股定理与射影定理互推和多种证明的教学环节上做了很多预设;陈老师在课前通过送直尺给学生,一是拉近与学生的距离,而是告知学生,这节课我们要多作图、多动手、多动脑.

③备教法

教学方法是为了完成一定的教学任务,师生在一定的过程中所采用的手段.而这种手段,它包括教师教的方法,也包括在教师指导下学生学的方法,它是教的方法和学的方法的统一.

这节课陈老师采用探究活动、自主学习的方式,以问题引导学生思维,随着学生思维的发展,问题设置层层递进,环环相扣,使学生对问题的思考逐步深入,思维水平不断提高.尝试通过探究活动进行几何定理的教学,在知识的发生、发展过程中,逐步培养学生发现问题、解决问题的能力,体会数形结合等数学思想方法.

(2)优质课活动是青年教师提高专业水平的有效方式

①优质课促进了教师专业成长的自觉性.从最初的学校选拔到最后的省优质课现场上课,笔者通过不同课型的备课、设计、反思、评课、磨课,形成了良好的自觉性.

②优质课的团队合作为教师的成长提供了强有力的支持.在参加优质课期间,教研组的老师们给出了非常宝贵的意见.笔者认为,教师之间的相互切磋和研究,有助于教师的专业化成长,大家聚在一起分析教材、研究教法、琢磨教案,每一位教师都有着不同的收获.

点评人　安徽省教科院　胡涛

案例3 抛物线及其标准方程

安徽省铜陵市第一中学 陈良骥

一、教学内容和内容分析

1. 教学内容

抛物线的定义与抛物线的标准方程

所用教材为《数学(选修2—1)》(北师大版) 第三章第二节.

2. 内容分析

初中阶段,抛物线为学生学习二次函数 $y=ax^2+bx+c(a\neq 0)$ 提供直观的图像感觉;高中阶段,抛物线在一元二次不等式的解法、求最大(小)值等方面有着重要的作用.但学生并不清楚这种曲线的定义与曲线上点的本质特征,随着学生数学知识的逐渐完备,尤其是学习了圆与椭圆的定义之后,已具备了探讨这个问题的能力与必要.从本章来讲,这一节放在椭圆之后,一方面是三种圆锥曲线进一步完善的需要;另一方面也是解析几何"用方程研究曲线"这一基本思想的再次强化.这种体系编排符合认知的逻辑性与渐进性原则,同时与初中阶段二次函数的图像遥相呼应,体现了数学的和谐美.

二、教学目标和目标解析

1. 教学目标

(1)知识与技能:掌握抛物线定义与抛物线的标准方程(包括推导过程).

(2)过程与方法:掌握解析几何思想下研究未知曲线的一般过程,掌握坐标法解决实际问题的一般方法,同时提高类比、转化化归等思想方法,体会求方程、用方程的过程.

(3)情感与态度:体会数学是有趣的、有用的(张思明语),解析几何也是有趣的、有用的.抛物线源于生活,用于生活,同时体会数学是美丽的.抛物线的形成过程到标准方程的产生,无不揭示数学的和谐美、简洁美.生活给我们提供了美丽的曲线,而解析几何中的思想方法更是给了我们研究美、体会美的眼睛.

2. 目标解析

为了培养不仅能"学会"知识,而且能"会学"知识的人才以及根据新课改提出的"创设情境、激发情感、主动发现、主动发展"的教学模式,在课堂设计上,教师应学会如何创设情境,激发学生学习的兴趣;围绕教材的重难点,比如本节的"抛物线的标准方程及其推导"和"抛物线概念的形成",教师应学会如何设计不同的活动环节,设置由浅入深、环环相扣的问题,通过教师适时的引导,通过生生间、师生间的交流互动,通过学生自己的发现、分析、探究、反思,使学生真正成为学习的主人,不断完善自己的知识体系,提高获取知识的能力,尝试合作学习的快乐,体验成功的喜悦.而对于抛物线标准方程的四种形式,选择开口向右的类型(或向上)的作为突破,其他形式可以视具体情况灵活处理,如果课堂时间紧迫可以留作学生课后探究作业或者在第二课时解决.

三、教学重难点

1. 重点:抛物线定义,p 的几何意义,抛物线的标准方程.
2. 难点:抛物线定义的形成过程与抛物线标准方程的推导.(以开口向右的为主)

四、学生情况分析

淮北实验高中是一所省示范高中,有优越的多媒体设备,学生的数学基础普遍较好,有强烈的求知欲,具备很强的分析、观察等能力.在此之前,学生已经熟练掌握二次函数图像、圆与椭圆的定义与求轨迹方程等内容,迫切想了解抛物线的本质特征.而且学生课堂探究的习惯养成非常好,为开放性、研究性教学方式提供了很好的平台.

五、教学支持条件分析

利用《几何画板》软件直观展示二次函数不能作为抛物线的本质属性,让学生反思抛物线应该怎样定义;再利用《几何画板》软件直观揭示动点 M 点的形成过程,让学生直接、理性地观察抛物线的形成过程,自觉思考抛物线定义.利用自制的抛物线图纸让学生近距离观察最佳建系方案,从而让学生体验动脑动手,合作探究的乐趣,进一步巩固解析几何研究一般曲线的思想方法.

六、教学过程(实录)

1. 课堂引入,提出问题

师:大家好.我是来自铜陵市第一中学的陈良骥.今天非常荣幸有机会和大家合作学习这节课.初次见面,请允许我向大家赠送一个篮球作为礼物.(拿出篮球)下面有请班长代表全班同学上台来接受我的礼物(学生鼓掌,班长走上前台,有一定距离)

师:班长,老师的这份礼物不是直接送到你的手中,而是我在这边将它抛出,你在那边把它接住,可以吗?(班长示意可以)

(教师抛球,班长接球.学生再次鼓掌.教师与班长握手,结束赠送礼物环节)

师:同学们,刚才篮球离开老师的手以后,在空中画出了一道美丽的曲线,这种曲线叫作_____

生:(齐声)抛物线.

师:很好.我们今天就来研究抛物线及其标准方程.(板书课题:抛物线及其标准方程)

师:生活中有许多物体的运动轨迹是抛物线,那我们数学中有没有研究过抛物线呀?

生:有.

师:在哪里研究过呢?

生:二次函数.

师:很好.我们知道二次函数 $y=ax^2+bx+c(a\neq 0)$ 的图像是一条抛物线.(打开课件)然而抛物线是不是一定就是某二次函数的图像呢?请大家仔细观察老师的演示.(教师缓缓地将开口向上的抛物线旋转至开口向右)

师:同学们,这条曲线还是不是抛物线?

生:(齐声)是.

师:那它还能不能作为某个二次函数的图像呢?(重读"函数")

生:是(少数),不是(多数).(有争论现象)

师:来,这位同学,你说不是,请说说你的理由.

生1:x,y 不对.

师:x,y 的什么地方不对?

生1:对应关系不对.图上一个 x 有两个 y 对应,不是函数.

师:哦,你是在分析这条抛物线图像不符合函数的定义.从而更不会是二次函数了.

生1:是的(其他同学纷纷点头)

师:大家认同她的说法吗?

生:(齐声)认同.

师:可以看出同学们对函数的概念掌握得很好.我们发现二次函数的图像叫作抛物线,而抛物线未必是二次函数.我们不禁要思考:什么才是抛物线的本质属性呢?抛物线上的点又符合怎样的特征呢?要用什么方式来科学正确地定义抛物线呢?带着这样的思考,我们来看一个生活实例:

(课件展示农夫取水问题:如图:直线 L 表示一水渠,定点 F 表示一水井,点 F 到直线 L 的距离为定值 $p(p>0)$,假设水渠和水井内都有足够的水,本着就近取水的原则,请在菜地中作一个边界,使得位于边界一侧的点到水渠 L 的取水,位于另一侧的点到水井 F 处取水.)

(教师分析题意并作图)

师:都明白题意了吗?

(生点头示意明白了)

师:好的下面我们一起来探究这个有趣的实际问题.

【设计意图】以上主要是由三个环节构成:1.教师送学生礼物. 2.回顾初中数学中的抛物线.3.提出"农夫取水问题".主要意图有:

环节1 教师送学生篮球作为礼物并且通过抛物线传递给学生.篮球在学生们的注视下从教师的手中抛至学生的手中,一方面很好地拉近了教师和学生的心理距离,在进入正题之前就保证了师生关系的融洽,为整节课的良好氛围奠定了良好基础;另一方面回避了千人一面的PPT图片,展示生活中的抛物线,富有新意.能深刻抓住学生的注意力,同时也很自然引出抛物线课题.

环节2 通过画板软件将抛物线旋转,引导学生得出二次函数的图像不是抛物线的本质属性的反思.这样就单刀直入地将抛物线由生活引至数学中,在最近发展区引导学生,符合学生的认知规律.同时在数学理性的思维下提出到底什么才是抛物线的本质属性的反思,很自然地制造了学生的思维冲突,学生就会迫不及待地积极思考.

环节3 提出的"农夫取水问题"本身有一定的复杂性,所以教师选择边读题边审题,边画图边解释的模式,不在文字理解上为难学生,问题本身来源于生活,有很强的现实性和趣味性,在教师叙述结束后学生的思维将会彻底激活,课堂上气氛一定会更加热烈;同学们一定会表现得跃跃欲试,很想一探究竟.

2. 启迪思维,探究问题

师:我们现在要去寻找一个边界划分,大家来思考:边界上的每一点 M 应当具有什么特征?

(学生积极思考,陆续有学生举手)

师:好,这位同学,请你回答.

生2.边界上每一点 M 满足到点 F 距离和到 L 距离相等.

师板书:M 满足 $|MF| = d$.

师:(追问)为什么呢?

生2.因为它在边界上啊,边界作为距离远近的一种临界状态,自然就相等了.

师:好.非常精彩.要想作出边界,必须作出边界上的 M 点,大家能作出一个这样的 M 点吗?(学生积极思考,陆续有学生举手)

【点评】由特殊的一点入手,引导学生对边界上点特征的认识.

师:好,这位同学,请你回答.

生3:F 到 L 垂线的中点.

师：F 到 L 垂线……段（重读"段"）的中点．老师帮你点出来．（教师点出垂线段的中点），显然这是正确的，这个点的确满足 $|MF|=d$，很棒．（微笑，鼓励地）你能再找一个这样的 M 点吗？

生 3：（略微思考后）过中点作 L 的平行线，平行线上的点即 M（语速过快，其他学生不知所云）

师：这样，请你上来作图并解释．

（生 3 走上讲台，面对全体学生，作过中点 L 的平行线）

生 3：因为这条线是线段的中垂线，所以它上面的每一点到两端点距离就相等了．

【点评】当学生语言叙述不清楚时，有两种情况：一种是学生自己知道问题的实质，但是语言表达不明确；另一种就是将问题理解错了．为了解学生真实思想状况，教师让学生到黑板上作图并解释，进一步引发学生看图思考点 M 的几何特征是否符合要求．教师适时暴露学生的思维过程才能纠错改正．

（有几个学生举手）

师：看来这位同学有话说，请你表达一下你的观点．

生 4：不对，她说的不对．（边说边比划，很急切）

师：这样，你也上来，边作图边说．

（生 4 走上讲台，教师让生 3 旁听）

生 4：我们研究的是 M 点到 F 点的距离等于点 M 到直线 L 的距离．而不是到两点的距离．比方说她取的这一点，就不符合到 F 距离和到直线 L 的距离相等．（在图上取一点说明）

师：大家同意他的说法吗？

生：（齐声）同意．

师：（问生 3）你同意吗？

生 3：同意．

师：让我们为这两位同学的精彩发言鼓掌．（鼓掌）

师：生 3 的方案是有问题的，这些点都不符合 $|MF|=d$，（教师擦去不合题意的点）．有同学能再找到准确的 M 点吗？

（现场沉默，学生陷入困境）

【点评】再次要求学生画图找出符合条件的点 M，引导学生理解"边界上每一点 M 到 F 点的距离与到直线 L 的距离相等"的图形表示，同时引导学生在遇到困难时不要放弃，深研下去．

师：我们发现再找一个准确的这样的 M 点是如此的困难．我们能不能退而求其次，拿直尺估画出一个这样的 M 点呢？谁愿意来试探一下．

【点评】严格的作图难以找出点 M，教师要求学生估画出这样的点，体现了教师能适时根据学生学习情况及时将"作图"降低为"估画出",这样降低操作技术上的难度,保留探究问题的本质特征的调整使教学既符合逻辑,又符合学生认知特点,使得教学继续推进下去.

(有学生举手,教师示意生5,生5上讲台估计画出一个M点,教师拿直尺核对,发现误差极小,师竖起大拇指)

师:我们实验高中的同学真是准啊.误差好小啊.但我们不得不承认,这样的估计画图多少还是存在误差的,也是不严谨的,对吗?

生:(齐声)对.

师:我们迫切需要一种作出一般M点科学的方法.(学生点头)现在我们来观察M点的特征,既然$MF=d$,设垂足是A,即$|MF|=|MA|$.要想实现$MF=MA$,那么M点一定将在线段AF的……?

生:(齐声)中垂线上.

师:好的.(连AF),还有MA和L是垂直的,所以我们可以认为M点是线段AF的中垂线和过A作L垂线的……?

生:(齐声)交点.

师:非常好.那我们是不是可以这样来生成一个M点,先在直线L上任取一点A,连结AF后作出AF的中垂线,再过A做直线L的垂线,L的垂线与AF的中垂线的交点就是M点.大家同意老师的说法吗?

生:(齐声)同意.

师:其实我们可以按刚才的方式再实施一遍核实一下.对吧.

(教师在直线L上又取一点A,师生互相配合,一起寻找出M点)

(师指着图,问学生)

师:这样A点的位置不同了,是不是还保持有$|MF|=d$啊?

生:(齐声)是.

师:我们知道,边界上的每一点M都具有$|MF|=d$,每一个这样的M都在边界上.这样边界就可以理解成动点M点……?

生:(齐声)点集.

师:是的,每一个M点都可以按照刚才我们研究的流程作出.这样边界就形成了.但是,我们要承认手工每作一个M点都很麻烦,所以我做了一个程序来实现取所有M点的过程.在此想聘请一位同学来做程序控制员来启动这些程序,有哪些同学愿意操作体验一下.

(学生纷纷举手)

师:(对生6)好,请你来.

(生6按照教师的口令,操作前5步)

师:我们大家再来体会一下,这样的做法是不是真能保证$|MF|=d$.

生：(齐声)是！

师：(对生6)执行第六步,运动 A 点.

(生6操作,屏幕上 A 点移动后带动 M 点运动, M 点的轨迹被跟踪,画出一道美丽的曲线,学生情不自禁地发出"哇"的感叹声)

师：(对生6)操作员,请你说一说,你发现了什么？

生6：我发现 M 点的集合构成了一条曲线.

师：(对生6)这条曲线上的每一点具有什么特征？

生6：$MF=d$.

师：(对生6)和我们刚才手工画 M 点有什么不同？

生6：没什么不同.哦,对了,这样 A 就跑起来了, M 点就全部画出来了.

师：好的.同学们,让我们以热烈的掌声感谢操作员同学.(学生鼓掌)

师：我们发现, M 点形成了一条美丽的曲线,我们把这种美丽的曲线叫作……？

生：(齐声)抛物线.

【设计意图】 这一部分目标是探究抛物线的定义,笔者设计了三个小环节：1.得出边界上的点的特征,并初步确定一个边界上的 M 点.2.师生合作得出一般 M 点的画法.3.几何画板软件操作,得出 M 点点集形成的曲线.这样设计的主要意图有：

(1)每一个环节都试图让足够多的学生参与进来.其中环节1安排学生回答,环节2安排学生上黑板画图解读,环节3安排学生充当程序操作员,处处体现出学生参与第一的原则.这里教师不单是知识的呈现者,不能是知识权威的象征,不能不顾学生的思维规律和现状.而应该重视学生自己对各种现象的理解,倾听他们时下的看法,思考他们这些想法的由来,并以此为据,引导学生丰富或调整自己的解释(皮亚杰语).所以笔者在设计时并没有准备越俎代庖,而是试图引导学生在多角度全方位的思考后在脑海中形成 $|MF|=d$ 的动点 M 的画法和曲线特征.这一切都是他们自己主动参与探究的结果,让学生体验探究的成功与收获.

(2)环节与环节之间环环相扣,层层深入.从"先找出一个这样的 M 点到再找一个 M 点方法",从"估画一个 M 点再到画一个准确的一般 M 点"的设问方式都符合从特殊到一般,从感性到理性的规律.教师循循善诱,步步为营,将探究过程一点一滴推进,从而加强学生的科学精神的培养和思维严谨性的锻炼.最后通过程序操作员之手利用几何画板软件将点 M 组成的几何呈现出来,再从更高的感性上来认识抛物线.体现出螺旋上升的教学过程,为下一步更高的理性认识——抛物线定义做好铺垫.

(3)深化概念,动态生成.在学生探究点集组成什么曲线时,教师不断地强调

M 满足 $|MF|=d$ 的几何特征,这是抛物线的本质属性,是抛物线定义的核心.教师从问题 1 开始到曲线生成一直强调共有 8 次之多.这一次次的强化既能深化抛物线的核心概念,使得整个课堂主线明确,重点突出,又能进一步在学生的头脑中设疑,相信"这到底会是什么曲线呢?"这个问题一直盘旋在学生脑海,直到最后一刻计算机软件生成抛物线图像后才真相大白,学生恍然大悟:"哇,原来是这样的."这样富有悬念的设计会使探究过程一波三折,柳暗花明,相信比平铺直叙的课堂效果要精彩很多.

3. 步步深入,成果生成

师:你能根据我们探究的过程,从点的几何特征出发给出抛物线的定义吗?

师:有同学愿意来分享一下你的成果吗?

(学生纷纷举手)

师:(对生 7)好,这位同学,你来说抛物线的定义,我来写,我们合作一下,好吗?

生 7:好的.平面内与一个定点 F 和一条定直线 L 距离相等的动点 M 的点集叫作抛物线.

师:(板书好后追问)还有吗?

生 7:定点 F 不在 L 上.

师:好的.追加条件定点 F 不在直线 L 上.(同时板书)

师:可以了吗?

生 7:可以了.

师:那你帮我们分析定义的关键词有哪些?

生 7:平面内,定点 F,定直线 L,距离相等,定点 F 不在定直线 L 上.

师:好的.平面内是因为我们研究的是平面解析几何,动点 M 满足 $|MF|=d$ 这是本质特征,你能帮我们解释一下为什么点 F 不在定直线 L 上吗?

生 7:因为如果定点 F 在直线 L 上,满足 $|MF|=d$ 的 M 点构成的集合不是抛物线.

师:(板书画图)那我继续追问你,点集是什么?

生 7:M 就是定点 F.

师:M 点只能与 F 重合,是吗?(点出 F 点)

生 7:是的.

师:好的,请坐.(这时,有学生举手)

师:(对生 8)请你表达一下你的观点.

生 8:我认为生 7 说的不对,当定点 F 在定直线 L 上时,满足 $|MF|=d$ 的 M 点不止就 F 点一个,我发现过 F 做 L 的垂线,垂线上的点 M 都符合 $|MF|=d$.

师:你是说当定点 F 在定直线 L 上时,满足 $|MF|=d$ 的点 M 的集合是……?

生8:过点 F 做的直线 L 的垂线.

师:好的.大家同意他的观点吗?

生:(齐声)同意.

师:生7成功地给出了抛物线的定义和定义的关键词,生8则对关键词作出了正确的解读.两位同学的发言都很精彩,让我们一起为这份精彩鼓掌.(掌声)

师:我们把抛物线定义中的定点 F 叫作抛物线的焦点,定直线 L 叫作抛物线的准线.焦点 F 到准线 L 的距离 p 叫作焦准距.显然 p 的范围是……?

生:(齐声)大于0.

(教师操作电脑,屏幕展示抛物线定义)

师:好的.我们已经成功地从曲线上点的特征来定义了抛物线.这是抛物线的本质属性.但同时我们要注意到,这是从形的角度刻画了抛物线.而解析几何是用代数来研究几何,我们曾经用方程来刻画了椭圆,那我们能不能类比椭圆,也从数的角度来刻画抛物线呢?

(学生深思)

师:那我们最好是来研究抛物线的……?

生:(齐声)方程.

师:那我们现在想求抛物线的方程,要类比椭圆中求方程的步骤.1.是建立适当的坐标系;2.设出动点的坐标;3.写出等量关系;4.代入坐标运算;5.化简检验.我们把这样的主要流程简称……?

生:建设现代化.

师:太棒了.那现在求抛物线的方程,怎么建立坐标系比较好呢?请大家分小组打开刚刚发的抛物线图纸,讨论、确定方案以后用记号笔将 x 轴、y 轴、O 点标在图纸上.

(学生分组讨论,气氛热烈,老师巡视指导,讨论有3分钟)

师:我们请第一小组展示一下建系成果.

小组代表1:(向全体学生展示)我们小组讨论的结果是取点 F 到 L 垂线段的中点为点 O,OF 所在的直线为 x 轴,过 O 点垂直 x 轴的直线为 y 轴.

师:这样建系以后焦点 F 坐标和准线 L 方程分别是多少?

小组代表1:焦点坐标 $F(\frac{p}{2},0)$,准线 L 的方程是:$x=-\frac{p}{2}$.

师:好的.这样建系的确是一个比较优秀的方案,还有小组有不同的方式吗?

(小组代表2举手)

师:好.有请你来展示一下你们组的成果.

小组代表 2：（向全体学生展示）我们小组讨论的结果是取 F 点到 L 垂线段的中点为 O 点，OF 所在的直线为 y 轴，过 O 点垂直 y 轴的直线为 x 轴．

师：这样建系以后焦点 F 坐标和准线 L 方程分别是多少？

小组代表 2：焦点坐标 $F(0, \frac{p}{2})$，准线 L 的方程是：$y = -\frac{p}{2}$．

师：请你说一说你们是怎么想到的？

小组代表 2：我们是把图像旋转了一下，发现这样建系挺好的．

师：好在哪呢？

小组代表 2：这样抛物线在坐标系内的形状就像极了二次函数的图像表现．

师：这样就把以前学习的知识又有可能联系起来．太棒了．你们简直就是天才！（学生鼓掌）

师：还有小组有不同的方案吗？

（没有人举手，表示都是这两种方案里的某一种）

师：同学们自主探究出两种建系的方案，应该说这两种方案都很对称和谐，大家的展示很精彩，我们一起为大家的精彩合作与分享鼓掌！（鼓掌）

师：（将第 2 种建系方案贴在黑板上）大家已经建好坐标系了．接下来就是要"设现代化"求抛物线的方程了．请 1、2、3、4 组按方案一，5、6、7、8 组按方案二的建系原则，来求一下抛物线的方程．（学生动手演算，教师巡视指导，过程约有 5 分钟）

师：好．大家基本上都有演算结果了，哪个小组愿意来分享一下你们的成果．

（不少小组代表举手）

师：好的，有请这位小组代表．

小组代表 3：（走上讲台，面对全体同学）我们先以建系方案一为例，在抛物线上任意取一点 $M(x, y)$，由等量关系 $MF = d$，然后代入坐标运算 $\sqrt{(x - \frac{p}{2})^2 + y^2} = \left| x + \frac{p}{2} \right|$ 然后平方就得到 $y^2 = 2px$，（边说边板书），方案二呢，也是类似这样操作的．最后的结果是 $y = \frac{1}{2p} x^2$．

师：请你说说你有什么发现？

小组代表 3：我发现了它们方程的形式都很简单．还有就是方案 2 得到的方程能说明抛物线有二次函数的图像表示可能．当然方案 1 得到的不是二次函数．但是它得到的方程形式挺好的．

师：好在哪呢？

小组代表 3：左边是一个字母的平方，右边是 2 倍 p 乘以另外一个字母．

师：你能把方案二得到的方程也写成这种形式吗？

小组代表3:可以的.(板书)$x^2 = 2py$

师:这样形式上就统一了.

小组代表3:对.

师:让我们以热烈的掌声感谢这位小组代表的精彩发言.

师:得到这样美妙的抛物线方程源于优秀的建系方案.我们再来回顾一下这样建系的特征:即抛物线的顶点做……?

生:(齐声)原点.

师:抛物线的焦点在……?

生:坐标轴上.

师:太好了.我们把这样的建系得到方程叫作抛物线的标准方程.(板书)

师:应当承认,这样建系的方式应该还有焦点在x轴负半轴和y轴负半轴上的.(展示自备的建系图纸,学生点头表示同意)

师:这样得到的方程应该叫作……?

生:标准方程.

师:太棒了.那么标准方程的其他形式,请大家课后再探究.

【设计意图】这一部分主要是得出抛物线的定义以及推导抛物线的标准方程,笔者设计分成了两个小环节:(1)总结抛物线的定义与对定义的解读;(2)探索抛物线的标准方程.主要意图有:

(1)体现合作探究的意识.环节1中由学生口述,教师板书,这是师生合作.环节2中分组探究建系方案与求抛物线方程,这是学生之间的合作.数学学习不仅需要学生的独立思考,更需要合作交流.大家在合作中交换各自的想法,然后再汇总起来以一个更好、更全面的形势呈现出来,让不同层次的学生都能体会学习的乐趣与成功的喜悦,这是一件多么美好的事情.

(2)塑造科学严谨、精益求精的理性精神.环节1学生表达抛物线的定义时,容易对F点不在L上遗漏,教师要适时启发补漏.并对为什么当F点在L上时,动点M的集合组成什么曲线进行追问,不在定义形成上留死角,有利于养成科学严谨的思维习惯.另外,笔者在建系的设计上不是问"有哪些建系方案",而是让小组"画出讨论后的最优方案",迫使学生分析比较各种可能的建系方法,体现精益求精的探索过程.

(3)强化数形结合,类比对比的思想方法.从环节1抛物线定义到环节2抛物线标准方程的求法,是从"形"到"数"的转变,是解析几何基本思想的体现.这里笔者注重过渡语言的表达,强调解析几何研究曲线的思想和一般步骤,使得整个过程轻松自然,顺理成章.环节2中求抛物线方程的一般过程是类比椭圆的标准方程一般过程来的,可以由学生表达,然后操作.体现出类比转化的数学思想.

(4)自主探究,动态生成.整个过程都进一步体现学生自主探究的教学理念.

特别在环节2的学生自主探究建系方案时,教师不启发,不暗示,完全由学生应用已有的数学知识自己讨论,动态生成.当然笔者也作了种种预案以保证整个课堂的连续与自然.

师:显而易见,方案三的抛物线焦点 $F(-\frac{p}{2},0)$,准线 L 是 $x=\frac{p}{2}$,而方案四的抛物线焦点 $F(0,-\frac{p}{2})$,准线 L 是 $y=\frac{p}{2}$,那么大家能根据抛物线的图像特征预测一下它们的方程吗?

生1:方案三的抛物线方程是 $y^2=-2px$,方案四的抛物线方程是 $x^2=-2py$.

师:(板书方程,鼓励地)请说一说你是怎么预测的?

生1:方案三与方案一的抛物线关于 y 轴对称,所以将方案一的 $y^2=2px$ 中的 x 换成 $-x$ 就可以得到方案三的抛物线方程 $y^2=-2px$;方案四与方案二的抛物线关于 x 轴对称,所以将方案二的 $x^2=2py$ 中的 y 换成 $-y$ 就可以得到方案三的抛物线方程 $x^2=-2py$.

师:这位同学从四种方案中的联系入手,利用对称图像方程之间的关系,成功预测出另两种建系方案下的抛物线方程.真是一种非常具有数学智慧的做法.这些以抛物线顶点为原点,焦点在坐标轴上的建系方案下(手指黑板四种建系图纸)得到的方程都应该叫作……?

生:标准方程.

师:我们已经能根据不同的建系方案即抛物线在坐标系中的大致形状得到了它们不同形式的标准方程,那么大家能从抛物线标准方程的形式判断抛物线在坐标系里的形状吗?

生2:能.我发现次数为一次的字母即对称轴,正负符号决定开口方向.

师:好的.我们已经成功地利用抛物线定义求得了标准方程,也能由标准方程形式得出曲线大致形状.由曲线得方程并由方程进一步研究曲线是解析几何的两大主旋律.带着这样的收获我们一起来看下面的问题:

【设计意图】这一部分设计主要是在已有建系方案一和方案二的基础上,进一步阐述抛物线标准方程的含义,研究标准方程的其他形式.完善了学生学习抛物线标准方程的知识体系.教学遵循教师积极引导,学生主体发现的原则.让学生最大限度地思考、比较、发现、表达.最后教师对由几何图形到标准方程和由标准方程到几何图形的关系做了点评,使得学生能深刻的体会这是解析几何的两大主旋律,为今后研究其他曲线提供思想基础.

4. 范例分析,巩固提高

例1 根据下列条件求抛物线的标准方程.

(1)抛物线的焦点坐标是 $F(2,0)$;(2)抛物线的准线方程是 $y=1$.

生3:(1)的标准方程是 $y^2=8x$;(2)的标准方程是 $x^2=-4y$.

师:你能以(1)为例,说说你的解答过程吗?

生3:首先焦点在 x 轴正半轴上,选定标准方程类型 $y^2=2px$.

然后 $\dfrac{p}{2}=2$,解出 $p=4$,最后代入即可.

师:所以一般根据抛物线的图形特征求标准方程的流程应该是怎样的?

生3:先定方程类型,然后求出 p 的值,最后代入即可.

师:这位同学给出了根据抛物线的图形特征求标准方程的一般流程,那下面大家来看一看已知方程来确定抛物线的大致形状的问题:

例2 判断下列方程是不是抛物线的标准方程,若是,请说出抛物线的焦准距 p、开口方向、焦点坐标和准线方程.

(1) $y^2=x-1$;(2) $y^2=x$;(3) $x^2=-4y$

生4:(1)不是抛物线的标准方程;

(2)是抛物线标准方程,开口向右,$p=\dfrac{1}{2}$,焦点 $F(\dfrac{1}{4},0)$,准线 $L:x=-\dfrac{1}{4}$;

(3)是抛物线标准方程,开口向下,$p=2$,焦点 $F(0,-1)$,准线 $L:y=1$

师:(1)为什么不是抛物线的标准方程?

生4:从方程形式上看,它不符合抛物线四种标准方程的任何一种;从几何特点上看,$y^2=x-1$ 不经过坐标原点,不是四种建系方案得到的.

师:生4已经学会了从代数形式和几何特征这两大方面来解释标准方程含义了,真是棒极了.那再请你总结一下由标准方程得图形特征的方法步骤好吗?

生4:先由方程类型确定抛物线在坐标系中的开口方向,然后求出 p 的值,最后焦点坐标和准线方程就随之确定了.

思考练习:请说出农夫取水问题的解决步骤.(课件展示农夫取水问题:直线 L 表示一水渠,定点 F 表示一水井,点 F 到直线 L 的距离为定值 $p(p>0)$,假设水渠和水井内都有足够的水,本着就近取水的原则,请在菜地中作一个边界,使得位于边界一侧的点到水渠 L 的取水,位于另一侧的点到水井 F 处取水.)

生5:步骤1:作出以 F 为焦点,L 为准线的抛物线.

步骤2:以抛物线为界,与 F 同侧的区域到 F 点取水,与 L 同侧的区域 L 取水.

师:我们终于帮农夫解决了如何取水这一难题,那你能求出边界这条抛物线的标准方程吗?(重读"标准")

生5:分别有四种建系的方式.得到的标准方程分别是:$y^2=2px$,$x^2=2py$,$y^2=-2px$,$x^2=-2py$.

【设计意图】(1)例1让学生由图形特征(焦点坐标,准线方程)得标准方程;例2中先让学生判断方程是不是标准方程,再由标准方程得主要几何特征(如开口方向,焦点坐标,准线方程等).这样的正反多角度转化既有利于学生进一步界定好抛物线标准方程和图形之间的对应关系,避免发生错位,也深化了解析几何思想方法的渗透,为以后的研究构建了框架;同时也对学生的正向思维和逆向思维进行了很好的锻炼.

(2)思考练习的设置与开头提出的农夫取水问题相呼应.让学生体会"数学是有趣的,数学是有用的"(张思明语),启发学生数学不仅来源于生活,更应用于生活.最后让学生口述了一下抛物线的标准方程突显了抛物线的代数特征,再一次让学生回想四种不同的建系方案与各自的标准方程,与本节课的主题与解析几何思想再次呼应.

5. 课堂总结,布置探究方向

师:现在我们大家一起来回顾一下我们这节课都研究了什么.

生9:我们这节课研究了抛物线的定义,然后又寻找了抛物线代数特征,也就是标准方程.

师:那我们是怎样研究的呢?

生9:研究定义是从抛物线上点的几何特征上入手的,研究代数特征是先建立坐标系然后再求方程的.

师:你有什么收获呢?

生9:我发现抛物线来自于生活,几何特征优美,标准方程形式简洁.同时我体会到数形结合的美妙.

师:感谢这位同学的总结.(鼓掌)

师:最后老师给一些课后研究的提纲.(屏幕显示课后研究提纲1.二次函数$y=ax^2+bx+c(a\neq0)$的图像是一条抛物线,请写出它的焦点坐标和准线方程;2.请你根据抛物线的定义,应用生活中一些工具,做一个画抛物线的仪器;3.生活中有很多抛物线的实例,请收集相关资料(可百度),写一篇关于抛物线应用的小论文)这些都是很有趣的课题.希望同学们可以继续研究,相互交流,形成成果.短短的45分钟就快要结束了,在这里老师谢谢同学们的积极参与.希望同学们用老师赠送的篮球,在操场上画出美丽的抛物线,也希望大家用心体会这节课的知识与方法,在以后的学习过程中研究更多更美的曲线.好的,这节课就上到这里.谢谢大家.(掌声)

师:下课.
生:老师再见!
师:同学们再见!

七、板书设计

课题:3.2.1 抛物线及其标准方程	
定义 图示区	
二、标准方程	
展示建系方案一(图纸)	展示建系方案二(图纸)
练习演算区	
推导过程区	推导过程区

八、教学总结与反思

1. 学生参与和教师引导

建构主义学习观认为:学习意义的获得,是每个学习者以自己原有的知识经验为基础,对新信息重新认识和编码,建构自己的理解.本节课设计时笔者就围绕"尽可能让所有学生参与进来"做了周密的部署.对学生发言、讨论、走上讲台演说操作、纠错总结等诸多环节作了充分的准备.课堂现场教师发言不多,主要是以精练的语言安排和过渡,主导课堂的走向与流程,努力给学生搭建了一个自我思考与展示的平台.在保证了课堂的严谨性和流畅度的前提下充分调动了学生的积极性.虽然这样的设计与操作面临着学生思考走偏和课堂超时等方面的挑战(事实证明的确如此),也对教师课堂的教学能力与智慧提出更高的要求.但这不应该是教师照本宣科灌输知识强拉硬塞的理由.如果不突出学生的主体地位,谈何优质课?事实上,这样的理念在本节课上也得到了丰硕的回报,如学生都以中点为原点建系就与生3强调的垂线段的中点有关;小组2的建系方法就与课堂开头教师启发二次函数图像是抛物线遥相呼应.这些都是学生在参与第一的教学设计引导下通过自己的分析、比较与思考得到的结果.美国教育家苏娜丹戴克有句名言:"告诉我,我会忘记,做给我看,我会记住,让我参与,我就会完全理解."

2. 教材的二次开发

众所周知,数学教材是数学知识体系的载体.它是众多教育专家、学者的智慧结晶,凝结着广大前辈同仁的心血.北师大版高中数学教材在编排上极富时代性和层次感,体现出了螺旋上升的课改理念,经历了多年打磨,在新课程教学一线享有极高的声誉.然而,在实践过程中,笔者认为"尽信书不如无书",一律生搬教材是不可取的.我们应该根据教学目标和实际情况,认真细致地对教材实施二次开发,做到从"教教材"到"用教材教"再到"创造性地用教材教"的转变.本节课上,教师一改教材上先给出抛物线定义再画抛物线的生硬做法,而是通过富有生活气息的"农夫取水问题"提出寻求边界的做法,轻松自然.另外在画抛物线时为了更好地突显动点 M 的几何特征,将教材上直尺三角板的抛物线画法用了交轨法代替,直观动感.同时把书上的画法移至课后研究性学习的提纲中,成为学生课后探究的一个课题,实现了首尾呼应.还有教师也改变了教材上直接建系的策略,而是把最优建系的权利分发给各个小组.让学生讨论决定,这样就调动了学生的积极性,让学生有了分析、比较、合作、争鸣的空间与时间.从结果上看,学生也真的提出了其他很优秀的建系方案(如方案2).这些都达到了对教材二次开发的良好预期效果.

3. 理性思维与人文关怀

千教万教,教人求真,千学万学,学做真人(陶行知语).高中数学更是一门培养学生理性精神的学科.因此数学课堂就要特别注重对学生逻辑性和严谨性的培养.本节课的课堂活动中,教师注意表述的规范性(如把学生表达垂线的中点纠正为垂线段的中点),更注重学生数学思维严密性的塑造(如先让学生估画一个 M 点然后探究一般 M 点的画法,再如将学生求出的抛物线方程化成统一形式)无不投射出理性精神.真正做到了一字一句认真推敲,一笔一画仔细斟酌.

与此同时,我们还要注意到,数学教育归根到底是人的教育.我们的服务对象是十六七岁的蓬勃少年,所以我们不能提供冷冰冰的课堂氛围,在教学中更要体现数学文化,关注数学内容的呈现方式.努力做到:有趣,有用.本节课中教师除了在知识设计上尊重每一位学生,努力让学生的思维都动起来,更在一些细节上给予他们更多的人文关怀.比如:双手传递直尺给学生,弯下腰认真倾听学生的发言,在生3判断有误的情况下让她上讲台发表自己的观点,在学生直接寻找精确 M 点一般方法有困难时降低要求为估画一点 M……这些都能让学生感受到数学的学习过程,并融知识的取得、身心的发展、品格的完善为一体.比赛结束后,笔者接到好几位当天上课学生的电子邮件(主要是谈学习数学的感受与困惑).我想主要是那天课堂现场让学生觉得数学好玩,享受到数学学习的乐趣,同时也使学生在数学课堂上感受教师的人文关怀."数学是有趣的,教育是温暖的".笔者窃以为这就是数学教育乃至整个教育的真谛.

4. 教学是一门遗憾的艺术

有人说:人生是一支单行道,不存在回头重来一次.很多事只有等到经历了以后我们才会反思:如果那样会不会更好? 课堂教学也是一样. 回顾本节课,笔者自认为最大的遗憾就是前面探究抛物线的定义与标准方程的过程占据的时间较多,在限时 45 分钟完成课堂教学的情况下,导致课堂上有一个重要的环节——例题讲解与练习没有展开. 笔者将从遗憾产生的原因与对遗憾的体会进行反思:

原因1 教师对学生的学习情况了解不够,准备不足

淮北实验高中的学生课堂上很积极主动,表现出很好的数学基础和研究素质. 可是目前他们才刚上完必修,选修 2-1 还没有上到. 解析几何基础也只有必修 2 里直线与圆的相关知识,很多解析几何里的思想方法还没完全掌握. 比如教师在提出类比求椭圆标准方程过程来建系求抛物线方程时,学生一脸茫然. 还有学生自主探究 $|MF|=d$ 的坐标形式时明显进程受阻,可能是两点间的距离坐标公式还没有学习(也有可能是长时间没用忘记了),比较优秀的同学是构造了直角三角形用勾股定理求出了 $|MF|=\sqrt{(x-\frac{p}{2})^2+y^2}$,却走了弯路. 另外,事先准备用展台展示学生的这部分演算过程,当时因展台切换不出来,只好让学生上黑板演算一遍,浪费了不少时间. 导致后来只能很仓促地将课前准备好的例题练习一带而过.

原因2 教师在课堂上的教学智慧有限,应变迟钝

回顾课堂流程,要想回避这一现象发生. 其实还是有机会的. 比如:生4纠正了生3的 M 点在 F 作 l 的垂线段的中垂线上的错误后,如果教师不按事先准备的流程请学生估画然后分析 M 点特征,而是直接引导 M 点在 F 点与哪个点的中垂线上呢? 这样就更有利于引出垂足 A 点出现. 事实上生3的回答在我意料之外,根本就没心理准备,课堂上也没来得及考虑这么多,所以就失去了一个绝好的就地取材的好机会. 还有在教师提出了类比求椭圆标准方程的方法来求抛物线的方程时发现了学生一脸茫然的表情后是不是可以果断更改原来的教学设计,主动地在黑板上体现出求方案一建系下的抛物线方程,暂时把学生小组合作探究的权限收回来,等教师示范完毕以后再把权限放给学生. 这样不仅会大大节省时间,还能进一步培养学生严谨科学规范的数学表达过程,优化教学效果. 可惜当时错过了. 以上都表现出教师临场应变的能力不足,教学的智慧有限.

【点评】

《抛物线及其标准方程(第一课时)》是选修 2-1 第三章《圆锥曲线与方程》的 3.2.1 节内容. 具体包括抛物线的背景、画法、定义、方程和应用五个部分. 本节核心概念课自然应关注两个方面的问题:抛物线定义和抛物线的标准方程. 其中第一个问题的关键是对"抛物线上点的几何特征"的认识,第二个问题的关键

是对"标准"含义的理解.

针对第一个问题,陈老师先通过抛球引出课题,再将二次函数的图像旋转设置认知冲突,激发了学生的探究欲,引发学生对什么是抛物线"真实身份"的思索,然后以"农夫取水问题"为情境,探究抛物线定义的形成过程.最后通过师生互动来引导学生逐步完善抛物线定义,讨论定义中"点 F 不在直线 L 上"这个条件的必要性.在定义的形成探究过程中,有直观感知,有动手操作,有理性分析,有多媒体展示等活动,这一切充分体现出执教者对教学内容的深刻理解,注重了教材的灵活科学处理,源于教材又不拘泥于教材,同时分寸拿捏得恰到好处,体现出执教者深厚的教学功底,展现了教学的艺术性.

针对第二个问题,陈老师通过类比椭圆的探究流程,由学生分组讨论,并交流汇报讨论展示成果.通过分析与比较,明确哪种建系方式所得的抛物线方程最简洁美观,并把这个方程叫作抛物线的标准方程.最后明确抛物线标准方程的四种形式特征和它们之间的关系,加深学生对抛物线标准方程中"标准"二字含义的理解.这一环节,明确体现出了研究曲线方程的一般流程,并不断深化解析几何"坐标法"的基本思想.种种活动的进行突破了教学的难点,同时也突出了重点;训练了学生科学的思维方式,培养了学生的数学能力与数学思想.

总之,这节课结构清晰、环节紧凑,同时探究性强,生成与预设相映生辉.教师在教学中以知识为载体,又结合翻转课堂的理论和实践,重视留有时间和空间,放手让学生自主学习研究,充分地体现了课堂教学中"以学生为主体,教师为主导"的课堂教学理念,取得了理想的效果.

点评人 安徽省教科院 徐子华

案例4 平行关系的判定

安徽省合肥市第六中学 黄海波

【教材分析】

本节教材选自北师大版数学必修Ⅱ第一章第五节,本节内容在立体几何学习中起着承上启下的作用,具有重要的意义与地位.之前的课程已学过空间点、线、面的位置关系及4个公理.结合有关的实物模型,通过直观感知、合情推理、探究说理、操作确认,归纳出直线与平面平行的判定定理.本节课的学习对培养学生空间感与逻辑推理能力起到重要作用,特别是对线面平行的性质、面面平行的判定与性质的学习作用重大.

【学情分析】

通过前面课程的学习,学生对简单几何体的结构特征有了初步认识,对几何体的直观图及三视图的画法有了基本的了解,对空间图形的基本关系也有了大致的了解,初步具备了最朴素的空间观念.由于刚刚接触立体几何不久,学习经验有限,对高一年级的学生而言,学习立体几何所应具备的语言表达能力及空间想象能力相对不足,他们从具体实例中抽象概括出问题的数学本质的能力相对欠缺,对判定定理的探索发现还存在一定的困难,需要教师的教学引导.

【教法分析】

新课程倡导学生自主学习,要求教师成为学生学习的引导者、组织者、合作者和促进者,使教学过程成为师生交流、积极互动、共同发展的过程.

本节课的教学遵循从具体到抽象的原则,适当运用多媒体辅助教学手段,借助实物模型,通过直观感知,合情推理,探究说理,操作确认,归纳出直线与平面平行的判定定理,将合情推理与演绎推理有机结合,让学生在观察分析、自主探索、合作交流的过程中,揭示直线与平面平行的判定定理、理解数学概念,领会数学思想方法,养成积极主动、勇于探索、自主学习的学习方式,发展学生的空间观念和空间想象能力,提高学生的数学逻辑思维能力.

【教学目标】

1. 知识与技能

通过直观感知—观察提炼—操作确认的认识方法初步理解并掌握直线与平面平行的判定定理.初步掌握直线与平面平行的画法并能准确使用数学符号语言、文字语言表述判定定理.培养学生观察、探究、发现的能力和空间想象能力、逻辑思维能力.

2. 过程与方法

通过对空间直线与平面平行的判定定理的感知、提炼、论证以及应用的过程,培养学生发现规律、认识规律并利用规律解决问题的能力.

在定理的获得和应用过程中进一步渗透化归与转化的数学思想,渗透立体几何中将空间问题降维转化为平面问题的一般方法.

3. 情感态度价值观

通过本节课的学习,进一步培养学生从生活空间中抽象出几何图形关系的能力,提高演绎推理、逻辑记忆的能力.让学生在观察、探究、发现中学习,在自主合作、交流中学习,体验学习的乐趣,增强自信心,树立积极的学习态度,提高学习的自我效能感.通过师生、生生的合作学习,增强学生团队协作能力的培养,增强主动与他人合作交流的意识.

【教学重点】

直线与平面平行的判定定理的初步理解和简单应用

【教学难点】

从具体情境发现并归纳出直线与平面平行的判定定理以及对定理的理解

【教学过程】

1. 关于复习回顾与新课引入

【教学实录】教师简单回顾了之前学习的课程内容后,面向全体同学提出问题:根据公共点的情况,空间中直线 a 和平面 α 有哪几种位置关系?

生1:直线与平面平行、相交以及直线在平面内.

师:对.

师:请同学们用图形将空间直线与平面的三种位置关系表示出来.

同时,请一位同学(生2)上黑板作图(生2作图很规范).

教师对生2的规范作图作正面肯定,并借用实物投影展示其他同学作出的有代表性的图形,进一步强调规范作图的重要性.

接着,教师用多媒体展示了空间直线与平面的三种位置关系的三种语言表示.同时强调,我们把直线与平面相交或平行的位置关系统称为直线在平面外,用符号表示为 $a \not\subset \alpha$.

然后,引导学生回顾总结空间直线与平面的三种位置关系是按照直线与平面的公共点的个数来分类的.

教师指出,直线在平面内的情形公理1已经解决,直线与平面相交的情形将在后续课程中研究,本节课我们将研究直线与平面平行这一位置关系.

面向全体同学提问:根据直线与平面平行的定义(没有公共点)来判定直线与平面平行你认为方便吗?谈谈你的看法.

(学生七嘴八舌地讨论后)生3认为由直线的无限延伸性和平面的无限延展性,直观上仅由定义不易判定直线与平面平行.

(让同学体会本节课学习的必要性,引出课题)

【设计意图】教学预设以生本教育观为指导,充分尊重学生的学习主体地位且学生活动充分.从建构主义理论来看,学生原有认知结构是新授课的基础.本节课学生已有的知识储备是直线与平面平行的定义.教学预设从数学学科内部发展的顺序来说明本节课学习任务的确定,从数学学科内部发展的需要来引起认知冲突并说明本课学习的必要性,逻辑性强,利于知识系统的主动建构.

【教学反思】1.课后了解到本节课的教学班级不是前一天参与过优秀课评比活动的班级(前一天有8个班级的同学作为此次评比活动的授课对象,学习了第4节第一课时内容:空间图形基本关系的认识).好在主办单位在当天上午要求参与活动的班级的同学作了必要的预习再加上该校生源状况较好,使得新课引入能够顺利进行.由于课前对授课对象的知识基础了解不足,客观地讲,本课的预设是有风险的.

2.关于用定义直接直观判定空间直线与平面平行不具操作性的认识,由于缺乏形象直观的投影展示,不排除少数同学未必能深刻领会到学习新课的必要性.此处,可以借助多媒体动画给出图形(如上图所示),让学生判断直线 a 与平面 α 的位置关系,并借助动画分别说明此图中的直线 a 与平面 α 既可能平行也可能相交,直观、清晰地向同学们说明用定义直接直观判定空间直线与平面平行不具操作性,充分说明本节课学习的必要性.让空间想象能力相对不足的同学也能获得足够的认知体验,获得尊重.

2.关于定理的动态生成过程

【教学实录】教师引导同学们根据日常生活的观察体验,提问:从直观上感知哪些实例给我们以直线与平面平行的印象?

生4:教室的日光灯与地面平行.

生5:黑板的边缘与地面平行.

生6:课桌上的笔与地面平行,足球场上球门的横梁与足球场平行……

从同学们列举的日光灯的实例出发,提问:如果将日光灯平稳下降,日光灯与地面越来越近,最终……?

生7:最终日光灯管会落到地面内来.

师:对,日光最终灯管会平稳地落到地面内来.

教师利用多媒体动态演示这一过程,并将原来日光灯所在直线记作 a,平移到地面(记作平面 α)内之后记作直线 b,提出问题:直线 a 与 b 是什么位置关系?

众生:$a \parallel b$.

师:直线 a 与 b 有没有公共点?

众生:没有公共点.

师:在平面α内平移b,得到直线c,则直线a与c是什么位置关系?

众生:a∥c.

师:直线a与c有没有公共点?

众生:没有.

师:直线a能与平面α内的无数条直线都平行吗?

学生思考片刻,即作出准确的回答.

师追问,直线a与平面α内的这无数条直线有公共点吗?

众生齐答:没有.

师继续提问:反过来,直线a与平面α内的无数条直线都平行,则a与平面α平行吗?同学们充分讨论后,认为答案是肯定的.

教师追问:为什么?

生8:这无数条平行线直线可以组成平面,而直线a与它们均没有公共点,故直线a与平面α没有公共点.

教师继续追问:直线a与平面α没有公共点意味着什么?

生8:直线a∥α.

教师充分肯定同学的发现后,借助几何画板软件动态展示了直线"铺满"平面的过程(如右图所示)并规范了学生的表述,揭示了其数学本质.

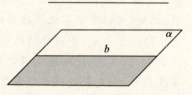

之后,教师追问:需要平面外的直线a与平面α内的无数条直线都平行吗?

众生齐答:不需要!

教师追问:几条就可以了?

众生齐答:一条!

教师继续追问:为什么?

生9:平面内的无数条直线都可以通过平面内的一条直线平移得到.

师:非常好.

教师抓住时机,面向全体同学发问:大家能得到空间直线与平面平行的一个判定方法吗?

同学们思考片刻后,生10举手发言,教师及时肯定学生并纠正其提法,得到定理并板书(教师带领全体学生齐声诵读定理内容):

定理5.1 (直线和平面平行的判定定理)平面外的一条直线与平面内的一条直线平行,则该直线和此平面平行.

师:"该直线"是指哪条直线?

众生:平面外的那条直线.

接下来,教师引导学生通过动手实验操作,进一步确认定理的正确性.

教师取出预先准备好的两张矩形纸板,请两位同学(生 11、生 12)走上讲台,生 11 将其中一个矩形的一边放在另一个矩形上并转动,观察该矩形的对边与另一个矩形所在平面的位置给人以平行的感觉,并能说明定理的正确性.教师引导生 12 将矩形折去一个角后,折痕所在直线与另一个矩形所在平面就不平行了.这样,从反面验证了定理的正确性.

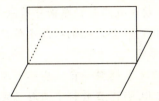
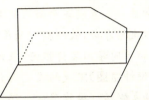

进一步地,让全体同学将课本按如图所示的方式直立地放在桌面上,并借助多媒体动画演示,引导学生探究思考书页的边缘所在直线与桌面、与另一张书页所在平面的位置关系,进一步巩固对定理的理解.

然后,请同学们考虑该定理用符号语言应当怎样表述?并请一位同学(生 13)上黑板板演,教师及时纠正.

师:定理前提条件中的三个关键词是什么?

生 14:"平面外""平面内""平行".

符号语言:$\left.\begin{array}{r}a \not\subset \alpha \\ b \subset \alpha \\ a \ // \ b\end{array}\right\} \Rightarrow a \ // \ \alpha$ 图形语言:

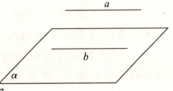

教师适时借助多媒体突出显示定理中的关键词.

接着,教师打出投影并面向全体同学提问:

请指出我们在"空间图形的基本关系"一课中用如图所示的图形表示空间直线与平面平行的合理性.

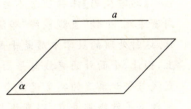

生 15:直线 a 与表示平面的平行四边形的一边平行.

师:很好.

为防止学生因为思维定势造成的负迁移,教师通过实物展示空间直线与平面平行的其他情形(将上图中直线 a,b 作水平旋转得到如右图所示的情形),强调只要在平面内找到一条直线与平面外的直线平行即可.

最后,教师引导学生指出此处渗透的处理立体几何问题的基本思想:将空间问题降维转化为平面问题解决(线线平行 ⇒ 线面平行).

随后,为深刻理解定理,教师给出如下的:

想一想

判断下列命题的真假并说明理由:

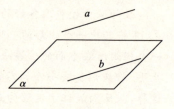

①若一条直线不在平面内,则该直线与此平面平行.(　　)

②若一条直线与平面内的无数条直线平行,则该直线与此平面平行.(　　)

学生思考后,教师提问两位同学(生16、生17),并要求他们修改条件使命题正确.两位同学回答得很好,教师对他们提出了赞赏.

【设计意图】定理的发现与论证过程采用了"观察模型—直观感知—理性分析—抽象概括—操作确认—思考探究"的方式展开.新课程教材中回避了定理的理论证明,但考虑到数学的理性精神及良好的学情状况,在定理的生成过程中仍然强调了"说理".在教师的引导下,经过推理,生成定理.考虑到学生主体未能直接动手操作,印象未必深刻.为此,设计了两个学生活动,让他们在动手操作中体会定理的正确性,给他们充分的思考时间与空间,让他们主动建构新知.

另外,新知建构过程中,教师面向集体提问多次,个别提问10余人次,请1位同学上黑板板演.注意让学生表达,给学生展示,这样的处理也充分体现了新课程理念,师生互动充分.

定理生成后,①教师强调三种数学语言的转化,利用判定定理反观线面平行的图形表示的合理性,并通过直观演示,防止学生出现思维定势;②教师及时给出关于直线与平面平行的两个假命题,继续从反面强调定理成立的三个要素缺一不可.以上的教学预设与生成都是从学生的最近发展区设计问题,帮助学生主动辨明定理的实质,教师在其中扮演的角色仍然是一个组织者和引导者,学习的主体是学生.

【教学反思】课程理念不再强调定理的严格证明,教师为了说理,通过在平面内密集地"平铺"直线最终"布满"平面来说明直线与平面没有公共点,即线面平行.这种处理的数学本质是平面内的任一点都在平面外的直线a的某条平行线上,因此,平面外的直线与平面无公共点.但是,容易给后续的学习内容——空间直线与平面垂直的判定造成负迁移,学生可能会认为空间一条直线与平面内的无数条平行线都垂直,则直线与平面垂直,结合等角定理认为空间一条直线与平面内的一条直线垂直,则线面垂直.当然,在线面垂直的判定的教学中,我们也可以充分利用这种可能存在的负迁移来引发认知冲突,引导学生共同探究,变不利为有利,加深学生对两个问题的数学本质的理解.

3.关于定理的应用

【教学实录】在定理生成、剖析后,教师给出了一个"证一证"和一个"操作思考".

证一证:

已知空间四边形 $ABCD$ 中,E、F 分别是 AB、AD 的中点,判断并证明 EF 与平面 BCD 的位置关系.

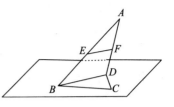

在全班同学动手尝试解答的同时,请一位同学(生 18)上黑板解答,教师及时规范学生的答题,适时点评.

师生共同总结出运用定理的关键是找线(平面内)线(平面外)平行.

教师面向全体同学提问,初中平面几何中,我们学习了哪些判定直线与直线平行的方法?

学生纷纷响应:"利用三角形的中位线、梯形的中位线、平行四边形的对边、平行线分线段成比例定理的逆定理、同位角相等、内错角相等、同旁内角互补……"

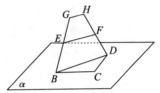

教师顺势给出一个简单的变式:如图,将△ABD 改为梯形 $BDHG$,E、F 分别是 BG、DH 的中点,判断并证明 EF 与平面 BCD 的位置关系.

学生很快得到正确的解答.接着,教师投影给出右图.

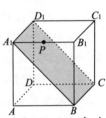

操作思考:

如图,正方体 $ABCD-A_1B_1C_1D_1$ 中,P 是棱 A_1B_1 的中点,过点 P 画一条直线使之与截面 A_1BCD_1 平行.

问题提出后,给学生足够的时间充分讨论,生 19 取 BB_1 的中点 Q,连接 PQ 便得到画法.此时,生 20 提出了不同的意见:因为平面 A_1BCD_1 是斜的,所以结论不对.

教师让生 19 说明自己画法的理由后,提出了表扬,并请其坐下.同时,教师拿出矩形纸板和细棍,走到生 20 面前,摆出"倾斜"状态下的线面平行的位置关系让她观察,生 20 恍然大悟,示意教师自己明白了,教师对她的质疑精神提出了表扬并请她坐下.

生 21 取 C_1D_1 的中点 M,得到了画法,并正确阐述了理由.

紧接着,生 22 主动提出取 CC_1 的中点 N 也可以.

师:能说明理由吗?

生 22 表示没有想好.教师引导并鼓励全体同学继续探究,约 3 分钟后,生 23 给出了证明.在教师的引导下,大家对该生精彩的回答报以热烈的掌声.

【设计意图】"证一证"是为了让学生通过动手尝试证明问题,掌握运用定理解决问题的一般方法,并进一步体会运用定理需满足的三个要点缺一不可,学生经历了解题过程后主动发现运用定理的关键是找平行线."操作思考"更是借助一题多解关注不同层次的同学的不同发展需求.

【教学反思】在"操作思考"环节,由于授课对象基本未接触过立体几何的教学内容,他们的空间观念很有限,对空间图形的认识模糊.因此,在同学们取 BB_1 的中点,C_1D_1 的中点解决问题之后,有同学提出取 CC_1 中点的方案,但不能深入,不能准确地说明理由.在这里花费了较长时间,经过教师的不断启发才有同学正确给出解释.这说明对授课对象而言,第三种解法难度较大,一旦学生在此卡壳,将使得整个教学进程受到影响.

4. 关于小结与作业

【教学实录】引导学生回忆整个课堂教学进程,谈谈自己的体会与收获.生 24(语文课代表)从知识、方法和思想等方面作了较为翔实的小结.教师及时肯定,并请另一位同学(生 25)作了补充完善,完成了课堂小结.

作业部分,给出分层作业,对不同层次的学生提出了不同的要求.

【设计意图】回避教师"走过场"式的小结,还学生以学习主体的地位,让他们自己谈体会谈收获谈疑惑,一方面带领同学们回忆整节课的内容以加深印象;另一方面也检验了教学效果,为后面的教学安排提供依据.分层作业显然尊重了不同学生的现实差异,给每个同学以平等发展的权利.

【教学反思】由于前面的"操作思考"花了较长时间,在学生小结回顾时,教师推荐语文课代表来完成.虽然也随机提问了其他同学来补充,但这样的安排一方面有对其他同学的表达能力不信任的嫌疑,另一方面也有不能客观检验教学效果的可能.从精益求精的角度考虑,这样的刻意安排在日常教学中不值得提倡.

【点评】

在 2013 年安徽省高中青年教师数学优秀课评比活动中,我校黄海波老师荣获一等奖第一名.他执教的《平行关系的判定》(第一课时)一课,是北师大版教材必修Ⅱ第一章《立体几何初步》第五节的教学内容.在本课例中,教师注重引导学生对身边事物的观察,通过直观感知、探究说理、操作确认等手段,归纳出直线与平面平行的判定定理.并通过"想一想"来深化学生对判定定理的认识,利用一个"证一证"以及一个可以多解的"操作思考"来强化定理的应用.

作为黄海波老师的指导教师,笔者结合现场观摩的感受对此课例作一点评.

1. 亮点评析

(1)注重"说理",弘扬理性精神

直线与平面平行的判定定理是高中课标中第一个不要求证明,而通过让学生直观感知、操作确认而获得的几何结论.数学学科毕竟是一门崇尚理性精神的学科,不证明并不意味着"不讲理".教师巧妙地设计了将"灯管"降至地面内,并平移以"铺满"整个平面来阐明这样一个基本事实:平面内的任意一点均在某条直线上,这条直线与平面外的直线 a 平行.因此,平面外的直线与该平面没有公共点,辅以多媒体的动态演示,学生当然不难接受.事实上,这种处理方式是借由师生活动代替了传统的"反证法"的证明,其本质是一致的.

"说理"的好处在于:其一,避免出现直接采信只经过直观操作、感知确认等合情推理手段得到的结论,误认为不需要严格证明;其二,推理过程牵涉到空间点、线、面的位置关系,有利于学生进一步理解点、线、面位置关系及几个公理;其三,有助于学生全面准确理解判定定理,同时也利于良好思维习惯与学习品质的养成.

(2)尊重学生,凸显主体地位

我们看到,课堂教学从始至终都充分尊重了学生的主体地位.无论是课堂教学的引入、定理的发现还是定理的应用,都是在教师的有效引导下,由学生自主完成的,学生是主角;教师扮演的只是一个组织者、引导者和合作者,是配角.

综观整个课堂教学,我们既看到了教师与全体学生之间的流畅问答、实验操作,又看到了个别学生的生动展示.本节课共提问了 20 人次、3 人上黑板板演、2 人走上讲台参与实验操作.

当学生回答正确时,教师都能够及时表扬,给同学以激励.同时,当学生出现表述不规范(如"b 属于 α")或理解不正确(如生 20 在"操作思考"题中的错误观点)时,教师都能敏锐地捕捉到,并耐心细致地帮其纠正,直至学生弄懂为止.这些做法充分尊重了不同层次学生尤其是相对落后的学生的学习需求,值得肯定.另外,分层设置问题(如"操作思考"题有一题多解的可能,这为不同层次的同学都提供了展示的机会),分层布置作业都体现了"不同的人在数学上得到不同的发展"的课标要求.

(3)精巧设计,低起点高立意

章建跃先生在《中学数学课改的十个论题》中特别指出,数学课堂的教学实践要努力做到"低起点与高立意".黄海波老师的这节课,在这方面有很好的表现.从学生身边的实例入手,引导学生学生活中的数学,这是低起点;将灯管平移后在地面内"平铺"以布满平面,这是高立意.利用三角形的中位线找线线平行关系来证明线面平行,这是低起点;拓展到平面内判定直线平行的一般方法,这是高立意.在简单情境中运用判定定理,这是低起点;上升到处理立体几何问题的一般降维处理方法,这是高立意."操作思考"题中,前两种解答方法是低起点;第三种画线方式是高立意⋯⋯

(4)雕琢语言,显精练重启发

①教师的教学语言做到了表述严密、措词精当.如教师在阐述平行移动日光灯管到地面内时,强调"日光灯管可以平稳地落到地面内来"."平稳"二字准确地

揭示了客观事物的本质特征,给学生以清晰明白的正确认识.另外,数学语言精准,如"平面外""平面内""在平面内平移直线 b""折痕所在直线""书脊所在直线"等.

②教师的教学语言简洁明快,干净利落,不拖泥带水,不啰唆.该讲的地方教师做到了讲清、讲透,不该讲的地方教师一句废话没有.如在形成定理前的说理过程中,阐明平面外的直线与平面没有公共点时,在学生回答的基础上,教师作了规范的表述.而在学生分组讨论、回答问题、上黑板板演时,教师惜字如金,留给学生充足的思考时间.

③教师善于在学生处于"愤悱"之时,用启发性的语言给予恰当的点拨引导,促使学生开动脑筋,积极主动地去探求解决问题的途径.比如,在学生回忆平面几何中判定直线平行的途径时,在学生说明"操作思考"题中的方法3的正确性而陷入困境时,在学生作课堂小结时,教师都做到了适时点拨,及时引导.

④在定理的生成过程中,教师抓住"没有公共点"这一主要特征,设计了一系列环环相扣的问题串:

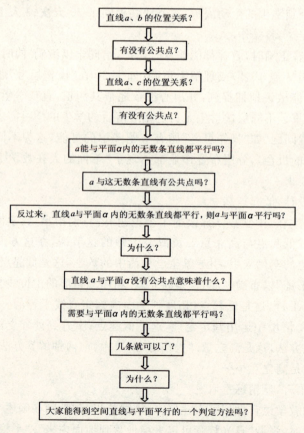

问题串由浅入深,引领学生一步步地探究得出结论,凸显了定理的生成过程,定理的获得变得自然而然,水到渠成.

2. 两点建议

(1)教学预设还可以更加充分.比如,在处理"操作思考"题时,生 22 直观感觉取 CC_1 的中点 N 也可以解决问题,但不能给出正确的解释.在接下来的探究过程中,有学生误认为 $PN \parallel A_1C$,教师为说明这种说法不正确,花费了一些时间.当然,值得肯定的是,当生 23 给出正确的证明后,教师适时地利用该做法说明了 PN 与 A_1C 不平行,展示了教师良好的临场应变能力.事实上,在教学预设时,针对学生可能出现的这种错误,可以考虑做一个超链接,借助软件让正方体转动起来,换个角度观察,可以很直观地看到 PN 与 A_1C 不平行,为后面的教学预留更充足的时间.

(2)教师讲解还可以更富激情.可能是身处这样一个大的展示平台,教师有些紧张,也可能是准备比赛的过程漫长,使教师身心疲惫,现场教学时,总感觉教师的激情还欠缺了一点.虽然教师在整个教学过程中表现出的沉稳、大气值得欣赏,但作为一个青年教师,确实可以再兴奋一点,面部表情再丰富一点.我们认为,富有激情的数学课堂能更好地激起学生渴求知识、努力学习的欲望,从而有效调动学生探究问题的主动性和积极性,教学效果当然就更好了.

点评人　安徽省合肥市第六中学　侯曙明

案例5 弧度制

安徽省六安第一中学 陆学政

【教学目标】

(1)知识与技能

①理解弧度制的定义,领会定义的合理性;

②会根据定义求任意角的弧度数;

③理解并掌握角度与弧度的互化;

④理解任意角的集合与实数集的一一对应关系,掌握弧度制下的弧长公式与扇形面积公式,初步感受弧度制的优越性.

(2)过程与方法

学生亲历知识的建构过程,培养学生分析问题、解决问题的能力,渗透数形结合、特殊到一般、化归转化等思想方法.

(3)情感、态度与价值观

体验角度制与弧度制的区别、联系与转化,渗透辩证统一思想.在探究过程中培养学生锲而不舍的科学精神.

【教学重点】

(1)弧度制含义的理解与应用;

(2)角度制与弧度制的互化.

【教学难点】

弧度制的探究、理解与应用.

【教学方法】

引导探究,合作讨论,多媒体辅助教学.

1. 回顾旧知,引入课题

教师:上一节课,我们把角的概念推广到了任意角,包括正角、负角、零角.这节课,我们进一步学习任意角的度量,回忆一下,初中学过哪些度量角的单位?

学生1:有度、分、秒.

教师:你能说说1°的角是如何定义的吗?度、分、秒之间如何换算?

学生2:周角的 $\dfrac{1}{360}$ 就是1°的角,$1° = 60'$,$1' = 60''$.

教师:这种以度、分、秒为单位度量角的制度叫作角度制.虽然已经习惯了角度制,但为了使用方便以及今后学习的需要,本节课我们学习一种新的度量角的制度——弧度制.(板书课题)

2. 引导探究,形成定义

教师:"弧度制",显然与弧有密切关系.要想利用"弧"度量角的大小,必须首先建立角与弧的直接联系,如何做到这一点呢?

学生3:只要将角放在圆中,作为圆心角,它就对着一段弧.

教师:角的概念推广以后,对弧的认识也要提高.例如,在半径为 r 的圆中,$720°$ 的圆心角所对的弧长是……?

学生4:$720°$ 是两个周角,所对的弧是两个圆周,因此所对的弧长是 $4\pi r$.(教师紧接着强调:弧长超过了一个圆周长.)

教师:一般地,大小为 $n°$ 的圆心角所对的弧长是……?

学生4:$\dfrac{n\pi r}{180}$.(教师紧接着强调:这个公式对任意角都成立)

教师:既然角与弧的联系如此密切,能否就用弧长度量角的大小呢?设想一下:

若角所对的弧长为2,就说角的大小是2;若角所对的弧长为 π,就说角的大小是 π;一般地,若角所对的弧长为某个实数,就说角的大小是这个实数.这样规定是否合理?讨论并交流你们的看法.

(学生思考、交流、讨论,教师发现有学生不知从哪个角度思考,于是提示:规定是否合理的判断标准是:弧长一定时,所对角的大小是否一定;角的大小一定时,所对的弧长是否一定.然后学生继续思考)

教师:弧长一定时,所对角的大小一定吗?

学生5:不一定,如图1,在小圆与大圆中,可设弧 AB 与弧 $A'B'$ 长度相等,但它们所对的圆心角明显不等.(教师演示几何画板课件)

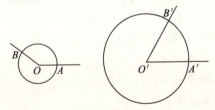

图1

教师:角的大小一定时,所对的弧长一定吗?

学生6:也不一定,如图2,在小圆与大圆中,可设弧 AB 与弧 $A'B'$ 长度相等,但它们所对的圆心角明显不等.(教师演示几何画板课件)

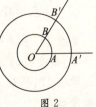

图2

教师:看来,上述设想不可行.没关系,失败是暂时的,失败乃成功之母,冬天来了,春天还会远吗?反思刚才的经历:对于确定的圆心角,随着圆的半径的改变,所对的弧长也发生变化,例如,设半径为 r 时,圆心角所对的弧长为 l,则半径为 2r 时,所对的弧长为……? 半径为 3r 时,所对的弧长为……?

学生7:分别为 2l,3l.

教师:观察这个变化过程,其中有没有不变的量?

学生8:弧长与半径的比值是不变的.

教师:当圆心角确定时,其所对的弧长与半径的比值是一个定值,与半径大小无关,同学们课下可以利用弧长公式自行证明.因此,我们可以用这个比值来度量角的大小,比值是多少,就说角的大小是多少弧度,用 rad 表示,这就是弧度制.

3. 应用定义,深化理解

教师:你能说说1rad角的含义吗?

学生9:1rad 的角,即弧长与半径的比值为1,也就是弧长等于半径,因此,弧长等于半径长的弧所对的圆心角就是1rad 的角.(教师用几何画板课件演示1rad角的形成过程)

教师:在半径为 r 的圆中:

(1)长为 2r 的弧所对的圆心角的弧度数是_____.

(2)180°的圆心角所对的弧长是_____,角的弧度数是_____.

(3)0°的圆心角所对的弧长是_____,角的弧度数是_____.

(4)−180°的圆心角所对的弧长是_____,角的弧度数是_____.

(学生对第(4)题产生较大分歧,讨论后明确:弧长一定是非负的,因此−180°的圆心角所对的弧长是 πr,但为了既反映出角的大小,又反映出角的旋转方向,角的弧度数应该是 −π)

教师:让我们总结思考一下:

(1)弧度数一定是正数吗?

学生10:不一定,也可以是零或负数.

(2)$\frac{l}{r}$ 表示什么?就是弧度数吗?

学生11:表示弧度数的绝对值.

(3)弧度数的正负如何确定?

学生12:根据角的旋转方向.正角的弧度数为正,负角的弧度数为负,零角的弧度数为0.

(4)有了弧度制,任意角的集合与实数集之间构成了什么样的对应关系?

学生13：任意一个角，都有唯一的实数与之对应（就是该角的弧度数）；任意一个实数，都有唯一的角与之对应（就是弧度数等于该实数的角）．

(5)在什么条件下，仅用弧长就可以度量角的大小？

学生14：当半径 $r=1$ 时，即在半径为1的圆中，弧长与半径的比值就是半径．这时，仅用弧长就可以度量角的大小．

4. 学习互化，揭示联系

教师：角度制与弧度制都是度量角的单位制，二者应该可以换算．找到换算关系的方法是：利用不同的单位制度量同一对象，结果一定相等．例如，某人的体重，若用磅为单位度量，结果是155磅，若用公斤为单位度量，结果是70公斤，因此有155磅 = 70公斤，从而得到了磅与公斤的换算关系．你能找到角度与弧度的换算关系吗？

学生15：分别以角度与弧度度量平角，有 $180°=\pi\mathrm{rad}$．

教师：由此出发，1°等于多少弧度？1rad等于多少度？

学生16：$1°=\dfrac{\pi}{180}\mathrm{rad}\approx 0.01745\mathrm{rad}$，$1\mathrm{rad}=(\dfrac{180}{\pi})°\approx 57.30°$．

例1 把下列各角进行弧度与角度的互化：

(1)1200°(要求结果为精确值)；

(2)$-\dfrac{5}{3}\pi\mathrm{rad}$(要求结果为精确值)；

(3)$-67°30'$(π取3.14，结果精确到0.01)；

(4)3rad(π取3.14，结果精确到0.01)．

（学生练习、板演，教师巡视，纠错）

教师：角度制与弧度制的互化，关键是抓住 $180°=\pi\mathrm{rad}$，要注意数值的化简以及单位的变化．以后用弧度制表示角时，"弧度"或"rad"通常省略，只写角的弧度数就可以了．你能说说 sin1.5 的含义吗？

学生17：1.5表示1.5rad，所以sin1.5表示1.5rad的正弦值．

练习1：利用 $180°=\pi\mathrm{rad}$ 填写下列特殊角的度数与弧度数的对应值表，并熟记．

度	0°	30°	45°			120°	135°	150°		360°
弧度				$\dfrac{\pi}{3}$	$\dfrac{\pi}{2}$				$\dfrac{3}{2}\pi$	

（学生练习，教师点评）

例2 已知扇形半径为 R，圆心角为 $n°(=\alpha\mathrm{rad})$，其中 $0<\alpha<2\pi$．试将角度制下的弧长公式 $l=\dfrac{n\pi R}{180}$ 和扇形面积公式 $S=\dfrac{n\pi R^2}{360}$ 改用弧度制

表示,并谈谈你的感受.

(学生板演,教师巡视,适时辅导.)

学生18: $l=\alpha R$, $S=\dfrac{1}{2}lR$. 在弧度制下,弧长公式与扇形面积公式都简化了,其中扇形面积公式与三角形面积公式形式是一样的.

练习2　已知扇形的周长为8cm,圆心角为2rad,求其面积.

(学生练习,教师点评)

5. 小结提升,课后作业(略)

【点评】

本课是陆老师参加安徽省第十批特级教师评选,在安庆市上的一节考评课.这是一个传统课题,我们在各种教学比赛或研讨活动中也多次听过,在有些资料上也阅读过教学设计案例,可陆老师的理解与设计思想与他人有较大的差别.

本课教学对象是安徽省安庆二中高一普通班,教材为人教A版必修四教材.

教材先以规定的方式直接给出1rad的角的定义,在旁注说明可以证明角的大小与圆的半径无关,然后从特殊到一般,以归纳的方式得出角的弧度数正负的约定及其绝对值公式.经调查,实际教学也大都采用这种模式,其理由是:学生在当初学习角度时,1°的角就是通过规定直接给出的,现在学习弧度制完全可以沿用以前的做法.而高中学习弧度制时,背景发生了较大的变化.学生已经掌握了一定的与角相关的知识,同时有了一定的自主学习能力,具备探究的基础;弧度制的理论基础是弧长与半径比值的不变性,学生并不难接受;同时,高中数学课程倡导自主探索、动手实践、合作交流、阅读自学等学习数学的方式,这样有助于发挥学生学习的主动性,使学生的学习过程成为在教师引导下的"再创造过程".因此,教师应在学生的"最近发展区"设计适合学生的数学思维水平的数学探究活动,把问题作为教学过程的出发点,以问题情境激发学生学习的积极性,使学生循序渐进地向更高水平发展.

基于上述思考,陆老师在实际教学中采用演绎的模式,力求自然地、水到渠成地揭示弧度制的概念.首先建立角与弧、弧长的密切联系,然后引导学生探究用什么样的量来度量角的大小,学生经历了失败的过程,最后通过对失败的再思考,发现弧长与半径比值的不变性,从而可以用比值度量角的大小.这样,学生对弧度制的规定不仅知其然,更知其所以然,得出1rad的角的定义也就顺理成章了.学生再通过练习中的矛盾冲突,完善了对弧度制的认识,加深了对弧度制的理解.

弧度制与角度制的换算,并不是本节课的难点.但是,换算思想在实际教学中往往被忽视,换算关系的实质是用不同的单位度量同一个对象,得出的量数虽然不同,但连同单位一起,结果应该是相同的. 为此,陆老师在这一环节的开始,首先介绍换算思想,并结合同学们熟悉的体重的不同度量单位,以具体的形式让学生体会换算思想. 在此基础上,引导学生自主得出弧度制与角度制的换算关系,学生对换算关系的产生背景也就比较清晰了.

据调查,学生在学习弧度制后,对"弧度"仍然感到比较糊涂. 例如,有的学生甚至在高三时仍然对 sin2 的含义一头雾水. 究其原因,学生习惯于带 π 的弧度数,甚至潜意识里认为弧度数一定是带 π 的,而对不带 π 的弧度数比较排斥. 为此,陆老师在这一环节中有意识地训练学生将 3rad 化为角度,以及让学生说说 sin1.5 的含义,旨在突破学生的定势思维,获得对弧度制的全面理解.

点评人　安徽省教科院　徐子华

案例6　正弦定理

中国人民大学附中朝阳学校　王绍锋

一、教学内容分析

本节内容安排在《普通高中课程标准实验教科书·数学必修5》(人教A版)第一章正弦定理第一课时,是在高二学习了三角等知识之后,对三角知识的应用;同时也是对初中解直角三角形内容的直接延伸.

根据实际教学处理,正弦定理这部分内容共分为三个层次:第一层次,教师通过引导学生对实际问题进行探索,并大胆提出猜想;第二层次,学生由猜想入手,带着疑问,以及特殊三角形中边角的关系的验证,通过"作高法""等积法""外接圆法""向量法"等多种方法证明正弦定理,验证猜想的正确性,并得到三角形面积公式;第三层次,利用正弦定理解决引例,最后进行简单的应用.学生通过对任意三角形中正弦定理的探索、发现和证明,感受"观察—实验—猜想—证明—应用"这一思维方法,养成大胆猜想、善于思考的品质和勇于求真的精神.

二、学情分析

对高二的学生来说,已学过平面几何、解直角三角形、三角函数、向量等知识,有一定观察分析、解决问题的能力,但对前后知识间的联系、理解、应用有一定难度,思维灵活性受到制约.根据以上特点,教师恰当引导,提高学生学习主动性,注重前后知识间的联系,带领学生直接参与分析问题、解决问题并品尝劳动成果的喜悦.

三、设计思路

本节课采用探究式课堂教学模式,即在教学过程中,在教师的启发引导下,以学生独立自主和合作交流为前提,以问题为导向设计教学情境,以"正弦定理的发现和证明"为基本探究内容,为学生提供充分自由表达、质疑、探究、讨论问题的机会,让学生通过个人、小组、集体等进行多种解难释疑的尝试活动,在知识的形成、发展过程中展开思维,逐步培养学生发现问题、探索问题、解决问题的能力和创造性思维的能力.

四、教学目标

1.让学生从已有的几何知识出发,通过对任意三角形边角关系的探索,共同探究在任意三角形中,边与其对角的关系,引导学生通过观察、实验、猜想、验证、证明,由特殊到一般,归纳出正弦定理,掌握正弦定理的内容及其证明方法,理解三角形面积公式,并学会运用正弦定理解决解斜三角形的两类基本问题.

2.通过对实际问题的探索,培养学生观察问题、提出问题、分析问题、解决问题的能力,增强学生的协作能力和交流能力,发展学生的创新意识,培养创造性思维的能力.

3.通过学生自主探索、合作交流,亲身体验数学规律的发现,培养学生勇于探索、善于发现、不畏艰辛的创新品质,增强学习的成功心理,激发学习数学的兴趣.

4.培养学生合情合理探索数学规律的数学思想方法,通过平面几何、三角形函数、正弦定理、向量的数量积等知识间的联系来体现事物之间的普遍联系与辩证统一.

五、教学重点与难点

教学重点: 正弦定理的发现与证明;正弦定理的简单应用.

教学难点: 正弦定理的猜想提出过程.

教学准备: 制作多媒体课件,学生准备计算器、直尺、量角器.

六、教学过程

(一)结合实例,激发动机

师生活动:

教师:(展示情景图如图1)船从港口 B 航行到港口 C,测得 BC 的距离为 600m,船在港口 C 卸货后继续向港口 A 航行,由于船员的疏忽没有测得 CA 距离,如果船上有测角仪我们能否计算出 A、B 的距离?

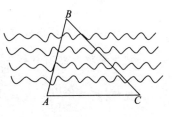

(图1)

学生思考提出测量角 A,C.

教师:若已知测得 $\angle BAC = 75°$,$\angle ACB = 45°$,要计算 A、B 两地距离,你有办法解决吗?

学生思考交流,画一个三角形 $A'B'C'$,使得 $B'C'$ 为 6cm,$\angle B'A'C' = 75°$,$\angle A'C'B' = 45°$,量得 $A'B'$ 距离约为 4.9cm,利用三角形相似性质可知 AB 约为 490m.

老师:对,很好,在初中,我们学过相似三角形,也学过解直角三角形,大家还记得吗?

师生共同回忆解直角三角形：①直角三角形中，已知两边，可以求第三边及两个角；②直角三角形中，已知一边和一角，可以求另两边及第三个角.

教师：△ABC 是斜三角形，能否利用解直角三角形，精确计算 AB 呢？

学生思考，交流，得出过 A 作 $AD \perp BC$ 于 D（如图2），把 △ABC 分为两个直角三角形，解题过程，学生阐述，教师板书.

解：过 A 作 $AD \perp BC$ 于 D，

在 Rt△ACD 中，$\sin \angle ACB = \dfrac{AD}{AC}$，

$\therefore AD = AC \cdot \sin \angle ACB = 600 \times \dfrac{\sqrt{2}}{2} = 300\sqrt{2}\,\mathrm{m}$.

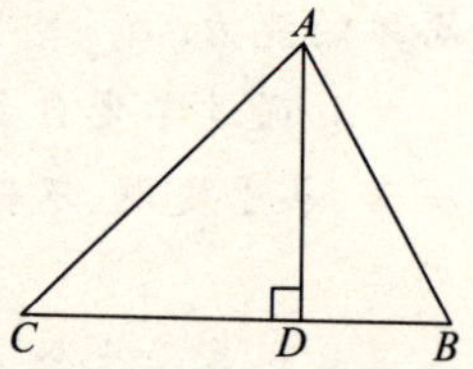

$\because \angle ACB = 45°$，$\angle BAC = 75°$，

$\therefore \angle ABC = 180° - \angle ACB - \angle ACB = 60°$.

在 Rt△ABD 中，$\sin \angle ABC = \dfrac{AD}{AB}$，

$\therefore AB = \dfrac{AD}{\sin \angle ABC} = \dfrac{300\sqrt{2}}{\dfrac{\sqrt{3}}{2}} = 200\sqrt{6}\,\mathrm{m}$.

（图2）

教师：若 $AC = b$，$AB = c$，能否用 B、b、C 表示 c 呢？

教师引导学生再观察刚才解题过程.

学生发现 $\sin C = \dfrac{AD}{b}$，$\sin B = \dfrac{AD}{c}$，

$\therefore AD = b\sin C = c\sin B$.

$\therefore c = \dfrac{b\sin C}{\sin B}$.

教师：在刚才的推理过程中，你能想到什么？你能发现什么？

学生发现既然有 $c = \dfrac{b\sin C}{\sin B}$，那么也有 $c = \dfrac{a\sin C}{\sin A}$，$a = \dfrac{b\sin A}{\sin B}$.

教师：$c = \dfrac{b\sin C}{\sin B}$，$c = \dfrac{a\sin C}{\sin A}$，$a = \dfrac{b\sin A}{\sin B}$，我们习惯写成对称形式 $\dfrac{c}{\sin C} = \dfrac{b}{\sin B}$，$\dfrac{c}{\sin C} = \dfrac{a}{\sin A}$，$\dfrac{a}{\sin A} = \dfrac{b}{\sin B}$，因此我们可以发现 $\dfrac{a}{\sin A} = \dfrac{b}{\sin B} = \dfrac{c}{\sin C}$，是否任意三角形都有这种边角关系呢？

设计意图：兴趣是最好的老师. 如果一节课有良好的开头，那就意味着成功了一半. 因此，我通过从学生日常生活中的实际问题引入，激发学生的求知欲，引导学生将这一实际问题转化为解直角三角形的问题.

(二)数学实验,验证猜想

教师:我们先通过特殊例子检验 $\dfrac{a}{\sin A} = \dfrac{b}{\sin B} = \dfrac{c}{\sin C}$ 是否成立.

(1)在△ABC中,∠A,∠B,∠C分别为60°,60°,60°,对应的边长 $a:b:c$ 为1:1:1,对应角的正弦值分别为 $\dfrac{\sqrt{3}}{2}$,$\dfrac{\sqrt{3}}{2}$,$\dfrac{\sqrt{3}}{2}$,引导学生观察 $\dfrac{a}{\sin A}$,$\dfrac{b}{\sin B}$,$\dfrac{c}{\sin C}$ 的关系;(学生回答它们相等)

(2)在△ABC中,∠A,∠B,∠C分别为45°,45°,90°,对应的边长 $a:b:c$ 为1:1:$\sqrt{2}$,对应角的正弦值分别为 $\dfrac{\sqrt{2}}{2}$,$\dfrac{\sqrt{2}}{2}$,1;(学生回答它们相等)

(3)在△ABC中,∠A,∠B,∠C分别为30°,60°,90°,对应的边长 $a:b:c$ 为1:$\sqrt{3}$:2,对应角的正弦值分别为 $\dfrac{1}{2}$,$\dfrac{\sqrt{3}}{2}$,1.(学生回答它们相等)(图3)

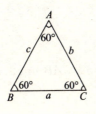 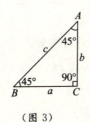 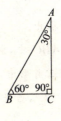

(图3)

教师:对于Rt△ABC呢?

学生思考交流得出,如图4,在Rt△ABC中,设 $BC=a,AC=b,AB=c$,

则有 $\sin A = \dfrac{a}{c}$,$\sin B = \dfrac{b}{c}$,又 $\sin C = 1 = \dfrac{c}{c}$,

则 $\dfrac{a}{\sin A} = \dfrac{b}{\sin B} = \dfrac{c}{\sin C} = c$.

从而在直角三角形ABC中,$\dfrac{a}{\sin A} = \dfrac{b}{\sin B} = \dfrac{c}{\sin C}$.

教师:那么任意三角形是否有 $\dfrac{a}{\sin A} = \dfrac{b}{\sin B} = \dfrac{c}{\sin C}$ 呢?

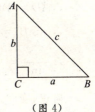

(图4)

学生按事先安排分组,出示实验报告单.教师让学生阅读实验报告单.

学生分组互动,每组画一个三角形,度量出三边和三个角度数值,通过实验数据计算,比较 $\dfrac{a}{\sin A}$、$\dfrac{b}{\sin B}$、$\dfrac{c}{\sin C}$ 的近似值.

教师借助多媒体演示随着三角形任意变换，$\dfrac{a}{\sin A}$、$\dfrac{b}{\sin B}$、$\dfrac{c}{\sin C}$值仍然保持相等.进而猜想：$\dfrac{a}{\sin A} = \dfrac{b}{\sin B} = \dfrac{c}{\sin C}$.

设计意图：让学生体验数学实验，激起学生的好奇心和求知欲望.学生自己进行实验，体会到数学实验归纳和演绎推理的两个侧面.

（三）证明猜想，得出定理

师生活动：

教师：对任意的三角形，我们如何用数学的思想方法证明 $\dfrac{a}{\sin A} = \dfrac{b}{\sin B} = \dfrac{c}{\sin C}$ 呢？前面探索过程对我们有没有启发？

学生分组讨论，每组派一个代表总结.（以下证明过程，根据学生回答情况进行叙述）

学生思考得出.

① 在 Rt△ABC 中，成立，如前面检验.

② 在锐角三角形中，如图5，设 $BC = a$，$CA = b$，$AB = c$，

作 $AD \perp BC$，垂足为 D.

在 Rt△ABD 中，$\sin B = \dfrac{AD}{AB}$，

∴ $AD = AB \cdot \sin B = c \cdot \sin B$.

在 Rt△ADC 中，$\sin C = \dfrac{AD}{AC}$，

∴ $AD = AC \cdot \sin C = b \cdot \sin C$.

∴ $c\sin B = b\sin C$.

∴ $\dfrac{c}{\sin C} = \dfrac{b}{\sin B}$.

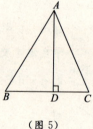

（图5）

同理，在 △ABC 中，$\dfrac{a}{\sin A} = \dfrac{c}{\sin C}$.

∴ $\dfrac{a}{\sin A} = \dfrac{b}{\sin B} = \dfrac{c}{\sin C}$.

③ 在钝角三角形中，如图6，设 $\angle C$ 为钝角，$BC = a$，$CA = b$，$AB = c$.

作 $AD \perp BC$ 交 BC 的延长线于 D.

在 Rt△ADB 中，$\sin B = \dfrac{AD}{AB}$，

∴ $AD = AB \cdot \sin B = c \cdot \sin B$.

在 Rt△ADC 中,$\sin\angle ACD = \dfrac{AD}{AC}$,

∴ $AD = AC \cdot \sin\angle ACD = b \cdot \sin\angle ACB$.

∴ $c \cdot \sin B = b \cdot \sin\angle ACB$.

∴ $\dfrac{c}{\sin\angle ACB} = \dfrac{b}{\sin B}$.

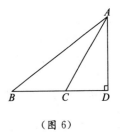

(图6)

同锐角三角形证明可知 $\dfrac{a}{\sin A} = \dfrac{c}{\sin C}$,

∴ $\dfrac{a}{\sin A} = \dfrac{b}{\sin B} = \dfrac{c}{\sin\angle ACB}$.

教师:我们把这条性质称为正弦定理——在一个三角形中,各边和它所对角的正弦的比相等,即

$$\dfrac{a}{\sin A} = \dfrac{b}{\sin B} = \dfrac{c}{\sin C}.$$

还有其他证明方法吗?

学生分析图形(图7),对于任意△ABC,由初中所学过的面积公式可以得出:$S_{\triangle ABC} = \dfrac{1}{2}AC \cdot BD = \dfrac{1}{2}CB \cdot AE = \dfrac{1}{2}BA \cdot CF$,

而由图中可以看出:$\sin\angle BAC = \dfrac{BD}{AB}$,$\sin\angle ACB = \dfrac{AE}{AC}$,$\sin\angle ABC = \dfrac{CF}{BC}$,

∴ $BD = AB \cdot \sin\angle BAC$,$AE = AC \cdot \sin\angle ACB$,$CF = BC \cdot \sin\angle ABC$.

∴ $S_{\triangle ABC} = \dfrac{1}{2}AC \cdot BD = \dfrac{1}{2}CB \cdot AE = \dfrac{1}{2}BA \cdot CF$

$= \dfrac{1}{2}AC \cdot AB \cdot \sin\angle BAC$

$= \dfrac{1}{2}CB \cdot CA \cdot \sin\angle ACB = \dfrac{1}{2}BA \cdot BC \cdot \sin\angle ABC$

$= \dfrac{1}{2}b \cdot c \cdot \sin\angle BAC = \dfrac{1}{2}a \cdot b \cdot \sin\angle ACB = \dfrac{1}{2}c \cdot a \cdot \sin\angle ABC$.

等式 $\dfrac{1}{2}b \cdot c \cdot \sin\angle BAC = \dfrac{1}{2}a \cdot b \cdot \sin\angle ACB = \dfrac{1}{2}c \cdot a \cdot \sin\angle ABC$ 中均

除以 $\dfrac{1}{2}abc$ 后可得 $\dfrac{\sin\angle BAC}{a} = \dfrac{\sin\angle ACB}{c} = \dfrac{\sin\angle ABC}{b}$,

即 $\dfrac{a}{\sin\angle BAC} = \dfrac{c}{\sin\angle ACB} = \dfrac{b}{\sin\angle ABC}$.

教师边分析边引导学生,同时板书证明过程.

教师:在刚才的证明过程中大家是否发现:三角形高 $AE = c \cdot \sin\angle ABC = a \cdot \sin\angle ABC$,三角形的面积 $S_{\triangle ABC} = \frac{1}{2} \cdot a \cdot AE$,能否得到新面积公式?

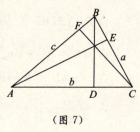

(图7)

学生:$S_{\triangle ABC} = \frac{1}{2} b \cdot c \cdot \sin\angle BAC$

$= \frac{1}{2} a \cdot b \cdot \sin\angle ACB$

$= \frac{1}{2} c \cdot a \cdot \sin\angle ABC.$

得到三角形面积公式 $S_{\triangle ABC} = \frac{1}{2}ab\sin C = \frac{1}{2}ca\sin B = \frac{1}{2}bc\sin A.$

教师:大家还有其他的证明方法吗?比如:$\frac{a}{\sin A}$、$\frac{b}{\sin B}$、$\frac{c}{\sin C}$ 都等于同一个比值 k,那么它们也相等,这个 k 到底有没有什么特殊几何意义呢?

学生:在前面的检验中,Rt$\triangle ABC$ 中,$\frac{a}{\sin A} = \frac{b}{\sin B} = \frac{c}{\sin C} = c$,$c$ 恰为外接接圆的直径,即 $c = k = 2R$,所以作 $\triangle ABC$ 的外接圆 O,O 为圆心,连接 BO 并延长交圆 O 于 B',把一般三角形转化为直角三角形.

(图8)

证明:连续 BO 并延长交圆于 B',

∴$\angle B'AB = 90°$,$\angle B' = \angle C.$

在 Rt$\triangle B'AB$ 中,$\frac{AB}{\sin B'} = B'B$,

∴$\frac{AB}{\sin B'} = \frac{AB}{\sin C} = B'B = 2R$,

即 $\frac{c}{\sin C} = 2R.$

同理可证:$\frac{a}{\sin A} = 2R$,$\frac{b}{\sin B} = 2R$,

∴$\frac{a}{\sin A} = \frac{b}{\sin B} = \frac{c}{\sin C} = 2R.$

教师:从刚才的证明过程中,$\frac{a}{\sin A} = \frac{b}{\sin B} = \frac{c}{\sin C} = 2R$,显示正弦定理的比值等于三角形外接圆的直径 $2R$,我们通过"作高法""等积法""外接圆法"等平

面几何方法证明正弦定理,能否利用其他知识来证明正弦定理?比如,在向量中,我们学过 $\boldsymbol{a} \cdot \boldsymbol{b} = |\boldsymbol{a}| \cdot |\boldsymbol{b}| \cdot \cos\theta$,这与边的长度和三角函数值有较为密切的联系,是否能够利用向量积来证明正弦定理呢?

学生:思考(联系作高的思想)得出:

在锐角三角形 $\triangle ABC$ 中,$\overrightarrow{AB} + \overrightarrow{BC} = \overrightarrow{AC}$,作单位向量 $\boldsymbol{j}$ 垂直于 AC,
$\overrightarrow{AC} \cdot \boldsymbol{j} = \overrightarrow{AB} \cdot \boldsymbol{j} + \overrightarrow{BC} \cdot \boldsymbol{j}$,
即 $0 = c \cdot \cos(90° - A) + a \cdot \cos(90° - C)$,
∴ $c \cdot \sin A - a \cdot \sin C = 0$.
∴ $\dfrac{c}{\sin C} = \dfrac{a}{\sin A}$.

同理,∴ $\dfrac{b}{\sin B} = \dfrac{a}{\sin A}$,

∴ $\dfrac{a}{\sin A} = \dfrac{b}{\sin B} = \dfrac{c}{\sin C}$.

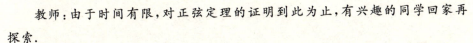

(图9)

对钝角三角形、直角三角形的情况作简单讲述.

教师:由于时间有限,对正弦定理的证明到此为止,有兴趣的同学回家再探索.

设计意图:经历证明猜想的过程,进一步引导启发学生利用已有的数学知识论证猜想,力图让学生体验数学的学习过程.

(四)利用定理,解决引例

师生活动:

教师:现在大家再用正弦定理解决引例中提出的问题.

学生:马上得出.

在 $\triangle ABC$ 中,$\angle B = 180° - \angle A - \angle C = 60°$,$\dfrac{c}{\sin C} = \dfrac{b}{\sin B}$,

∴ $c = \dfrac{b \cdot \sin C}{\sin B} = \dfrac{600 \cdot \sin 45°}{\sin 60°} = 200\sqrt{6}$.

设计意图:利用正弦定理,重新解决引例,让学生体会用新的知识和新的定理解决问题更方便,更简单,激发学生不断探索新知识的欲望.

(五)了解解三角形概念

教师:一般地,把三角形的三个角 A、B、C 和它们的对边 a、b、c 叫作三角形的元素,已知,三角形的几个元素,求其他元素的过程叫作解三角形.

设计意图:让学生了解解三角形概念,形成知识的完整性.

(六)运用定理,解决例题

师生活动:

教师引导学生分析正弦定理可以解决的问题.

学生讨论正弦定理可以解决的问题类型:

①如果已知三角形的任意两个角与一边,求三角形的另一角和另两边,如 $a = \dfrac{b\sin A}{\sin B}$;

②如果已知三角形任意两边与其中一边的对角,求另一边与另两角,如 $\sin A = \dfrac{a}{b}\sin B$.

讲解例 1 时,先让学生思考回答解题思路,教师板书。让学生思考主要是突出主体,教师板书的目的是规范解题步骤.

例 1 在 $\triangle ABC$ 中,已知 $A = 30°$,$B = 45°$,$a = 6$cm,解三角形.

分析"已知三角形中两角及一边,求其他元素",第一步可由三角形内角和为 $180°$ 求出第三个角 $\angle C$,再由正弦定理求其他两边.

例 2 在 $\triangle ABC$ 中,已知 $a = 2\sqrt{2}$,$b = 2\sqrt{3}$,$A = 45°$,解三角形.

例 2 的处理,目的是让学生掌握分类讨论的数学思想,可先让中等学生讲解解题思路,其他同学补充交流.

学生反馈练习(教科书第 5 页的练习)

用实物投影仪展示规范的解题步骤.

设计意图:自己解决问题,提高学生学习的热情和动力,使学生体验到成功的愉悦感,变"要我学"为"我要学""我要研究"的主动学习.

(七)尝试小结

教师提示引导学生总结本节课的主要内容.

学生思考交流,归纳总结.

教师让学生尝试小结,并及时补充,要体现:

(1)正弦定理的内容($\dfrac{a}{\sin A} = \dfrac{b}{\sin B} = \dfrac{c}{\sin C} = 2R$)及其证明思想方法.

(2)正弦定理的应用范围:①已知三角形中两角及一边,求其他元素;②已知三角形中两边和其中一边所对的角,求其他元素.

(3)分类讨论的数学思想.

设计意图:通过让学生总结,培养学生的归纳总结能力和语言表达能力.

(八)作业设计

作业:第10页[习题1.1]A组第1、2题.

思考题:例2:在△ABC中,已知$a=2\sqrt{2}$,$b=2\sqrt{3}$,$A=45°$,解三角形. 例2中$b=2\sqrt{3}$分别改为$b=2\sqrt{6}$,$b=\sqrt{5}$并解三角形,观察解的情况并解释出现一解、两解、无解的原因.

课外链接:课后通过查阅相关书籍或上网搜索,了解关于正弦定理的发展及应用.

七、设计思路

本节课,在教师的引导下,学生积极主动参与一个个相关联的探究活动,通过"观察—实验—归纳—猜想—证明"的数学思想方法发现并证明定理,经历了知识形成的过程,感受到创新的快乐,激发了学习数学的兴趣,真正实现了让学生在"活动"中学习,在"主动"中发展,在"合作"中增知,在"探究"中创新.

1. 结合实例,激发动机

数学源于现实,从学生日常生活中的实际问题引入,激发学生学习的兴趣,引导启发学生利用已有的知识解决新的问题.方法一通过相似三角形相似比相等进行计算,方法二转化解直角三角形.让学生在解决问题中发现新知识,提出猜想,使学生在观察、实验、猜想、验证、推理等活动中,逐步形成创新意识.

2. 数学实验,验证猜想

通过特例检验,让学生动手实验,提高了学生实验操作、分析思考和抽象概括的能力,激发学生的好奇心和求知欲望,体会到数学实验归纳和演绎推理的两个侧面.

3. 证明猜想,得出定理

引导启发学生多角度证明定理,培养学生解决问题的能力,增强学习的兴趣,在知识的形成、发展过程中展开思维,培养推理的意识.

附一：

实验报告单	
组长：	组员：
试验目的	研究三角形中各边和它对角的正弦值的比（$\dfrac{a}{\sin A}$，$\dfrac{b}{\sin B}$，$\dfrac{c}{\sin C}$）是否相等.
实验器材	计算器，直尺，量角器，硬纸板（由老师统一发）
实验方法	画一个任意三角形，量取三边和三个角的值，并计算.
实验内容	三边：$a=$ _____ $b=$ _____ $c=$ _____ 三角：$A=$ _____ $B=$ _____ $C=$ _____ 计算：$\dfrac{a}{\sin A}=$ _____ $\dfrac{b}{\sin B}=$ _____ $\dfrac{c}{\sin C}=$ _____ （精确到小数点后两位）
结论	

【点评】

本节定理教学课，王老师把重点放在定理的发现与证明上，符合新课标重视过程与方法的理念，克服了传统教学只注重结论的倾向. 首先，利用解决一个可测量两角一对边，求另一对边的实际问题引入，在解决实际问题中，引导学生发现"三角形三边与其对应角的正弦值的比相等"的规律；通过对特殊三角形的验证，大胆猜想对任意三角形成立；接着证明了这个定理. 王老师在课堂上展示了定理的发现过程，使学生感受到创新的快乐，激发学生学习数学的兴趣，同时让学生体验了"观察—实验—归纳—猜想—证明"的数学思想方法，经历了知识形成的过程. 其次，在解决引例中的测量问题时利用初中相似三角形知识、正弦定理的不同证法（转化为直角三角形、辅助以三角形外接圆、向量）等，体现了"在已有知识体系的基础上去建构新的知识体系"的理念，加强了知识间的联系，培养了学生思维的灵活性. 定理证明的方法一、方法二，渗透了分类、转化的数学思想. 但是，本节课的教学内容偏多，在教学时间安排和例题引入上还存在一些不足. 建议在时间分配上要有规划，突出重点，删繁就简；引入的例题要注意条件更加明确直接，以免产生歧义，冲淡主体，浪费时间.

总之，本节课王老师有效地采用了探究式教学，在教师的启发引导下，以学生独立自主和合作交流为前提，以问题为导向设计教学情境，以"正弦定理的发现和证明"为基本探究内容,为学生提供充分自由表达、质疑、探究、讨论问题的机会,让学生通过多种尝试,感受"观察—实验—猜想—证明—应用"等环节.

　　本节课教学过程流畅,教师在知识的形成、发展过程中展开思维,逐步培养学生发现问题、探索问题、解决问题的能力和创造性思维的能力.

点评人　安徽省教科院　李院德

附录1:《义务教育数学课程标准(2011年版)》

第一部分　前言

数学是研究数量关系和空间形式的科学.数学与人类发展和社会进步息息相关,随着现代信息技术的飞速发展,数学更加广泛应用于社会生产和日常生活的各个方面.数学作为对于客观现象抽象概括而逐渐形成的科学语言与工具,不仅是自然科学和技术科学的基础,而且在人文科学与社会科学中发挥着越来越大的作用.特别是20世纪中叶以来,数学与计算机技术的结合在许多方面直接为社会创造价值,推动着社会生产力的发展.

数学是人类文化的重要组成部分,数学素养是现代社会每一个公民应该具备的基本素养.作为促进学生全面发展教育的重要组成部分,数学教育既要使学生掌握现代生活和学习中所需要的数学知识与技能,更要发挥数学在培养人的理性思维和创新能力方面的不可替代的作用.

一、课程性质

义务教育阶段的数学课程是培养公民素质的基础课程,具有基础性、普及性和发展性.数学课程能使学生掌握必备的基础知识和基本技能;培养学生的抽象思维和推理能力;培养学生的创新意识和实践能力;促进学生在情感、态度与价值观等方面的发展.义务教育的数学课程能为学生未来生活、工作和学习奠定重要的基础.

二、课程基本理念

1.数学课程应致力于实现义务教育阶段的培养目标,要面向全体学生,适应学生个性发展的需要,使得:人人都能获得良好的数学教育,不同的人在数学上得到不同的发展.

2.课程内容要反映社会的需要、数学的特点,要符合学生的认知规律.它不仅包括数学的结果,也包括数学结果的形成过程和蕴涵的数学思想方法.课程内容的选择要贴近学生的实际,有利于学生体验与理解、思考与探索.课程内容的组织要重视过程,处理好过程与结果的关系;要重视直观,处理好直观与抽象的关系;要重视直接经验,处理好直接经验与间接经验的关系.课程内容的呈现应注意层次性和多样性.

3. 教学活动是师生积极参与、交往互动、共同发展的过程.有效的教学活动是学生学与教师教的统一,学生是学习的主体,教师是学习的组织者、引导者与合作者.

数学教学活动应激发学生兴趣,调动学生积极性,引发学生的数学思考,鼓励学生的创造性思维;要注重培养学生良好的数学学习习惯,使学生掌握恰当的数学学习方法.

学生学习应当是一个生动活泼的、主动的和富有个性的过程.除接受学习外,动手实践、自主探索与合作交流同样是学习数学的重要方式.学生应当有足够的时间和空间经历观察、实验、猜测、计算、推理、验证等活动过程.

教师教学应该以学生的认知发展水平和已有的经验为基础,面向全体学生,注重启发式和因材施教.教师要发挥主导作用,处理好讲授与学生自主学习的关系,引导学生独立思考、主动探索、合作交流,使学生理解和掌握基本的数学知识与技能、数学思想和方法,获得基本的数学活动经验.

4. 学习评价的主要目的是为了全面了解学生数学学习的过程和结果,激励学生学习和改进教师教学.应建立目标多元、方法多样的评价体系.评价既要关注学生学习的结果,也要重视学习的过程;既要关注学生数学学习的水平,也要重视学生在数学活动中所表现出来的情感与态度,帮助学生认识自我、建立信心.

5. 信息技术的发展对数学教育的价值、目标、内容以及教学方式产生了很大的影响.数学课程的设计与实施应根据实际情况合理地运用现代信息技术,要注意信息技术与课程内容的整合,注重实效.要充分考虑信息技术对数学学习内容和方式的影响,开发并向学生提供丰富的学习资源,把现代信息技术作为学生学习数学和解决问题的有力工具,有效地改进教与学的方式,使学生乐意并有可能投入到现实的、探索性的数学活动中去.

三、课程设计思路

义务教育阶段数学课程的设计,充分考虑本阶段学生数学学习的特点,符合学生的认知规律和心理特征,有利于激发学生的学习兴趣,引发数学思考;充分考虑数学本身的特点,体现数学的实质;在呈现作为知识与技能的数学结果的同时,重视学生已有的经验,使学生体验从实际背景中抽象出数学问题、构建数学模型、寻求结果、解决问题的过程.

按以上思路具体设计如下.

(一)学段划分

为了体现义务教育数学课程的整体性,统筹考虑九年的课程内容.同时,根据学生发展的生理和心理特征,将九年的学习时间划分为三个学段:第一学段(1～3年级)、第二学段(4～6年级)、第三学段(7～9年级).

(二)课程目标

义务教育阶段数学课程目标分为总目标和学段目标,从知识技能、数学思考、问题解决、情感态度等四个方面加以阐述.

数学课程目标包括结果目标和过程目标.结果目标使用"了解、理解、掌握、运用"等术语表述,过程目标使用"经历、体验、探索"等术语表述(术语解释见附录1).

(三)课程内容

在各学段中,安排了四个部分的课程内容:"数与代数""图形与几何""统计与概率""综合与实践"."综合与实践"内容设置的目的在于培养学生综合运用有关的知识与方法解决实际问题,培养学生的问题意识、应用意识和创新意识,积累学生的活动经验,提高学生解决现实问题的能力.

"数与代数"的主要内容有:数的认识,数的表示,数的大小,数的运算,数量的估计;字母表示数,代数式及其运算;方程、方程组、不等式、函数等.

"图形与几何"的主要内容有:空间和平面基本图形的认识,图形的性质、分类和度量;图形的平移、旋转、轴对称、相似和投影;平面图形基本性质的证明;运用坐标描述图形的位置和运动.

"统计与概率"的主要内容有:收集、整理和描述数据,包括简单抽样、整理调查数据、绘制统计图表等;处理数据,包括计算平均数、中位数、众数、极差、方差等;从数据中提取信息并进行简单的推断;简单随机事件及其发生的概率.

"综合与实践"是一类以问题为载体、以学生自主参与为主的学习活动.在学习活动中,学生将综合运用"数与代数""图形与几何""统计与概率"等知识和方法解决问题."综合与实践"的教学活动应当保证每学期至少一次,可以在课堂上完成,也可以课内外相结合.

在数学课程中,应当注重发展学生的数感、符号意识、空间观念、几何直观、数据分析观念、运算能力、推理能力和模型思想.为了适应时代发展对人才培养的需要,数学课程还要特别注重发展学生的应用意识和创新意识.

数感主要是指关于数与数量、数量关系、运算结果估计等方面的感悟.建立数感有助于学生理解现实生活中数的意义,理解或表述具体情境中的数量关系.

符号意识主要是指能够理解并且运用符号表示数、数量关系和变化规律;知道使用符号可以进行运算和推理,得到的结论具有一般性.建立符号意识有助于学生理解符号的使用是数学表达和进行数学思考的重要形式.

空间观念主要是指根据物体特征抽象出几何图形,根据几何图形想象出所描述的实际物体;想象出物体的方位和相互之间的位置关系;描述图形的运动和变化;依据语言的描述画出图形等.

几何直观主要是指利用图形描述和分析问题.借助几何直观可以把复杂的数学问题变得简明、形象,有助于探索解决问题的思路,预测结果.几何直观可以帮助学生直观地理解数学,在整个数学学习过程中都发挥着重要作用.

数据分析观念包括:了解在现实生活中有许多问题应当先做调查研究,收集数据,通过分析作出判断,体会数据中蕴涵着信息;了解对于同样的数据可以有多种分析的方法,需要根据问题的背景选择合适的方法;通过数据分析体验随机性,一方面对于同样的事情每次收集到的数据可能不同,另一方面只要有足够的数据就可能从中发现规律.

运算能力主要是指能够根据法则和运算律正确地进行运算的能力.培养运算能力有助于学生理解运算的算理,寻求合理简洁的运算途径解决问题.

推理能力的发展应贯穿在整个数学学习过程中.推理是数学的基本思维方式,也是人们学习和生活中经常使用的思维方式.推理一般包括合情推理和演绎推理,合情推理是从已有的事实出发,凭借经验和直觉,通过归纳和类比等推断某些结果;演绎推理是从已有的事实(包括定义、公理、定理等)和确定的规则(包括运算的定义、法则、顺序等)出发,按照逻辑推理的法则证明和计算.在解决问题的过程中,合情推理用于探索思路,发现结论;演绎推理用于证明结论.

模型思想的建立是学生体会和理解数学与外部世界联系的基本途径.建立和求解模型的过程包括:从现实生活或具体情境中抽象出数学问题,用数学符号建立方程、不等式、函数等表示数学问题中的数量关系和变化规律,求出结果、并讨论结果的意义.这些内容的学习有助于学生初步形成模型思想,提高学习数学的兴趣和应用意识.

应用意识有两个方面的含义,一方面有意识利用数学的概念、原理和方法解释现实世界中的现象,解决现实世界中的问题;另一方面,认识到现实生活中蕴涵着大量与数量和图形有关的问题,这些问题可以抽象成数学问题,用数学的方法予以解决.在整个数学教育的过程中都应该培养学生的应用意识,综合实践活动是培养应用意识很好的载体.

创新意识的培养是现代数学教育的基本任务,应体现在数学教与学的过程之中.学生自己发现和提出问题是创新的基础;独立思考、学会思考是创新的核心;归纳概括得到猜想和规律,并加以验证,是创新的重要方法.创新意识的培养应该从义务教育阶段做起,贯穿数学教育的始终.

第二部分 课程目标

一、总目标

通过义务教育阶段的数学学习,学生能:

1.获得适应社会生活和进一步发展所必需的数学的基础知识、基本技能、基本思想、基本活动经验.

2.体会数学知识之间、数学与其他学科之间、数学与生活之间的联系,运用数学的思维方式进行思考,增强发现和提出问题的能力、分析和解决问题的能力.

3.了解数学的价值,提高学习数学的兴趣,增强学好数学的信心,养成良好的学习习惯,具有初步的创新意识和实事求是的科学态度.

总目标从以下四个方面具体阐述:

知识技能	●经历数与代数的抽象、运算与建模等过程,掌握数与代数的基础知识和基本技能. ●经历图形的抽象、分类、性质探讨、运动、位置确定等过程,掌握图形与几何的基础知识和基本技能. ●经历在实际问题中收集和处理数据、利用数据分析问题、获取信息的过程,掌握统计与概率的基础知识和基本技能. ●参与综合实践活动,积累综合运用数学知识、技能和方法等解决简单问题的数学活动经验.
数学思考	●建立数感、符号意识和空间观念,初步形成几何直观和运算能力,发展形象思维与抽象思维. ●体会统计方法的意义,发展数据分析观念,感受随机现象. ●在参与观察、实验、猜想、证明、综合实践等数学活动中,发展合情推理和演绎推理能力,清晰地表达自己的想法. ●学会独立思考,体会数学的基本思想和思维方式.
问题解决	●初步学会从数学的角度发现问题和提出问题,综合运用数学知识解决简单的实际问题,增强应用意识,提高实践能力. ●获得分析问题和解决问题的一些基本方法,体验解决问题方法的多样性,发展创新意识. ●学会与他人合作交流. ●初步形成评价与反思的意识.

续表

情感态度	●积极参与数学活动,对数学有好奇心和求知欲. ●在数学学习过程中,体验获得成功的乐趣,锻炼克服困难的意志,建立自信心. ●体会数学的特点,了解数学的价值. ●养成认真勤奋、独立思考、合作交流、反思质疑等学习习惯,形成实事求是的科学态度.

总目标的这四个方面,不是相互独立和割裂的,而是一个密切联系、相互交融的有机整体.在课程设计和教学活动组织中,应同时兼顾这四个方面的目标.这些目标的整体实现,是学生受到良好数学教育的标志,它对学生的全面、持续、和谐发展有着重要的意义.数学思考、问题解决、情感态度的发展离不开知识技能的学习,知识技能的学习必须有利于其他三个目标的实现.

二、学段目标

第一学段(1～3年级)

知识技能

1.经历从日常生活中抽象出数的过程,理解万以内数的意义,初步认识分数和小数;理解常见的量;体会四则运算的意义,掌握必要的运算技能;在具体情境中,能进行简单的估算.

2.经历从实际物体中抽象出简单几何体和平面图形的过程,了解一些简单几何体和常见的平面图形;感受平移、旋转、轴对称现象;认识物体的相对位置.掌握初步的测量、识图和画图的技能.

3.经历简单的数据收集、整理、分析的过程,了解简单的数据处理方法.

数学思考

1.在运用数及适当的度量单位描述现实生活中的简单现象,以及对运算结果进行估计的过程中,发展数感;在从物体中抽象出几何图形、想象图形的运动和位置的过程中,发展空间观念.

2.能对调查过程中获得的简单数据进行归类,体验数据中蕴涵着信息.

3.在观察、操作等活动中,能提出一些简单的猜想.

4.会独立思考问题,表达自己的想法.

问题解决

1.能在教师的指导下,从日常生活中发现和提出简单的数学问题,并尝试解决.

2.了解分析问题和解决问题的一些基本方法,知道同一个问题可以有不同的解决方法.

3.体验与他人合作交流解决问题的过程.

4.尝试回顾解决问题的过程.

情感态度

1.对身边与数学有关的事物有好奇心,能参与数学活动.

2.在他人帮助下,感受数学活动中的成功,能尝试克服困难.

3.了解数学可以描述生活中的一些现象,感受数学与生活有密切联系.

4.能倾听别人的意见,尝试对别人的想法提出建议,知道应该尊重客观事实.

第二学段(4~6年级)

知识技能

1.体验从具体情境中抽象出数的过程,认识万以上的数;理解分数、小数、百分数的意义,了解负数;掌握必要的运算技能;理解估算的意义;能用方程表示简单的数量关系,能解简单的方程.

2.探索一些图形的形状、大小和位置关系,了解一些几何体和平面图形的基本特征;体验简单图形的运动过程,能在方格纸上画出简单图形运动后的图形,了解确定物体位置的一些基本方法;掌握测量、识图和画图的基本方法.

3.经历数据的收集、整理和分析的过程,掌握一些简单的数据处理技能;体验随机事件和事件发生的等可能性.

4.能借助计算器解决简单的应用问题.

数学思考

1.初步形成数感和空间观念,感受符号和几何直观的作用.

2.进一步认识到数据中蕴涵着信息,发展数据分析观念;感受随机现象.

3.在观察、实验、猜想、验证等活动中,发展合情推理能力,能进行有条理的思考,能比较清楚地表达自己的思考过程与结果.

4.会独立思考,体会一些数学的基本思想.

问题解决

1.尝试从日常生活中发现并提出简单的数学问题,并运用一些知识加以解决.

2.能探索分析和解决简单问题的有效方法,了解解决问题方法的多样性.

3.经历与他人合作解决问题的过程,尝试解释自己的思考过程.

4.能回顾解决问题的过程,初步判断结果的合理性.

情感态度

1.愿意了解社会生活中与数学相关的信息,主动参与数学学习活动.

2.在他人的鼓励和引导下,体验克服困难、解决问题的过程,相信自己能够学好数学.

3.在运用数学知识和方法解决问题的过程中,认识数学的价值.

4.初步养成乐于思考、勇于质疑、实事求是等良好品质.

第三学段(7~9年级)

知识技能

1.体验从具体情境中抽象出数学符号的过程,理解有理数、实数、代数式、方程、不等式、函数;掌握必要的运算(包括估算)技能;探索具体问题中的数量关系和变化规律,掌握用代数式、方程、不等式、函数进行表述的方法.

2.探索并掌握相交线、平行线、三角形、四边形和圆的基本性质与判定,掌握基本的证明方法和基本的作图技能;探索并理解平面图形的平移、旋转、轴对称;认识投影与视图;探索并理解平面直角坐标系,能确定位置.

3.体验数据收集、处理、分析和推断过程,理解抽样方法,体验用样本估计总体的过程;进一步认识随机现象,能计算一些简单事件的概率.

数学思考

1.通过用代数式、方程、不等式、函数等表述数量关系的过程,体会模型的思想,建立符号意识;在研究图形性质和运动、确定物体位置等过程中,进一步发展空间观念;经历借助图形思考问题的过程,初步建立几何直观.

2.了解利用数据可以进行统计推断,发展建立数据分析观念;感受随机现象的特点.

3.体会通过合情推理探索数学结论,运用演绎推理加以证明的过程,在多种形式的数学活动中,发展合情推理与演绎推理的能力.

4.能独立思考,体会数学的基本思想和思维方式.

问题解决

1.初步学会在具体的情境中从数学的角度发现问题和提出问题,并综合运用数学知识和方法等解决简单的实际问题,增强应用意识,提高实践能力.

2.经历从不同角度寻求分析问题和解决问题的方法的过程,体验解决问题方法的多样性,掌握分析问题和解决问题的一些基本方法.

3.在与他人合作和交流过程中,能较好地理解他人的思考方法和结论.

4.能针对他人所提的问题进行反思,初步形成评价与反思的意识.

情感态度

1.积极参与数学活动,对数学有好奇心和求知欲.

2.感受成功的快乐,体验独自克服困难、解决数学问题的过程,有克服困难的勇气,具备学好数学的信心.

3.在运用数学表述和解决问题的过程中,认识数学具有抽象、严谨和应用广泛的特点,体会数学的价值.

4.敢于发表自己的想法、勇于质疑,养成认真勤奋、独立思考、合作交流等学习习惯,形成实事求是的科学态度.

第三部分　内容标准

第一学段(1～3年级)

一、数与代数

(一)数的认识

1. 在现实情境中理解万以内数的意义,能认、读、写万以内的数,能用数表示物体的个数或事物的顺序和位置.
2. 能说出各数位的名称,理解各数位上的数字表示的意义;知道用算盘可以表示多位数.
3. 理解符号＜,＝,＞的含义,能用符号和词语描述万以内数的大小.
4. 在生活情境中感受大数的意义,并能进行估计.
5. 能结合具体情境初步认识小数和分数,能读、写小数和分数.
6. 能结合具体情境比较两个一位小数的大小,能比较两个同分母分数的大小.
7. 能运用数表示日常生活中的一些事物,并能进行交流.

(二)数的运算

1. 结合具体情境,体会整数四则运算的意义.
2. 能熟练地口算20以内的加减法和表内乘除法,能口算百以内的加减法和一位数乘除两位数.
3. 能计算三位数的加减法,一位数乘三位数、两位数乘两位数的乘法,三位数除以一位数的除法.
4. 认识小括号,能进行简单的整数四则混合运算(两步).
5. 会进行同分母分数(分母小于10)的加减运算以及一位小数的加减运算.
6. 能结合具体情境进行估算,并会解释估算的过程.
7. 经历与他人交流各自算法的过程.
8. 能运用数及数的运算解决生活中的简单问题,并能对结果的实际意义作出解释.

(三)常见的量

1. 在现实情境中,认识元、角、分,并了解它们之间的关系.

2. 能认识钟表,了解 24 时记时法;结合自己的生活经验,体验时间的长短.

3. 认识年、月、日,了解它们之间的关系.

4. 在现实情境中,感受并认识克、千克、吨,能进行简单的单位换算.

5. 能结合生活实际,解决与常见的量有关的简单问题.

(四)探索规律

探索简单的变化规律.

二、图形与几何

(一)图形的认识

1. 能通过实物和模型辨认长方体、正方体、圆柱和球等几何体.

2. 能根据具体事物、照片或直观图辨认从不同角度观察到的简单物体.

3. 能辨认长方形、正方形、三角形、平行四边形、圆等简单图形.

4. 通过观察、操作,初步认识长方形、正方形的特征.

5. 会用长方形、正方形、三角形、平行四边形或圆拼图.

6. 结合生活情境认识角,了解直角、锐角和钝角.

7. 能对简单几何体和图形进行分类.

(二)测量

1. 结合生活实际,经历用不同方式测量物体长度的过程,体会建立统一度量单位的重要性.

2. 在实践活动中,体会并认识长度单位千米、米、厘米,知道分米、毫米,能进行简单的单位换算,能恰当地选择长度单位.

3. 能估测一些物体的长度,并进行测量.

4. 结合实例认识周长,并能测量简单图形的周长,探索并掌握长方形、正方形的周长公式.

5. 结合实例认识面积,体会并认识面积单位厘米^2、分米^2、米^2,能进行简单的单位换算.

6. 探索并掌握长方形、正方形的面积公式,会估计给定简单图形的面积.

(三)图形的运动

1. 结合实例,感受平移、旋转、轴对称现象.

2. 能辨认简单图形平移后的图形.

3. 通过观察、操作,初步认识轴对称图形.

(四)图形与位置

1. 会用上、下、左、右、前、后描述物体的相对位置.

2.给定东、南、西、北四个方向中的一个方向,能辨认其余三个方向,知道东北、西北、东南、西南四个方向,会用这些词语描绘物体所在的方向.

三、统计与概率

1.能根据给定的标准或者自己选定的标准,对事物或数据进行分类,感受分类与分类标准的关系.

2.经历简单的数据收集和整理过程,了解调查、测量等收集数据的简单方法,并能用自己的方式(文字、图画、表格等)呈现整理数据的结果.

3.通过对数据的简单分析,体会运用数据进行表达与交流的作用,感受数据蕴涵信息.

四、综合与实践

1.通过实践活动,感受数学在日常生活中的作用,体验能够运用所学的知识和方法解决简单问题,获得初步的数学活动经验.

2.在实践活动中,了解要解决的问题和解决问题的办法.

3.经历实践操作的过程,进一步理解所学的内容.

第二学段(4～6年级)

一、数与代数

(一)数的认识

1.在具体情境中,认识万以上的数,了解十进制计数法,会用万、亿为单位表示大数.

2.结合现实情境感受大数的意义,并能进行估计.

3.会运用数描述事物的某些特征,进一步体会数在日常生活中的作用.

4.知道2,3,5的倍数的特征,了解公倍数和最小公倍数;在1～100的自然数中,能找出10以内自然数的所有倍数,能找出10以内两个自然数的公倍数和最小公倍数.

5.了解公因数和最大公因数;在1～100的自然数中,能找出一个自然数的所有因数,能找出两个自然数的公因数和最大公因数.

6.了解自然数、整数、奇数、偶数、质(素)数和合数.

7.结合具体情境,理解小数和分数的意义,理解百分数的意义;会进行小数、分数和百分数的转化(不包括将循环小数化为分数).

8.能比较小数的大小和分数的大小.

9.在熟悉的生活情境中,了解负数的意义,会用负数表示日常生活中的一些量.

(二)数的运算

1.能计算三位数乘两位数的乘法,三位数除以两位数的除法.

2.认识中括号,能进行简单的整数四则混合运算(以两步为主,不超过三步).

3.探索并了解运算律(加法的交换律和结合律、乘法的交换律和结合律、乘法对加法的分配律),会应用运算律进行一些简便运算.

4.在具体运算和解决简单实际问题的过程中,体会加与减、乘与除的互逆关系.

5.能分别进行简单的小数、分数(不含带分数)加、减、乘、除运算及混合运算(以两步为主,不超过三步).

6.能解决小数、分数和百分数的简单实际问题.

7.在具体情境中,了解常见的数量关系:总价=单价×数量、路程=速度×时间,并能解决简单的实际问题.

8.经历与他人交流各自算法的过程,并能表达自己的想法.

9.在解决问题的过程中,能选择合适的方法进行估算.

10.能借助计算器进行运算,解决简单的实际问题,探索简单的规律.

(三)式与方程

1.在具体情境中能用字母表示数.

2.结合简单的实际情境,了解等量关系,并能用字母表示.

3.能用方程表示简单情境中的等量关系(如 $3x+2=5, 2x-x=3$),了解方程的作用.

4.了解等式的性质,能用等式的性质解简单的方程.

(四)正比例、反比例

1.在实际情境中理解比及按比例分配的含义,并能解决简单的问题.

2.通过具体情境,认识成正比例的量和成反比例的量.

3.会根据给出的有正比例关系的数据在方格纸上画图,并会根据其中一个量的值估计另一个量的值.

4.能找出生活中成正比例和成反比例关系量的实例,并进行交流.

(五)探索规律

探索给定情境中隐含的规律或变化趋势.

二、图形与几何

(一)图形的认识

1. 结合实例了解线段、射线和直线.
2. 体会两点间所有连线中线段最短,知道两点间的距离.
3. 知道平角与周角,了解周角、平角、钝角、直角、锐角之间的大小关系.
4. 结合生活情境了解平面上两条直线的平行和相交(包括垂直)关系.
5. 通过观察、操作,认识平行四边形、梯形和圆,知道扇形,会用圆规画圆.
6. 认识三角形,通过观察、操作,了解三角形两边之和大于第三边、三角形内角和是 180°.
7. 认识等腰三角形、等边三角形、直角三角形、锐角三角形、钝角三角形.
8. 能辨认从不同方向(前面、侧面、上面)看到的物体的形状图.
9. 通过观察、操作,认识长方体、正方体、圆柱和圆锥,认识长方体、正方体和圆柱的展开图.

(二)测量

1. 能用量角器量指定角的度数,能画指定度数的角,会用三角尺画 30°,45°,60°,90°角.
2. 探索并掌握三角形、平行四边形和梯形的面积公式,并能解决简单的实际问题.
3. 知道面积单位:千米^2、公顷.
4. 通过操作,了解圆的周长与直径的比为定值,掌握圆的周长公式;探索并掌握圆的面积公式,并能解决简单的实际问题.
5. 会用方格纸估计不规则图形的面积.
6. 通过实例了解体积(包括容积)的意义及度量单位(米^3、分米^3、厘米^3、升、毫升),能进行单位之间的换算,感受 1 米^3、1 厘米^3 以及 1 升、1 毫升的实际意义.
7. 结合具体情境,探索并掌握长方体、正方体、圆柱的体积和表面积以及圆锥体积的计算方法,并能解决简单的实际问题.
8. 体验某些实物(如土豆等)体积的测量方法.

(三)图形的运动

1. 通过观察、操作等活动,进一步认识轴对称图形及其对称轴,能在方格纸上画出轴对称图形的对称轴;能在方格纸上补全一个简单的轴对称图形.
2. 通过观察、操作等,在方格纸上认识图形的平移与旋转,能在方格纸上按水平或垂直方向将简单图形平移,会在方格纸上将简单图形旋转 90°.

3.能利用方格纸按一定比例将简单图形放大或缩小.

4.能从平移、旋转和轴对称的角度欣赏生活中的图案,并运用它们在方格纸上设计简单的图案.

(四)图形与位置

1.了解比例尺;在具体情境中,会按给定的比例进行图上距离与实际距离的换算.

2.能根据物体相对于参照点的方向和距离确定其位置.

3.会描述简单的路线图.

4.在具体情境中,能在方格纸上用数对(限于正整数)表示位置,知道数对与方格纸上点的对应.

三、统计与概率

(一)简单数据统计过程

1.经历简单的收集、整理、描述和分析数据的过程(可使用计算器).

2.会根据实际问题设计简单的调查表,能选择适当的方法(如调查、试验、测量)收集数据.

3.认识条形统计图、扇形统计图、折线统计图;能用条形统计图、折线统计图直观、有效地表示数据.

4.体会平均数的作用,能计算平均数,能用自己的语言解释其实际意义.

5.能从报纸杂志、电视等媒体中,有意识地获得一些数据信息,并能读懂简单的统计图表.

6.能解释统计结果,根据结果作出简单的判断和预测,并能进行交流.

(二)随机现象发生的可能性

1.结合具体情境,了解简单的随机现象;能列出简单的随机现象中所有可能发生的结果.

2.通过试验、游戏等活动,感受随机现象结果发生的可能性是有大小的,能对一些简单的随机现象发生的可能性大小作出定性描述,并能进行交流.

四、综合与实践

1.经历有目的、有设计、有步骤、有合作的实践活动.

2.结合实际情境,体验发现和提出问题、分析和解决问题的过程.

3.在给定目标下,感受针对具体问题提出设计思路、制定简单的方案解决问题的过程.

4.通过应用和反思,进一步理解所用的知识和方法,了解所学知识之间的联系,获得数学活动经验.

第三学段(7～9年级)

一、数与代数

(一)数与式

1. 有理数

(1)理解有理数的意义,能用数轴上的点表示有理数,能比较有理数的大小.

(2)借助数轴理解相反数和绝对值的意义,掌握求有理数的相反数与绝对值的方法,知道$|a|$的含义(这里a表示有理数).

(3)理解乘方的意义,掌握有理数的加、减、乘、除、乘方及简单的混合运算(以三步以内为主).

(4)理解有理数的运算律,能运用运算律简化运算.

(5)能运用有理数的运算解决简单的问题.

2. 实数

(1)了解平方根、算术平方根、立方根的概念,会用根号表示数的平方根、算术平方根、立方根.

(2)了解乘方与开方互为逆运算,会用平方运算求百以内整数的平方根,会用立方运算求百以内整数(对应的负整数)的立方根,会用计算器求平方根和立方根.

(3)了解无理数和实数的概念,知道实数与数轴上的点一一对应,能求实数的相反数与绝对值.

(4)能用有理数估计一个无理数的大致范围.

(5)了解近似数,在解决实际问题中,能用计算器进行近似计算,并会按问题的要求对结果取近似值.

(6)了解二次根式、最简二次根式的概念,了解二次根式(根号下仅限于数)加、减、乘、除运算法则,会用它们进行有关的简单四则运算.

3. 代数式

(1)借助现实情境了解代数式,进一步理解用字母表示数的意义.

(2)能分析简单问题中的数量关系,并用代数式表示.

(3)会求代数式的值;能根据特定的问题查阅资料,找到所需要的公式,并会代入具体的值进行计算.

4. 整式与分式

(1)了解整数指数幂的意义和基本性质;会用科学记数法表示数(包括在计算器上表示).

(2)理解整式的概念,掌握合并同类项和去括号的法则,能进行简单的整式加法和减法运算;能进行简单的整式乘法运算(其中多项式相乘仅指一次式之间以及一次式与二次式相乘).

(3)能推导乘法公式:$(a+b)(a-b)=a^2-b^2$;$(a\pm b)^2=a^2\pm 2ab+b^2$,了解公式的几何背景,并能利用公式进行简单计算.

(4)能用提公因式法、公式法(直接利用公式不超过二次)进行因式分解(指数是正整数).

(5)了解分式和最简分式的概念,能利用分式的基本性质进行约分和通分;能进行简单的分式加、减、乘、除运算.

(二)方程与不等式

1. 方程与方程组

(1)能根据具体问题中的数量关系列出方程,体会方程是刻画现实世界数量关系的有效模型.

(2)经历估计方程解的过程.

(3)掌握等式的基本性质.

(4)能解一元一次方程、可化为一元一次方程的分式方程.

(5)掌握代入消元法和加减消元法,能解二元一次方程组.

(6)* 能解简单的三元一次方程组①.

(7)理解配方法,能用配方法、公式法、因式分解法解数字系数的一元二次方程.

(8)会用一元二次方程根的判别式判别方程是否有实根和两个实根是否相等.

(9)了解一元二次方程的根与系数的关系(不要求应用这个关系解决其他问题).

(10)能根据具体问题的实际意义,检验方程的解是否合理.

2. 不等式与不等式组

(1)结合具体问题,了解不等式的意义,探索不等式的基本性质.

(2)能解数字系数的一元一次不等式,并能在数轴上表示出解集;会用数轴确定由两个一元一次不等式组成的不等式组的解集.

(3)能根据具体问题中的数量关系,列出一元一次不等式,解决简单的问题.

---

① 凡是打星号的内容是选学内容,不作考试要求.

(三)函数

1. 函数

(1)探索简单实例中的数量关系和变化规律,了解常量、变量的意义.

(2)结合实例,了解函数的概念和三种表示法,能举出函数的实例.

(3)能结合图像对简单实际问题中的函数关系进行分析.

(4)能确定简单实际问题中函数自变量的取值范围,并会求出函数值.

(5)能用适当的函数表示法刻画简单实际问题中变量之间的关系.

(6)结合对函数关系的分析,能对变量的变化情况进行初步讨论.

2. 一次函数

(1)结合具体情境体会一次函数的意义,能根据已知条件确定一次函数的表达式.

(2)会利用待定系数法确定一次函数的表达式.

(3)能画出一次函数的图像,根据一次函数的图像和表达式 $y=kx+b(k\neq 0)$ 探索并理解 $k>0$ 和 $k<0$ 时,图像的变化情况.

(4)理解正比例函数.

(5)体会一次函数与二元一次方程的关系.

(6)能用一次函数解决简单实际问题.

3. 反比例函数

(1)结合具体情境体会反比例函数的意义,能根据已知条件确定反比例函数的表达式.

(2)能画出反比例函数的图像,根据图像和表达式 $y=\dfrac{k}{x}(k\neq 0)$ 探索并理解 $k>0$ 和 $k<0$ 时,图像的变化情况.

(3)能用反比例函数解决简单实际问题.

4. 二次函数

(1)通过对实际问题的分析,体会二次函数的意义.

(2)会用描点法画出二次函数的图像,通过图像了解二次函数的性质.

(3)会用配方法将数字系数的二次函数的表达式化为 $y=a(x-h)^2+k$ 的形式,并能由此得到二次函数图像的顶点坐标,说出图像的开口方向,画出图像的对称轴,并能解决简单实际问题.

(4)会利用二次函数的图像求一元二次方程的近似解.

(5)* 知道给定不共线三点的坐标可以确定一个二次函数.

二、图形与几何

(一)图形的性质①

1. 点、线、面、角

(1)通过实物和具体模型,了解从物体抽象出来的几何体、平面、直线和点等.

(2)会比较线段的长短,理解线段的和、差,以及线段中点的意义.

(3)掌握基本事实:两点确定一条直线.

(4)掌握基本事实:两点之间线段最短.

(5)理解两点间距离的意义,能度量两点间的距离.

(6)理解角的概念,能比较角的大小.

(7)认识度、分、秒,会对度、分、秒进行简单的换算,并会计算角的和、差.

2. 相交线与平行线

(1)理解对顶角、余角、补角等概念,探索并掌握对顶角相等、同角(等角)的余角相等,同角(等角)的补角相等的性质.

(2)理解垂线、垂线段等概念,能用三角尺或量角器过一点画已知直线的垂线.

(3)理解点到直线的距离的意义,能度量点到直线的距离.

(4)掌握基本事实:过一点有且只有一条直线与已知直线垂直.

(5)识别同位角、内错角、同旁内角.

(6)理解平行线概念;掌握基本事实:两条直线被第三条直线所截,如果同位角相等,那么两直线平行.

(7)掌握基本事实:过直线外一点有且只有一条直线与这条直线平行.

(8)掌握平行线的性质定理:两条平行直线被第三条直线所截,同位角相等.*了解平行线性质定理的证明.

(9)能用三角尺和直尺过已知直线外一点画这条直线的平行线.

(10)探索并证明平行线的判定定理:两条直线被第三条直线所截,如果内错角相等(或同旁内角互补),那么两直线平行;平行线的性质定理:两条平行直线被第三条直线所截,内错角相等(或同旁内角互补).

(11)了解平行于同一条直线的两条直线平行.

3. 三角形

(1)理解三角形及其内角、外角、中线、高线、角平分线等概念,了解三角形的

---

① 考试中,只能用下文出现的基本事实和定理作为证明的依据.

稳定性.

（2）探索并证明三角形的内角和定理.掌握它的推论：三角形的外角等于与它不相邻的两个内角的和.证明三角形的任意两边之和大于第三边.

（3）理解全等三角形的概念，能识别全等三角形中的对应边、对应角.

（4）掌握基本事实：两边及其夹角分别相等的两个三角形全等.

（5）掌握基本事实：两角及其夹边分别相等的两个三角形全等.

（6）掌握基本事实：三边分别相等的两个三角形全等.

（7）证明定理：两角及其中一组等角的对边分别相等的两个三角形全等.

（8）探索并证明角平分线的性质定理：角平分线上的点到角两边的距离相等；反之，角的内部到角两边距离相等的点在角的平分线上.

（9）理解线段垂直平分线的概念，探索并证明线段垂直平分线的性质定理：线段垂直平分线上的点到线段两端的距离相等；反之，到线段两端距离相等的点在线段的垂直平分线上.

（10）了解等腰三角形的概念，探索并证明等腰三角形的性质定理：等腰三角形的两底角相等；底边上的高线、中线及顶角平分线重合.探索并掌握等腰三角形的判定定理：有两个角相等的三角形是等腰三角形.探索等边三角形的性质定理：等边三角形的各角都等于60°，及等边三角形的判定定理：三个角都相等的三角形（或有一个角是60°的等腰三角形）是等边三角形.

（11）了解直角三角形的概念，探索并掌握直角三角形的性质定理：直角三角形的两个锐角互余，直角三角形斜边上的中线等于斜边的一半.掌握有两个角互余的三角形是直角三角形.

（12）探索勾股定理及其逆定理，并能运用它们解决一些简单的实际问题.

（13）探索并掌握判定直角三角形全等的"斜边、直角边"定理.

（14）了解三角形重心的概念.

4.四边形

（1）了解多边形的定义，多边形的顶点、边、内角、外角、对角线等概念；探索并掌握多边形内角和与外角和公式.

（2）理解平行四边形、矩形、菱形、正方形的概念，以及它们之间的关系；了解四边形的不稳定性.

（3）探索并证明平行四边形的性质定理：平行四边形的对边相等、对角相等、对角线互相平分；探索并证明平行四边形的判定定理：一组对边平行且相等的四边形是平行四边形；两组对边分别相等的四边形是平行四边形；对角线互相平分的四边形是平行四边形.

（4）了解两条平行线之间距离的意义，能度量两条平行线之间的距离.

（5）探索并证明矩形、菱形、正方形的性质定理：矩形的四个角都是直角，对角线相等;菱形的四条边相等,对角线互相垂直;以及它们的判定定理:三个角是直角的四边形是矩形,对角线相等的平行四边形是矩形;四边相等的四边形是菱形,对角线互相垂直的平行四边形是菱形.正方形具有矩形和菱形的一切性质.

(6)探索并证明三角形的中位线定理.

5. 圆①

(1)理解圆、弧、弦、圆心角、圆周角的概念,了解等圆、等弧的概念;探索并了解点与圆的位置关系.

(2)探索并证明垂径定理:垂直于弦的直径平分弦以及弦所对的两条弧.

(3)探索圆周角与圆心角及其所对弧的关系,了解并证明圆周角定理及其推论:圆周角的度数等于它所对弧上的圆心角度数的一半;直径所对的圆周角是直角;90°的圆周角所对的弦是直径;圆内接四边形的对角互补.

(4)知道三角形的内心和外心.

(5)了解直线和圆的位置关系,掌握切线的概念,探索切线与过切点的半径的关系,会用三角尺过圆上一点画圆的切线.

(6)探索并证明切线长定理:过圆外一点所画的圆的两条切线长相等.

(7)会计算圆的弧长、扇形的面积.

(8)了解正多边形的概念及正多边形与圆的关系.

6. 尺规作图

(1)能用尺规完成以下基本作图:作一条线段等于已知线段;作一个角等于已知角;作一个角的平分线;作一条线段的垂直平分线;过一点作已知直线的垂线.

(2)会利用基本作图作三角形:已知三边、两边及其夹角、两角及其夹边作三角形;已知底边及底边上的高线作等腰三角形;已知一直角边和斜边作直角三角形.

(3)会利用基本作图完成:过不在同一直线上的三点作圆;作三角形的外接圆、内切圆;作圆的内接正方形和正六边形.

(4)在尺规作图中,了解作图的道理,保留作图的痕迹,不要求写出作法.

7. 定义、命题、定理

(1)通过具体实例,了解定义、命题、定理、推论的意义.

(2)结合具体实例,会区分命题的条件和结论,了解原命题及其逆命题的概念.会识别两个互逆的命题,知道原命题成立其逆命题不一定成立.

(3)知道证明的意义和证明的必要性,知道证明要合乎逻辑,知道证明的过

---

① 考试中,不要求用(2)(3)(6)证明其他命题.

程可以有不同的表达形式,会综合法证明的格式.

(4)了解反例的作用,知道利用反例可以判断一个命题是错误的.

(5)通过实例体会反证法的含义.

(二)图形的变化

1. 图形的轴对称

(1)通过具体实例了解轴对称的概念,探索它的基本性质:成轴对称的两个图形中,对应点的连线被对称轴垂直平分.

(2)能画出简单平面图形(点,线段,直线,三角形等)关于给定对称轴的对称图形.

(3)了解轴对称图形的概念;探索等腰三角形、矩形、菱形、正多边形、圆的轴对称性质.

(4)认识并欣赏自然界和现实生活中的轴对称图形.

2. 图形的旋转

(1)通过具体实例认识平面图形关于旋转中心的旋转.探索它的基本性质:一个图形和它经过旋转所得到的图形中,对应点到旋转中心距离相等,两组对应点分别与旋转中心连线所成的角相等.

(2)了解中心对称、中心对称图形的概念,探索它的基本性质:成中心对称的两个图形中,对应点的连线经过对称中心,且被对称中心平分.

(3)探索线段、平行四边形、正多边形、圆的中心对称性质.

(4)认识并欣赏自然界和现实生活中的中心对称图形.

3. 图形的平移

(1)通过具体实例认识平移,探索它的基本性质:一个图形和它经过平移所得的图形中,两组对应点的连线平行(或在同一条直线上)且相等.

(2)认识并欣赏平移在自然界和现实生活中的应用.

(3)运用图形的轴对称、旋转、平移进行图案设计.

4. 图形的相似[①]

(1)了解比例的基本性质、线段的比、成比例的线段;通过建筑、艺术上的实例了解黄金分割.

(2)通过具体实例认识图形的相似.了解相似多边形和相似比.

(3)掌握基本事实:两条直线被一组平行线所截,所得的对应线段成比例.

(4)了解相似三角形的判定定理:两角分别相等的两个三角形相似;两边成比例且夹角相等的两个三角形相似;三边成比例的两个三角形相似.*了解相似

---

① 考试中,不要求用(4)(5)证明其他命题.

三角形判定定理的证明.

(5)了解相似三角形的性质定理:相似三角形对应线段的比等于相似比;面积比等于相似比的平方.

(6)了解图形的位似,知道利用位似可以将一个图形放大或缩小.

(7)会利用图形的相似解决一些简单的实际问题.

(8)利用相似的直角三角形,探索并认识锐角三角函数(sinA,cosA,tanA),知道30°,45°,60°角的三角函数值.

(9)会使用计算器由已知锐角求它的三角函数值,由已知三角函数值求它的对应锐角.

(10)能用锐角三角函数解直角三角形,能用相关知识解决一些简单的实际问题.

5. 图形的投影

(1)通过丰富的实例,了解中心投影和平行投影的概念.

(2)会画直棱柱、圆柱、圆锥、球的主视图、左视图、俯视图,能判断简单物体的视图,并会根据视图描述简单的几何体.

(3)了解直棱柱、圆锥的侧面展开图,能根据展开图想象和制作实物模型.

(4)通过实例,了解上述视图与展开图在现实生活中的应用.

(三)图形与坐标

1. 坐标与图形位置

(1)结合实例进一步体会用有序数对可以表示物体的位置.

(2)理解平面直角坐标系的有关概念,能画出直角坐标系;在给定的直角坐标系中,能根据坐标描出点的位置、由点的位置写出它的坐标.

(3)在实际问题中,能建立适当的直角坐标系,描述物体的位置.

(4)会写出矩形的顶点坐标,体会可以用坐标刻画一个简单图形.

(5)在平面上,能用方位角和距离刻画两个物体的相对位置.

2. 坐标与图形运动

(1)在直角坐标系中,以坐标轴为对称轴,能写出一个已知顶点坐标的多边形的对称图形的顶点坐标,并知道对应顶点坐标之间的关系.

(2)在直角坐标系中,能写出一个已知顶点坐标的多边形沿坐标轴方向平移后图形的顶点坐标,并知道对应顶点坐标之间的关系.

(3)在直角坐标系中,探索并了解将一个多边形依次沿两个坐标轴方向平移后所得到的图形与原来的图形具有平移关系,体会图形顶点坐标的变化.

(4)在直角坐标系中,探索并了解将一个多边形的顶点坐标(有一个顶点为原点、有一个边在横坐标轴上)分别扩大或缩小相同倍数时所对应的图形与原图形是位似的.

三、统计与概率

(一)抽样与数据分析

1. 经历收集、整理、描述和分析数据的活动,了解数据处理的过程;能用计算器处理较为复杂的数据.

2. 体会抽样的必要性,通过实例了解简单随机抽样.

3. 会制作扇形统计图,能用统计图直观、有效地描述数据.

4. 理解平均数的意义,能计算中位数、众数、加权平均数,了解它们是数据集中趋势的描述.

5. 体会刻画数据离散程度的意义,会计算简单数据的方差.

6. 通过实例,了解频数和频数分布的意义,能画频数直方图,能利用频数直方图解释数据中蕴涵的信息.

7. 体会样本与总体关系,知道可以通过样本平均数、样本方差推断总体平均数、总体方差.

8. 能解释统计结果,根据结果作出简单的判断和预测,并能进行交流.

9. 通过表格、折线图、趋势图等,感受随机现象的变化趋势.

(二)事件的概率

1. 能通过列表、画树状图等方法列出简单随机事件所有可能的结果,以及指定事件发生的所有可能结果,了解事件的概率.

2. 知道通过大量地重复试验,可以用频率来估计概率.

四、综合与实践

1. 结合实际情境,经历设计解决具体问题的方案,并加以实施的过程,体验建立模型、解决问题的过程,并在此过程中,尝试发现和提出问题.

2. 会反思参与活动的全过程,将研究的过程和结果形成报告或小论文,并能进行交流,进一步获得数学活动经验.

3. 通过对有关问题的探讨,了解所学过知识(包括其他学科知识)之间的关联,进一步理解有关知识,发展应用意识和能力.

第四部分　实施建议

一、教学建议

教学活动是师生积极参与、交往互动、共同发展的过程.

数学教学应根据具体的教学内容,注意使学生在获得间接经验的同时也能够有机会获得直接经验,即从学生实际出发,创设有助于学生自主学习的问题情境,引导学生通过实践、思考、探索、交流等,获得数学的基础知识、基本技能、基本思想、基本活动经验,促使学生主动地、富有个性地学习,不断提高发现问题和提出问题的能力、分析问题和解决问题的能力.

在数学教学活动中,教师要把基本理念转化为自己的教学行为,处理好教师讲授与学生自主学习的关系,注重启发学生积极思考;发扬教学民主,当好学生数学活动的组织者、引导者、合作者;激发学生的学习潜能,鼓励学生大胆创新与实践;创造性地使用教材,积极开发、利用各种教学资源,为学生提供丰富多彩的学习素材;关注学生的个体差异,有效地实施有差异的教学,使每个学生都得到充分的发展;合理地运用现代信息技术,有条件的地区,要尽可能合理、有效地使用计算机和有关软件,提高教学效益.

1. 数学教学活动要注重课程目标的整体实现

为使每个学生都受到良好的数学教育,数学教学不仅要使学生获得数学的知识技能,而且要把知识技能、数学思考、问题解决、情感态度四个方面目标有机结合,整体实现课程目标.

课程目标的整体实现需要日积月累.在日常的教学活动中,教师应努力挖掘教学内容中可能蕴涵的、与上述四个方面目标有关的教育价值,通过长期的教学过程,逐渐实现课程的整体目标.因此,无论是设计、实施课堂教学方案,还是组织各类教学活动,不仅要重视学生获得知识技能,而且要激发学生的学习兴趣,通过独立思考或者合作交流感悟数学的基本思想,引导学生在参与数学活动的过程中积累基本经验,帮助学生形成认真勤奋、独立思考、合作交流、反思质疑等良好的学习习惯.

例如,关于"零指数"教学方案的设计可作如下考虑:教学目标不仅要包括了解零指数幂的"规定"、会进行简单计算,还要包括感受这个"规定"的合理性,并在这个过程中学会数学思考、感悟理性精神.

2. 重视学生在学习活动中的主体地位

有效的数学教学活动是教师教与学生学的统一,应体现"以人为本"的理念,促进学生的全面发展.

(1)学生是数学学习的主体,在积极参与学习活动的过程中不断得到发展.

学生获得知识,必须建立在自己思考的基础上,可以通过接受学习的方式,也可以通过自主探索等方式;学生应用知识并逐步形成技能,离不开自己的实践;学生在获得知识技能的过程中,只有亲身参与教师精心设计的教学活动,才能在数学思考、问题解决和情感态度方面得到发展.

(2)教师应成为学生学习活动的组织者、引导者、合作者,为学生的发展提供良好的环境和条件.

教师的"组织"作用主要体现在两个方面:第一,教师应当准确把握教学内容的数学实质和学生的实际情况,确定合理的教学目标,设计一个好的教学方案;第二,在教学活动中,教师要选择适当的教学方式,因势利导、适时调控、努力营造师生互动、生生互动、生动活泼的课堂氛围,形成有效的学习活动.

教师的"引导"作用主要体现在:通过恰当的问题,或者准确、清晰、富有启发性的讲授,引导学生积极思考、求知求真,激发学生的好奇心;通过恰当的归纳和示范,使学生理解知识、掌握技能、积累经验、感悟思想;能关注学生的差异,用不同层次的问题或教学手段,引导每一个学生都能积极参与学习活动,提高教学活动的针对性和有效性.

教师与学生的"合作"主要体现在:教师以平等、尊重的态度鼓励学生积极参与教学活动,启发学生共同探索,与学生一起感受成功和挫折、分享发现和成果.

(3)处理好学生主体地位和教师主导作用的关系.

好的教学活动,应是学生主体地位和教师主导作用的和谐统一.一方面,学生主体地位的真正落实,依赖于教师主导作用的有效发挥;另一方面,有效发挥教师主导作用的标志,是学生能够真正成为学习的主体,得到全面的发展.

实行启发式教学有助于落实学生的主体地位和发挥教师的主导作用.教师富有启发性的讲授;创设情境、设计问题,引导学生自主探索、合作交流;组织学生操作实验、观察现象、提出猜想、推理论证等,都能有效地启发学生的思考,使学生成为学习的主体,逐步学会学习.

3.注重学生对基础知识、基本技能的理解和掌握

"知识技能"既是学生发展的基础性目标,又是落实"数学思考""问题解决""情感态度"目标的载体.

(1)数学知识的教学,应注重学生对所学知识的理解,体会数学知识之间的关联.

学生掌握数学知识,不能依赖死记硬背,而应以理解为基础,并在知识的应用中不断巩固和深化.为了帮助学生真正理解数学知识,教师应注重数学知识与学生生活经验的联系、与学生学科知识的联系,组织学生开展实验、操作、尝试等活动,引导学生进行观察、分析,抽象概括,运用知识进行判断.教师还应揭示知识的数学实质及其体现的数学思想,帮助学生理清相关知识之间的区别和联系等.

数学知识的教学,要注重知识的"生长点"与"延伸点",把每堂课教学的知识置于整体知识的体系中,注重知识的结构和体系,处理好局部知识与整体知识的关系,引导学生感受数学的整体性,体会对于某些数学知识可以从不同的角度加以分析、从不同的层次进行理解.

(2)在基本技能的教学中,不仅要使学生掌握技能操作的程序和步骤,还要使学生理解程序和步骤的道理.例如,对于整数乘法计算,学生不仅要掌握如何进行计算,而且要知道相应的算理;对于尺规作图,学生不仅要知道作图的步骤,而且要能知道实施这些步骤的理由.

基本技能的形成,需要一定量的训练,但要适度,不能依赖机械的重复操作,要注重训练的实效性.教师应把握技能形成的阶段性,根据内容的要求和学生的实际,分层次地落实.

4. 感悟数学思想,积累数学活动经验

数学思想蕴涵在数学知识形成、发展和应用的过程中,是数学知识和方法在更高层次上的抽象与概括,如抽象、分类、归纳、演绎、模型等.学生在积极参与教学活动的过程中,通过独立思考、合作交流,逐步感悟数学思想.

例如,分类是一种重要的数学思想.学习数学的过程中经常会遇到分类问题,如数的分类,图形的分类,代数式的分类,函数的分类等.在研究数学问题中,常常需要通过分类讨论解决问题,分类的过程就是对事物共性的抽象过程.教学活动中,要使学生逐步体会为什么要分类,如何分类,如何确定分类的标准,在分类的过程中如何认识对象的性质,如何区别不同对象的不同性质.通过多次反复的思考和长时间的积累,使学生逐步感悟分类是一种重要的思想.学会分类,可以有助于学习新的数学知识,有助于分析和解决新的数学问题.

数学活动经验的积累是提高学生数学素养的重要标志.帮助学生积累数学活动经验是数学教学的重要目标,是学生不断经历、体验各种数学活动过程的结果.数学活动经验需要在"做"的过程和"思考"的过程中积淀,是在数学学习活动过程中逐步积累的.

教学中注重结合具体的学习内容,设计有效的数学探究活动,使学生经历数学的发生发展过程,是学生积累数学活动经验的重要途径.例如,在统计教学中,设计有效的统计活动,使学生经历完整的统计过程,包括收集数据、整理数据、展示数据、从数据中提取信息,并利用这些信息说明问题.学生在这样的过程中,不断积累统计活动经验,加深理解统计思想与方法.

"综合与实践"是积累数学活动经验的重要载体.在经历具体的"综合与实

践"问题的过程中,引导学生体验如何发现问题,如何选择适合自己完成的问题,如何把实际问题变成数学问题,如何设计解决问题的方案,如何选择合作的伙伴,如何有效地呈现实践的成果,让别人体会自己成果的价值.通过这样的教学活动,学生会逐步积累运用数学解决问题的经验.

5. 关注学生情感态度的发展

根据课程目标,广大教师要把落实情感态度的目标作为己任,努力把情感态度目标有机地融合在数学教学过程之中.设计教学方案、进行课堂教学活动时,应当经常考虑如下问题:

如何引导学生积极参与教学过程?

如何组织学生探索,鼓励学生创新?

如何引导学生感受数学的价值?

如何使他们愿意学,喜欢学,对数学感兴趣?

如何让学生体验成功的喜悦,从而增强自信心?

如何引导学生善于与同伴合作交流,既能理解、尊重他人的意见,又能独立思考、大胆质疑?

如何让学生做自己能做的事,并对自己做的事情负责?

如何帮助学生锻炼克服困难的意志?

如何培养学生良好的学习习惯?

在教育教学活动中,教师要尊重学生,以强烈的责任心,严谨的治学态度,健全的人格感染和影响学生;要不断提高自身的数学素养,善于挖掘教学内容的教育价值;要在教学实践中善于用本标准的理念分析各种现象,恰当地进行养成教育.

6. 合理把握"综合与实践"的实施

"综合与实践"的实施是以问题为载体、以学生自主参与为主的学习活动.它有别于学习具体知识的探索活动,更有别于课堂上教师的直接讲授.它是教师通过问题引领、学生全程参与、实践过程相对完整的学习活动.

积累数学活动经验、培养学生应用意识和创新意识是数学课程的重要目标,应贯穿整个数学课程之中."综合与实践"是实现这些目标的重要和有效的载体."综合与实践"的教学,重在实践、重在综合.重在实践是指在活动中,注重学生自主参与、全过程参与,重视学生积极动脑、动手、动口.重在综合是指在活动中,注重数学与生活实际、数学与其他学科、数学内部知识的联系和综合应用.

教师在教学设计和实施时应特别关注的几个环节是:问题的选择,问题的展开过程,学生参与的方式,学生的合作交流,活动过程和结果的展示与评价等.

要使学生能充分、自主地参与"综合与实践"活动,选择恰当的问题是关键.这些问题既可来自教材,也可以由教师、学生开发.提倡教师研制、开发、生成出更多适合本地学生特点的、有利于实现"综合与实践"课程目标的好问题.

实施"综合与实践"时,教师要放手让学生参与,启发和引导学生进入角色,组织好学生之间的合作交流,并照顾到所有的学生.教师不仅要关注结果,更要关注过程,不要急于求成,要鼓励引导学生充分利用"综合与实践"的过程,积累活动经验、展现思考过程、交流收获体会、激发创造潜能.

在实施过程中,教师要注意观察、积累、分析、反思,使"综合与实践"的实施成为提高教师自身和学生素质的互动过程.

教师应该根据不同学段学生的年龄特征和认知水平,根据学段目标,合理设计并组织实施"综合与实践"活动.

7. 教学中应当注意的几个关系

(1)"预设"与"生成"的关系

教学方案是教师对教学过程的"预设",教学方案的形成依赖于教师对教材的理解、钻研和再创造.理解和钻研教材,应以本标准为依据,把握好教材的编写意图和教学内容的教育价值;对教材的再创造,集中表现在:能根据所教班级学生的实际情况,选择贴切的教学素材和教学流程,准确地体现基本理念和内容标准规定的要求.

实施教学方案,是把"预设"转化为实际的教学活动.在这个过程中,师生双方的互动往往会"生成"一些新的教学资源,这就需要教师能够及时把握,因势利导,适时调整预案,使教学活动收到更好的效果.

(2)面向全体学生与关注学生个体差异的关系

教学活动应努力使全体学生达到课程目标的基本要求,同时要关注学生的个体差异,促进每个学生在原有基础上的发展.

对于学习有困难的学生,教师要给予及时的关注与帮助,鼓励他们主动参与数学学习活动,并尝试用自己的方式解决问题、发表自己的看法,要及时地肯定他们的点滴进步,耐心地引导他们分析产生困难或错误的原因,并鼓励他们自己去改正,从而增强学习数学的兴趣和信心.对于学有余力并对数学有兴趣的学生,教师要为他们提供足够的材料和思维空间,指导他们阅读,发展他们的数学才能.

在教学活动中,要鼓励与提倡解决问题策略的多样化,恰当评价学生在解决问题过程中所表现出的不同水平;问题情境的设计、教学过程的展开、练习的安排等要尽可能地让所有学生都能主动参与,提出各自解决问题的策略,并引导学生通过与他人的交流选择合适的策略,丰富数学活动的经验,提高思维水平.

(3)合情推理与演绎推理的关系

推理贯穿于数学教学的始终,推理能力的形成和提高需要一个长期的、循序渐进的过程.义务教育阶段要注重学生思考的条理性,不要过分强调推理的形式.

推理包括合情推理和演绎推理.教师在教学过程中,应该设计适当的学习活动,引导学生通过观察、尝试、估算、归纳、类比、画图等活动发现一些规律,猜测某些结论,发展合情推理能力;通过实例使学生逐步意识到,结论的正确性需要演绎推理的确认,可以根据学生的年龄特征提出不同程度的要求.

在第三学段中,应把证明作为探索活动的自然延续和必要发展,使学生知道合情推理与演绎推理是相辅相成的两种推理形式."证明"的教学应关注学生对证明必要性的感受,对证明基本方法的掌握和证明过程的体验.证明命题时,应要求证明过程及其表述符合逻辑,清晰而有条理.此外,还可以恰当地引导学生探索证明同一命题的不同思路和方法,进行比较和讨论,激发学生对数学证明的兴趣,发展学生思维的广阔性和灵活性.

(4)使用现代信息技术与教学手段多样化的关系

积极开发和有效利用各种课程资源,合理地应用现代信息技术,注重信息技术与课程内容的整合,能有效地改变教学方式,提高课堂教学的效益.有条件的地区,教学中要尽可能地使用计算器、计算机以及有关软件;暂时没有这种条件的地区,一方面要积极创造条件改善教学设施,另一方面广大教师应努力自制教具以弥补教学设施的不足.

在学生理解并能正确应用公式、法则进行计算的基础上,鼓励学生用计算器完成较为繁杂的计算.课堂教学、课外作业、实践活动中,应当根据内容标准的要求,允许学生使用计算器,还应当鼓励学生用计算器进行探索规律等活动.

现代信息技术的作用不能完全替代原有的教学手段,其真正价值在于实现原有的教学手段难以达到甚至达不到的效果.例如,利用计算机展示函数图像、几何图形的运动变化过程;从数据库中获得数据,绘制合适的统计图表;利用计算机的随机模拟结果,引导学生更好地理解随机事件以及随机事件发生的概率;等等.在应用现代信息技术的同时,教师还应注重课堂教学的板书设计.必要的板书有利于实现学生的思维与教学过程同步,有助于学生更好地把握教学内容的脉络.

二、评价建议

评价的主要目的是全面了解学生数学学习的过程和结果,激励学生学习和改进教师教学.评价应以课程目标和内容标准为依据,体现数学课程的基本理念,全面评价学生在知识技能、数学思考、问题解决和情感态度等方面的表现.

评价不仅要关注学生的学习结果,更要关注学生在学习过程中的发展和变化.应采用多样化的评价方式,恰当呈现并合理利用评价结果,发挥评价的激励作用,保护学生的自尊心和自信心.通过评价得到的信息,可以了解学生数学学习达到的水平和存在的问题,帮助教师进行总结与反思,调整和改进教学内容和教学过程.

1. 基础知识和基本技能的评价

对基础知识和基本技能的评价,应以各学段的具体目标和要求为标准,考查学生对基础知识和基本技能的理解和掌握程度,以及在学习基础知识与基本技能过程中的表现.在对学生学习基础知识和基本技能的结果进行评价时,应该准确地把握"了解、理解、掌握、应用"不同层次的要求.在对学生学习过程进行评价时,应依据"经历、体验、探索"不同层次的要求,采取灵活多样的方法,定性与定量相结合、以定性评价为主.

每一学段的目标是该学段结束时学生应达到的要求,教师需要根据学习的进度和学生的实际情况确定具体的要求.例如,下表是对第一学段有关计算技能的基本要求,这些要求是在学段结束时应达到的,评价时应注意把握尺度,对计算速度不作过高要求.

表1 第一学段计算技能评价要求

学习内容	速度要求
20以内加减法和表内乘除法口算	8~10题/分
百以内加减法口算	3~4题/分
三位数以内的加减法笔算	2~3题/分
两位数乘两位数笔算	1~2题/分
一位数除两位或三位数的除法笔算	1~2题/分

教师应允许学生经过较长时间的努力,随着数学知识与技能的积累逐步达到学段目标.在实施评价时,可以对部分学生采取"延迟评价"[①]的方式,提供再次评价的机会,使他们看到自己的进步,树立学好数学的信心.

2. 数学思考和问题解决的评价

数学思考和问题解决的评价要依据总目标和学段目标的要求,体现在整个数学学习过程中.

对数学思考和问题解决的评价应当采用多种形式和方法,特别要重视在平时教学和具体的问题情境中进行评价.例如,在第二学段,教师可以设计下面的活动,评价学生数学思考和问题解决的能力:

---

① 延迟评价是指在平时学习过程中,对尚未达到目标要求的学生,可暂时不给明确的评价结果,给学生更多的机会,当取得较好的成绩时再给予评价,以保护学生学习的积极性.

用长为50厘米的细绳围成一个边长为整厘米数的长方形,怎样才能使面积达到最大?

在对学生进行评价时,教师可以关注以下几个不同的层次:

第一,学生是否能理解题目的意思,能否提出解决问题的策略,如通过画图进行尝试;

第二,学生能否列举若干满足条件的长方形,通过列表等形式将其进行有序排列;

第三,在观察、比较的基础上,学生能否发现长和宽变化时,面积的变化规律,并猜测问题的结果;

第四,对猜测的结果给予验证;

第五,鼓励学生发现和提出一般性问题,如,猜想当长和宽的变化不限于整厘米数时,面积何时最大.

为此,教师可以根据实际情况,设计有层次的问题评价学生的不同水平.例如,设计下面的问题:

(1)找出三个满足条件的长方形,记录下长方形的长、宽和面积,并依据长或宽的长短有序地排列出来.

(2)观察排列的结果,探索长方形的长和宽发生变化时,面积相应的变化规律.猜测当长和宽各为多少厘米时,长方形的面积最大.

(3)列举满足条件的长和宽的所有可能结果,验证猜测.

(4)猜想:如果不限制长方形的长和宽为整厘米数,怎样才能使它的面积最大?

教师可以预设目标:对于第二学段的学生,能够完成第(1)(2)题就达到基本要求,对于能完成第(3)(4)题的学生,则给予进一步的肯定.

学生解决问题的策略可能与教师的预设有所不同,教师应给予恰当的评价.

3. 情感态度的评价

情感态度的评价应依据课程目标的要求,采用适当的方法进行.主要方式有课堂观察、活动记录、课后访谈等.

情感态度评价主要在平时教学过程中进行,注重考查和记录学生在不同阶段情感态度的状况和发生的变化.例如,可以设计下面的评价表,记录、整理和分析学生参与数学活动的情况.这样的评价表每个学期至少记录1次,教师可以根据实际需要自行设计或调整评价的具体内容.

表2　参与数学活动情况的评价表

学生姓名：_____　时间：_____　活动内容：_____

评价内容	主要表现
参与活动	
思考问题	
与他人合作	
表达与交流	

教师可以根据实际情况设计类似的评价表，也可以根据需要设计学生情感态度的综合评价表.

4. 注重对学生数学学习过程的评价

学生在数学学习过程中，知识技能、数学思考、问题解决和情感态度等方面的表现不是孤立的，这些方面的发展综合体现在数学学习过程之中. 在评价学生每一个方面表现的同时，要注重对学生学习过程的整体评价，分析学生在不同阶段的发展变化. 评价时应注意记录、保留和分析学生在不同时期的学习表现和学业成就.

例如，可以设计下面的课堂观察表用于记录学生在课堂中的表现，积累起来，以便综合了解学生的学习表现以及变化情况. 观察表中的项目可以根据实际需要自行调整，随时记录学生在课堂教学中的表现. 教师可以有计划地每天记录几位同学的表现，保证每学期每位同学有3～5次的记录；也可以根据实际情况记录某些同学的特殊表现，如提出或回答问题具有独特性的同学、在某方面表现突出的同学、或在某方面需要改进的同学. 经过一段时间的积累，对于学生平时数学学习的表现，就会有一个较为清晰具体的了解.

表3　课堂观察表

上课时间：_____　科目：_____　内容：_____

项目＼学生	王涛	李明	陈虎						
课堂参与									
提出或回答问题									
合作与交流									
课堂练习									
知识技能的掌握									
独立思考									
其他									

说明：记录时，可以用3表示优，2表示良，1表示一般，等等.

5. 体现评价主体的多元化和评价方式的多样化

评价主体的多元化是指教师、家长、同学及学生本人都可以作为评价者,可以综合运用教师评价、学生自我评价、学生相互评价、家长评价等方式,对学生的学习情况和教师的教学情况进行全面的考查.例如,每一个学习单元结束时,教师可以要求学生自我设计一个"学习小结",用合适的形式(表、图、卡片、电子文本等)归纳学到的知识和方法,学习中的收获,遇到的问题,等等.教师可以通过学习小结对学生的学习情况进行评价,也可以组织学生将自己的学习小结在班级展示交流,通过这种形式总结自己的进步,反思自己的不足以及需要改进的地方,汲取他人值得借鉴的经验.条件允许时,可以请家长参与评价.

评价方式多样化体现在多种评价方法的运用,包括书面测验、口头测验、开放式问题、活动报告、课堂观察、课后访谈、课内外作业、成长记录等等.在条件允许的地方,也可以采用网上交流的方式进行评价.每种评价方式都具有各自的特点,教师应结合学习内容及学生学习的特点,选择适当的评价方式.例如,可以通过课堂观察了解学生学习的过程与学习态度,从作业中了解学生基础知识与基本技能掌握的情况,从探究活动中了解学生独立思考的习惯和合作交流的意识,从成长记录中了解学生的发展变化.

6. 恰当地呈现和利用评价结果

评价结果的呈现应采用定性与定量相结合的方式.第一学段的评价应当以描述性评价为主,第二学段采用描述性评价和等级评价相结合的方式,第三学段可以采用描述性评价和等级(或百分制)评价相结合的方式.

评价结果的呈现和利用应有利于增强学生学习数学的自信心,提高学生学习数学的兴趣,使学生养成良好的学习习惯,促进学生的发展.评价结果的呈现,应该更多地关注学生的进步,关注学生已经掌握了什么,获得了哪些提高,具备了什么能力,还有什么潜能,在哪些方面还存在不足,等等.

例如,下面是对某同学第二学段关于"统计与概率"学习的书面评语:

王小明同学,本学期我们学习了收集、整理和表达数据.你通过自己的努力,能收集、记录数据,知道如何求平均数,了解统计图的特点,制作的统计图很出色,在这方面表现突出.但你在使用语言解释统计结果方面还存在一定差距.继续努力,小明!评定等级:B.

这个以定性为主的评语,实际上也是教师与学生的一次情感交流.学生阅读这一评语,能够获得成功的体验,树立学好数学的自信心,也知道自己的不足和努力方向.

教师要注意分析全班学生评价结果随时间的变化,从而了解自己教学的成绩和问题,分析、反思教学过程中影响学生能力发展和素质提高的原因,寻求改善教学的对策.同时,以适当的方式,将学生一些积极的变化及时反馈给学生.

7. 合理设计与实施书面测验

书面测验是考查学生课程目标达成状况的重要方式,合理地设计和实施书面测验有助于全面考查学生的数学学业成就,及时反馈教学成效,不断提高教学质量.

(1)对于学生基础知识和基本技能达成情况的评价,必须准确把握内容标准中的要求.例如,对于一元二次方程根与系数关系的考查,内容标准中的要求是"了解",并不要求应用这个关系解决其他问题,设计测试题目时应符合这个要求.

内容标准中的选学内容,不得列入考查(考试)范围.

对基础知识和基本技能的考查,要注重考查学生对其中所蕴涵的数学本质的理解,考查学生能否在具体情境中合理应用.因此,在设计试题时,应淡化特殊的解题技巧,不出偏题怪题.

(2)在设计试题时,应该关注并且体现本标准的设计思路中提出的几个核心词:数感、符号意识、空间观念、几何直观、数据分析观念、运算能力、推理能力、模型思想,以及应用意识和创新意识.

(3)根据评价的目的合理地设计试题的类型,有效地发挥各种类型题目的功能.例如,为考查学生从具体情境中获取信息的能力,可以设计阅读分析的问题;为考查学生的探究能力,可以设计探索规律的问题;为考查学生解决问题的能力,可以设计具有实际背景的问题;为了考查学生的创造能力,可以设计开放性问题.

(4)在书面测验中,积极探索可以考察学生学习过程的试题,了解学生的学习过程.

三、教材编写建议

数学教材为学生的数学学习活动提供了学习主题、基本线索和知识结构,是实现数学课程目标、实施数学教学的重要资源.

数学教材的编写应以本标准为依据.教材所选择的学习素材应尽量与学生的生活现实、数学现实、其他学科现实相联系,应有利于加深学生对所要学习内容的数学理解.教材内容的呈现要体现数学知识的整体性,体现重要的数学知识和方法的产生、发展和应用过程;应引导学生进行自主探索与合作交流,并关注对学生人文精神的培养;教材的编写要有利于调动教师的主动性和积极性,有利于教师进行创造性教学.

内容标准是按照学段制订的,并未规定学习内容的呈现顺序.因此,教材可以在不违背数学知识逻辑关系的基础上,根据学生的数学学习认知规律、知识背景和活动经验，合理地安排学习内容，形成自己的编排体系，体现出自己的风格和特色．

1．教材编写应体现科学性

科学性是对教材编写的基本要求．教材一方面要符合数学的学科特征，另一方面要符合学生的认知规律．

（1）全面体现本标准提出的理念和目标

教材的编写应以本标准为依据，在准确理解的基础上，全面体现和落实本标准提出的基本理念和各项目标．

（2）体现课程内容的数学实质

教材中学习素材的选择，图片、情境、实例与活动栏目等的设置，拓展内容的编写，以及其他课程资源的利用，都应当与所安排的数学内容有实质性联系，有利于提高学生对数学实质的理解，有利于提高学生对所学内容的兴趣．

（3）准确把握内容标准要求

本标准对于义务教育阶段的数学教学内容有明确和具体的目标要求，教材的编写应遵循学生的认知规律，准确地把握"过程目标"和"结果目标"要求的程度．例如，关于距离的概念，在第二学段要求"知道"两点间的距离，在第三学段要求"理解"两点间距离的意义，"能"度量两点间的距离．在编写相关内容时，一方面要把握好"知道"与"理解""能"之间程度的差异，另一方面也要注意内容之间的衔接．

（4）教材的编写要有一定的实验依据

教材的内容、实例的设计、习题的配置等，要经过课堂教学的实践检验，特别是新增的内容要经过较大范围的实验，根据实践的结果推敲可行性，并不断改进与完善．

2．教材编写应体现整体性

教材编写应当体现整体性，注重突出核心内容，注重内容之间的相互联系，注重体现学生学习的整体性．

（1）整体体现课程内容的核心

教材的整体设计要体现内容领域的核心．本标准在设计思路中提出了几个核心词：数感、符号意识、空间观念、几何直观、数据分析观念、运算能力、推理能力、模型思想，以及应用意识和创新意识，它们是义务教育阶段数学课程内容的核心，也是教材的主线．因此，教材应当围绕这些核心内容进行整体设计和编排．

例如，在方程、不等式和函数的各部分内容编排中，应整体考虑模型思想的体现，突出建立模型、求解模型的过程．

再例如，推理能力包括合情推理和演绎推理，无论是"数与代数""图形与几何"还是"统计与概率"的内容编排中，都要尽可能地为学生提供观察、操作、归纳、类比、猜测、证明的机会,发展学生的推理能力.

(2)整体考虑知识之间的关联

教材的整体设计要呈现不同数学知识之间的关联.一些数学知识之间存在逻辑顺序,教材编写应有利于学生感悟这种顺序.一些知识之间存在着实质性的联系,这种联系体现在相同的内容领域,也体现在不同的内容领域.例如,在"数与代数"的领域内,函数、方程、不等式之间均存在着实质性联系;此外,代数与几何、统计之间也存在着一定的实质性联系.

帮助学生理解类似的实质性联系,是数学教学的重要任务.为此,教材在内容的素材选取、问题设计和编排体系等方面应体现这些实质性联系,展示数学知识的整体性和数学方法的一般性.

(3)重要的数学概念与数学思想要体现螺旋上升的原则

数学中有一些重要内容、方法、思想是需要学生经历较长的认识过程,逐步理解和掌握的,如,分数、函数、概率、数形结合、逻辑推理、模型思想等.因此,教材在呈现相应的数学内容与思想方法时,应根据学生的年龄特征与知识积累,在遵循科学性的前提下,采用逐级递进、螺旋上升的原则.螺旋上升是指在深度、广度等方面都要有实质性的变化,即体现出明显的阶段性要求.

例如,函数是"数与代数"的重要内容,也是义务教育阶段学生比较难理解和掌握的数学概念之一,本标准在三个学段中均安排了与函数关联的内容目标,希望学生能够逐渐加深对函数的理解.因此,教材对函数内容的编排应体现螺旋上升的原则,分阶段逐渐深化.依据内容标准的要求,教材可以将函数内容的学习分为三个主要阶段:

第一阶段,通过一些具体实例,让学生感受数量的变化过程、以及变化过程中变量之间的对应关系,探索其中的变化规律及基本性质,尝试根据变量的对应关系作出预测,获得函数的感性认识.

第二阶段,在感性认识的基础上,归纳概括出函数的定义,并研究具体的函数及其性质,了解研究函数的基本方法,借助函数的知识和方法解决问题等,使得学生能够在操作层面认识和理解函数.

第三阶段,了解函数与其他相关数学内容之间的联系(例如,与方程之间、不等式之间的联系),使得学生能够一般性地了解函数的概念.

(4)整体性体现还应注意以下几点

配置习题时应考虑其与相应内容之间的协调性.一方面,要保证配备必要的习题帮助学生巩固、理解所学知识内容;另一方面,又要避免配置的习题所涉及的知识超出相应的内容要求.

教材内容的呈现既要考虑不同年龄学生的特点,又要使整套教材的编写体例、风格协调一致.

数学文化作为教材的组成部分,应渗透在整套教材中.为此,教材可以适时地介绍有关背景知识,包括数学在自然与社会中的应用、以及数学发展史的有关材料,帮助学生了解在人类文明发展中数学的作用,激发学习数学的兴趣,感受数学家治学的严谨,欣赏数学的优美.例如,可以介绍《九章算术》、珠算、《几何原本》、机器证明、黄金分割、CT技术、布丰投针等.

3. 教材内容的呈现应体现过程性

教材编写不是单纯的知识介绍,学生学习也不是单纯地模仿、练习和记忆.因此,教材应选用合适的学习素材,介绍知识的背景;设计必要的数学活动,让学生通过观察、实验、猜测、推理、交流、反思等,感悟知识的形成和应用.恰当地让学生经历这样的过程,对于他们理解数学知识与方法、形成良好的数学思维习惯和应用意识,提高解决问题的能力有着重要的作用.

(1)体现数学知识的形成过程

在设计一些新知识的学习活动时,教材可以展现"知识背景—知识形成—揭示联系"的过程.这个过程要有利于激发学习兴趣,理解数学实质,发展思考能力,了解知识之间的关联.例如,分数、负数和无理数的引入都可以体现这样的过程.

(2)反映数学知识的应用过程

教材应当根据课程内容,设计运用数学知识解决问题的活动.这样的活动应体现"问题情境—建立模型—求解验证"的过程,这个过程要有利于理解和掌握相关的知识技能,感悟数学思想、积累活动经验;要有利于提高发现和提出问题的能力、分析和解决问题的能力,增强应用意识和创新意识.

每一册教材至少应当设计一个适用于"综合与实践"学习活动的题材,这样的题材可以以"长作业"的形式出现,将课堂内的数学活动延伸到课堂外,经历收集数据、查阅资料、独立思考、合作交流、实践检验、推理论证等多种形式的活动.提倡在教材中设计更为丰富的"综合与实践"活动题材,供教师选择.

4. 呈现内容的素材应贴近学生现实

素材的选用应当充分考虑学生的认知水平和活动经验.这些素材应当在反映数学本质的前提下尽可能地贴近学生的现实,以利于他们经历从现实情境中抽象出数学知识与方法的过程.学生的现实主要包含以下三个方面:

(1)生活现实

在义务教育阶段的数学课程中,许多内容都可以在学生的生活实际中找到背景.

第一学段,学生所感知的生活面较窄,从他们身边熟悉的、有趣的事物中选取学习素材,容易激发他们学习数学的兴趣,使他们感受到数学就在自己的身边,也易于他们理解相关的数学知识,体会到数学的作用.

第二学段、第三学段,学生的活动空间有了较大的扩展,他们感兴趣的问题已拓展到客观世界的许多方面,他们逐渐关注来源于自然、社会中更为广泛的现象和问题,对具有一定挑战性的内容表现出更大的兴趣.因此,教材所选择的素材应尽量来源于自然、社会中的现象和问题.如与现实生活有关的图片和图形(照片、简单的模型图、平面图、地图等),以使学生感受到数学的价值和趣味.

(2)数学现实

随着数学学习的深入,学生所积累的数学知识和方法就成为学生的"数学现实",这些现实应当成为学生进一步学习数学的素材.选用这些素材,不仅有利于学生理解所学知识的内涵,还能够更好地揭示相关数学知识之间的内在关联,有利于学生从整体上理解数学,构建数学认知结构.例如,因式分解知识的引入可以借助整数的分解,平行四边形概念的引入可以借助三角形,等等.

(3)其他学科现实

数学的许多内容与其他学科知识有着密切的联系,随着学生学习的深入,其他学科的知识也就成为学生的"现实",教材在选择数学学习素材时应当予以关注.

5. 教材内容设计要有一定的弹性

按照本标准要求,教材的编写要面向全体学生,也要考虑到学生发展的差异,在保证基本要求的前提下,体现一定的弹性,以满足学生的不同需求,使不同的人在数学上得到不同的发展,也便于教师发挥自己的教学创造性.例如:

(1)就同一问题情境提出不同层次的问题或开放性问题.

(2)提供一定的阅读材料,包括史料、背景材料、知识应用等,供学生选择阅读.

(3)习题的选择和编排突出层次性,设置巩固性问题、拓展性问题、探索性问题等;凡不要求全体学生掌握的习题,需要明确标出.

(4)在设计综合与实践活动时,所选择的课题要使所有的学生都能参与,不同的学生可以通过解决问题的活动,获得不同的体验.

(5)编入一些拓宽知识或者方法的选学内容,增加的内容应注重于介绍重要的数学概念、数学思想方法,而不应该片面追求内容的深度、问题的难度、解题的技巧.

(6)设计一些课题和阅读材料,引导学生借助算盘、函数计算器、计算机等工具,进行探索性学习活动.

6. 教材编写要体现可读性

教材应具备可读性,易于学生接受,激发学生学习兴趣,为学生提供思考的空间.教材可读与否,对不同学段的学生具有不同的标准.因此,教材的呈现应当在准确表达数学含义的前提下,符合学生年龄特征,从而有助于他们理解数学.

对于第一学段的学生,可以采用图片、游戏、卡通、表格、文字等多种方式,直观形象、图文并茂、生动有趣地呈现素材,提高他们的学习兴趣.

对于第二学段的学生,由于他们具备了一定的文字理解和表达能力,所以教材的呈现应在运用学生感兴趣的图片、表格、文字等形式的同时,逐渐增加数学语言的比重.

对于第三学段的学生,随着数学学习、语言学习的深入,他们使用文字和数学符号的能力已经有了一定程度的发展.教材的呈现可以将实物照片、图形、图表、文字、数学符号等多种形式结合起来.

四、课程资源开发与利用建议

数学课程资源是指应用于教与学活动中的各种资源.主要包括文本资源——如教科书、教师用书,教与学的辅助用书、教学挂图等;信息技术资源——如网络、数学软件、多媒体光盘等;社会教育资源——如教育与学科专家,图书馆、少年宫、博物馆、报纸杂志、电视广播等;环境与工具——如日常生活环境中的数学信息,用于操作的学具或教具,数学实验室等;生成性资源——如教学活动中提出的问题、学生的作品、学生学习过程中出现的问题、课堂实录等.

数学教学过程中恰当的使用数学课程资源,将在很大程度上提高学生从事数学活动的水平和教师从事教学活动的质量.教材编写者、教学研究人员、教师和有关人员应依据本标准,有意识、有目的地开发和利用各种课程资源.

1. 文本资源

关于教科书、教师用书的开发,参见"教材编写建议".

学生学习辅助用书主要是为了更好地激发学生学习数学的兴趣和动力,帮助学生理解所学内容,巩固相关技能,开拓数学视野,进而满足他们学习数学的个性化需求.这一类用书的开发不能仅仅着眼于解题活动和技能训练,单纯服务于应试.更重要的,还应当开发多品种、多形式的数学普及类读物,使得学生在义务教育阶段能够有足够的机会阅读数学、了解数学、欣赏数学.

教师教学辅助用书主要是为了加深教师对于教学内容的理解,加强教师对于学生学习过程的认识,提高教师采用有效教学方法的能力.为此,在编制教学辅助用书时,提倡以研讨数学教学过程中的问题为主线,赋予充分的教学实例,注重数学教育理论与教学实践的有机结合,使之成为提高教师专业水准的有效读物.

2. 信息技术资源

信息技术能向学生提供并展示多种类型的资料,包括文字、声音、图像等,并能灵活选择与呈现;可以创设、模拟多种与教学内容适应的情境;能为学生从事数学探究提供重要的工具;可以使得相距千里的个体展开面对面交流.信息技术是从根本上改变数学学习方式的重要途径之一,必须充分加以应用.

信息技术资源的开发与利用需要关注三个方面:

其一,将信息技术作为教师从事数学教学实践与研究的辅助性工具.为此,教师可以通过网络查阅资料、下载富有参考价值的实例、课件,并加以改进,使之适用于自身课堂教学;可以根据需要开发音像资料,构建生动活泼的教学情境;还可以设计与制作有关的计算机软件、教学课件,用于课堂教学活动研究等.

其二,将信息技术作为学生从事数学学习活动的辅助性工具.为此,可以引导学生积极有效地将计算器、计算机用于数学学习活动之中,如,在探究活动中借助计算器(机)处理复杂数据和图形,发现其中存在的数学规律;使用有效的数学软件绘制图形、呈现抽象对象的直观背景,加深对相关数学内容的理解;通过互联网搜寻解决问题所需要的信息资料,帮助自己形成解决问题的基本策略和方法等.

其三,将计算器等技术作为评价学生数学学习的辅助性工具.为此,应当积极开展基于计算器环境的评价方式与评价工具研究,如:哪些试题或评价任务适宜在计算器环境下使用,哪些不适宜,等等.

总之,一切有条件和能够创造条件的地区和学校,都应积极开发与利用计算机(器)、多媒体、互联网等信息技术资源,组织教学研究人员、专业技术人员和教师开发与利用适合自身课堂教学的信息技术资源,以充分发挥其优势,为学生的学习和发展提供丰富多彩的教育环境和有力的学习工具和评价工具;为学生提供探索复杂问题、多角度理解数学的机会、丰富学生的数学视野、提高学生的数学素养;为有需要的学生提供个体学习的机会,以便于教师为特殊需要的学生提供帮助;为教育条件欠发达地区的学生提供教学指导和智力资源,更有效地吸引和帮助学生进行数学学习.

值得注意的是,教学中应有效地使用信息技术资源,发挥其对学习数学的积极作用,减少其对学习数学的消极作用.例如,不应在数学教学过程中简单地将信息技术作为缩短思维过程、加大教学容量的工具;不提倡用计算机上的模拟实验来代替学生能够操作的实践活动;也不提倡利用计算机演示来代替学生的直观想象,弱化学生对数学规律的探索活动.同时,学校之间要加强交流,共享资源,避免相关教学资源的低水平重复,也可以积极引进国外先进的教育软件,并根据本学校学生的特点加以改进.

3. 社会教育资源

在数学教学活动中,应当积极开发利用社会教育资源.例如,邀请有关专家向学生介绍数学在自然界、科学技术、社会生活和其他学科发展中的应用,帮助学生体会数学的价值;邀请教学专家与教师共同开展教学研究,以促进教师的专业成长.

学校应充分利用图书馆、少年宫、博物馆、科技馆等,寻找合适的学习素材,如,学生感兴趣的自然现象、工程技术、历史事件、社会问题、数学史与数学家的故事和其他学科的相关内容,以开阔学生的视野,丰富教师的教学资源.

报纸杂志、电视广播和网络等媒体常常为我们提供许多贴近时代、贴近生活的有意义话题,教师要从中充分挖掘适合学生学习的素材,向学生介绍其中与数学有关的栏目,组织学生对某些内容进行交流,以增强学生学习数学的兴趣,提高学生运用数学解决问题的能力.

4. 环境与工具

教师应当充分利用日常生活环境中与数学有关的信息,开发成为教学资源.教师应当努力开发制作简便实用的教具和学具,有条件的学校可以建立"数学实验室"供学生使用,以拓宽他们的学习领域,培养他们的实践能力,发展其个性品质与创新精神,促进不同的学生在数学上得到不同的发展.

5. 生成性资源

生成性资源是在教学过程中动态生成的,如,师生交互、生生交流过程中产生的新情境、新问题、新思路、新方法、新结果等.合理地利用生成性资源有利于提高教学有效性.

附 录

附录1 有关行为动词的分类

本标准中有两类行为动词,一类是描述结果目标的行为动词,包括"了解、理解、掌握、运用"等术语.另一类是描述过程目标的行为动词,包括"经历、体验、探索"等术语.这些词的基本含义如下.

了解:从具体实例中知道或举例说明对象的有关特征;根据对象的特征,从具体情境中辨认或者举例说明对象.

理解:描述对象的特征和由来,阐述此对象与相关对象之间的区别和联系.

掌握:在理解的基础上,把对象用于新的情境.

运用:综合使用已掌握的对象,选择或创造适当的方法解决问题.

经历:在特定的数学活动中,获得一些感性认识.

体验:参与特定的数学活动,主动认识或验证对象的特征,获得一些经验.

探索:独立或与他人合作参与特定的数学活动,理解或提出问题,寻求解决问题的思路,发现对象的特征及其与相关对象的区别和联系,获得一定的理性认识.

说明:在本标准中,使用了一些词,表述与上述术语同等水平的要求程度.这些词与上述术语之间的关系如下:

(1)了解

同类词:知道,初步认识.

实例:知道三角形的内心和外心;能结合具体情境初步认识小数和分数.

(2)理解

同类词:认识,会.

实例:认识三角形;会用长方形、正方形、三角形、平行四边形或圆拼图.

(3)掌握

同类词:能.

实例:能认、读、写万以内的数,能用数表示物体的个数或事物的顺序和位置.

(4)运用

同类词:证明.

实例:证明定理:两角及其中一组等角的对边分别相等的两个三角形全等.

(5)经历

同类词:感受,尝试.

实例:在生活情境中感受大数的意义;尝试发现和提出问题.

(6)体验

同类词:体会.

实例:结合具体情境,体会整数四则运算的意义.

附录2:《中学教师专业标准(试行)》

为促进中学教师专业发展,建设高素质中学教师队伍,根据《中华人民共和国教师法》和《中华人民共和国义务教育法》,特制定《中学教师专业标准(试行)》(以下简称《专业标准》).

中学教师是履行中学教育工作职责的专业人员,需要经过严格的培养与培训,具有良好的职业道德,掌握系统的专业知识和专业技能.《专业标准》是国家对合格中学教师的基本专业要求,是中学教师开展教育教学活动的基本规范,是引领中学教师专业发展的基本准则,是中学教师培养、准入、培训、考核等工作的重要依据.

一、基本理念

(一)学生为本

尊重中学生权益,以中学生为主体,充分调动和发挥中学生的主动性;遵循中学生身心发展特点和教育教学规律,提供适合的教育,促进中学生生动活泼学习、健康快乐成长,全面而有个性的发展.

(二)师德为先

热爱中学教育事业,具有职业理想,践行社会主义核心价值体系,履行教师职业道德规范.关爱中学生,尊重中学生人格,富有爱心、责任心、耐心和细心;为人师表,教书育人,自尊自律,以人格魅力和学识魅力教育感染中学生,做中学生健康成长的指导者和引路人.

(三)能力为重

把学科知识、教育理论与教育实践相结合,突出教书育人实践能力;研究中学生,遵循中学生成长规律,提升教育教学专业化水平;坚持实践、反思、再实践、再反思,不断提高专业能力.

(四)终身学习

学习先进中学教育理论,了解国内外中学教育改革与发展的经验和做法;优化知识结构,提高文化素养;具有终身学习与持续发展的意识和能力,做终身学习的典范.

二、基本内容

维度	领域	基本要求
专业理念与师德	（一）职业理解与认识	1.贯彻党和国家教育方针政策,遵守教育法律法规. 2.理解中学教育工作的意义,热爱中学教育事业,具有职业理想和敬业精神. 3.认同中学教师的专业性和独特性,注重自身专业发展. 4.具有良好职业道德修养,为人师表. 5.具有团队合作精神,积极开展协作与交流.
	（二）对学生的态度与行为	6.关爱中学生,重视中学生身心健康发展,保护中学生生命安全. 7.尊重中学生独立人格,维护中学生合法权益,平等对待每一个中学生.不讽刺、挖苦、歧视中学生,不体罚或变相体罚中学生. 8.尊重个体差异,主动了解和满足中学生的不同需要. 9.信任中学生,积极创造条件,促进中学生的自主发展.
	（三）教育教学的态度与行为	10.树立育人为本、德育为先的理念,将中学生的知识学习、能力发展与品德养成相结合,重视中学生的全面发展. 11.尊重教育规律和中学生身心发展规律,为每一个中学生提供适合的教育. 12.激发中学生的求知欲和好奇心,培养中学生学习兴趣和爱好,营造自由探索、勇于创新的氛围. 13.引导中学生自主学习、自强自立,培养良好的思维习惯和适应社会的能力.
	（四）个人修养与行为	14.富有爱心、责任心、耐心和细心. 15.乐观向上、热情开朗、有亲和力. 16.善于自我调节情绪,保持平和心态. 17.勤于学习,不断进取. 18.衣着整洁得体,语言规范健康,举止文明礼貌.
专业知识	（五）教育知识	19.掌握中学教育的基本原理和主要方法. 20.掌握班集体建设与班级管理的策略与方法. 21.了解中学生身心发展的一般规律与特点. 22.了解中学生世界观、人生观、价值观形成的过程及其教育方法. 23.了解中学生思维能力与创新能力发展的过程与特点. 24.了解中学生群体文化特点与行为方式.

续表

专业知识	(六)学科知识	25.理解所教学科的知识体系、基本思想与方法。 26.掌握所教学科内容的基本知识、基本原理与技能。 27.了解所教学科与其它学科的联系。 28.了解所教学科与社会实践的联系。
	(七)学科教学知识	29.掌握所教学科课程标准。 30.掌握所教学科课程资源开发的主要方法与策略。 31.了解中学生在学习具体学科内容时的认知特点。 32.掌握针对具体学科内容进行教学的方法与策略。
	(八)通识性知识	33.具有相应的自然科学和人文社会科学知识。 34.了解中国教育基本情况。 35.具有相应的艺术欣赏与表现知识。 36.具有适应教育内容、教学手段和方法现代化的信息技术知识。
专业能力	(九)教学设计	37.科学设计教学目标和教学计划。 38.合理利用教学资源和方法设计教学过程。 39.引导和帮助中学生设计个性化的学习计划。
	(十)教学实施	40.营造良好的学习环境与氛围,激发与保护中学生的学习兴趣。 41.通过启发式、探究式、讨论式、参与式等多种方式,有效实施教学。 42.有效调控教学过程。 43.引发中学生独立思考和主动探究,发展学生创新能力。 44.将现代教育技术手段渗透应用到教学中。
	(十一)班级管理与教育活动	45.建立良好的师生关系,帮助中学生建立良好的同伴关系。 46.注重结合学科教学进行育人活动。 47.根据中学生世界观、人生观、价值观形成的特点,有针对性地组织开展德育活动。 48.针对中学生青春期生理和心理发展特点,有针对性地组织开展有益身心健康发展的教育活动。 49.指导学生理想、心理、学业等多方面发展。 50.有效管理和开展班级活动。 51.妥善应对突发事件。
	(十二)教育教学评价	52.利用评价工具,掌握多元评价方法,多视角、全过程评价学生发展。 53.引导学生进行自我评价。 54.自我评价教育教学效果,及时调整和改进教育教学工作。

续表

专业能力	（十三）沟通与合作	55. 了解中学生，平等地与中学生进行沟通交流． 56. 与同事合作交流，分享经验和资源，共同发展． 57. 与家长进行有效沟通合作，共同促进中学生发展． 58. 协助中学与社区建立合作互助的良好关系．
	（十四）反思与发展	59. 主动收集分析相关信息，不断进行反思，改进教育教学工作． 60. 针对教育教学工作中的现实需要与问题，进行探索和研究． 61. 制定专业发展规划，不断提高自身专业素质．

三、实施建议

（一）各级教育行政部门要将《专业标准》作为中学教师队伍建设的基本依据．根据中学教育改革发展的需要，充分发挥《专业标准》引领和导向作用，深化教师教育改革，建立教师教育质量保障体系，不断提高中学教师培养培训质量．制定中学教师准入标准，严把中学教师入口关；制定中学教师聘任（聘用）、考核、退出等管理制度，保障教师合法权益，形成科学有效的中学教师队伍管理和督导机制．

（二）开展中学教师教育的院校要将《专业标准》作为中学教师培养培训的主要依据．重视中学教师职业特点，加强中学教育学科和专业建设．完善中学教师培养培训方案，科学设置教师教育课程，改革教育教学方式；重视中学教师职业道德教育，重视社会实践和教育实习；加强从事中学教师教育的师资队伍建设，建立科学的质量评价制度．

（三）中学要将《专业标准》作为教师管理的重要依据．制定中学教师专业发展规划，注重教师职业理想与职业道德教育，增强教师育人的责任感与使命感；开展校本研修，促进教师专业发展；完善教师岗位职责和考核评价制度，健全中学绩效管理机制．中等职业学校参照执行．

（四）中学教师要将《专业标准》作为自身专业发展的基本依据．制定自我专业发展规划，爱岗敬业，增强专业发展自觉性；大胆开展教育教学实践，不断创新；积极进行自我评价，主动参加教师培训和自主研修，逐步提升专业发展水平．

附录3:《教师教育课程标准(试行)》

为落实教育规划纲要,深化教师教育改革,规范和引导教师教育课程与教学,培养造就高素质专业化教师队伍,特制定《教师教育课程标准(试行)》.

教师教育课程广义上包括教师教育机构为培养和培训幼儿园、小学和中学教师所开设的公共基础课程、学科专业课程和教育类课程.本课程标准专指教育类课程.

教师教育课程标准体现国家对教师教育机构设置教师教育课程的基本要求,是制定教师教育课程方案、开发教材与课程资源、开展教学与评价,以及认定教师资格的重要依据.

一、基本理念

(一)育人为本

教师是幼儿、中小学学生发展的促进者,在研究和帮助学生健康成长的过程中实现专业发展.教师教育课程应反映社会主义核心价值观,吸收研究新成果,体现社会进步对幼儿、中小学学生发展的新要求.教师教育课程应引导未来教师树立正确的儿童观、学生观、教师观与教育观,掌握必备的教育知识与能力,参与教育实践,丰富专业体验;引导未来教师因材施教,关心和帮助每个幼儿、中小学学生逐步树立正确的世界观、人生观、价值观,培养社会责任感、创新精神和实践能力.

(二)实践取向

教师是反思性实践者,在研究自身经验和改进教育教学行为的过程中实现专业发展.教师教育课程应强化实践意识,关注现实问题,体现教育改革与发展对教师的新要求.教师教育课程应引导未来教师参与和研究基础教育改革,主动建构教育知识,发展实践能力;引导未来教师发现和解决实际问题,创新教育教学模式,形成个人的教学风格和实践智慧.

(三)终身学习

教师是终身学习者,在持续学习和不断完善自身素质的过程中实现专业发展.教师教育课程应实现职前教育与在职教育的一体化,增强适应性和开放性,体现学习型社会对个体的新要求.教师教育课程应引导未来教师树立正确的专业理想,掌握必备的知识与技能,养成独立思考和自主学习的习惯;引导教师加深专业理解,更新知识结构,形成终身学习和应对挑战的能力.

二、教师教育课程目标与课程设置

(一)幼儿园职前教师教育课程目标与课程设置

幼儿园职前教师教育课程要帮助未来教师充分认识幼儿阶段的特性和价值,理解"保教结合"的重要性,学会按幼儿的成长特点进行科学的保育和教育;理解幼儿的认知特点和学习方式,学会把教育寓于幼儿的生活和游戏中,创设适宜的教育环境,保护与发展幼儿探究、创造的兴趣,让幼儿在愉快的幼儿园生活中健康地成长.

1. 课程目标

目标领域	目标	基本要求
1.教育信念与责任	1.1 具有正确的儿童观和相应的行为	1.1.1 理解幼儿阶段在人生发展中的独特地位和价值,认识健康愉快的幼儿园生活对幼儿发展的意义. 1.1.2 尊重和维护幼儿的人格和权利,保护幼儿的好奇心和自信心. 1.1.3 尊重幼儿的个体差异,相信幼儿具有发展的潜力,乐于为幼儿创造发展的条件和机会.
	1.2 具有正确的教师观和相应的行为	1.2.1 理解教师是幼儿学习的引导者和支持者,相信教师工作的意义在于帮助幼儿健康成长. 1.2.2 了解幼儿园教师的职业特点和专业要求,自觉提高自身的科学与人文素养,形成终身学习的意愿. 1.2.3 了解教师的权利和责任,遵守教师职业道德.
	1.3 具有正确的教育观和相应的行为	1.3.1 理解教育对幼儿成长、教师自身发展和社会进步的重要意义,相信教育充满了创造的乐趣,愿意从事幼儿教育事业. 1.3.2 了解幼儿教育的历史、现状和发展趋势,认同素质教育理念,理解并参与教育改革. 1.3.3 形成正确的教育质量观,对与幼儿教育相关的现象进行专业思考与判断.

续表

目标领域	目标	基本要求
2. 教育知识与能力	2.1 具有理解幼儿的知识和能力	2.1.1 了解儿童发展的主要理论和儿童研究的最新成果. 2.1.2 了解儿童身心发展的一般规律和影响因素,熟悉幼儿年龄阶段特征和个体发展的差异性. 2.1.3 了解幼儿认知发展、学习方式的特点及影响因素,熟悉幼儿建构知识、获得技能的过程. 2.1.4 了解幼儿情感、社会性发展的特点,熟悉幼儿品德和行为习惯形成的过程和规律. 2.1.5 掌握观察、谈话、倾听、作品分析等基本方法,理解幼儿发展的需要. 2.1.6 了解幼儿期常见疾病、发展障碍、学习障碍的基础知识和应对方法. 2.1.7 了解我国教育的政策法规,熟悉关于儿童权利的内容以及维护儿童合法权益的途径.
	2.2 具有教育幼儿的知识和能力	2.2.1 了解我国幼儿园教育的目标和任务,熟悉健康、语言、社会、科学、艺术等各领域的教育目标,学会以此指导自己的学习和实践. 2.2.2 了解幼儿教育的基本原理,理解整合各领域的内容、综合地实施教育活动的重要性,学会设计和实施幼儿教育活动. 2.2.3 了解幼儿的生活经验,学会利用实践机会,积累引导幼儿在游戏等活动中建构知识、发展创造力的经验. 2.2.4 掌握照顾幼儿健康地、安全地生活的基本方法和技能. 2.2.5 了解教育评价的理论与技术,学会通过评价改进活动与促进幼儿发展. 2.2.6 了解与家庭、社区沟通的重要性,学会利用和开发周围的资源,创设有利于幼儿发展的环境. 2.2.7 掌握幼儿心理健康教育的基本知识,学会处理幼儿常见行为问题. 2.2.8 了解0—3岁保育教育的有关知识和婴儿保育教育的一般方法. 2.2.9 了解小学教育的有关知识和幼小衔接的一般方法.
	2.3 具有发展自我的知识与能力	2.3.1 了解教师专业素养的核心内容,明确自身专业发展的重点. 2.3.2 了解教师专业发展的阶段与途径,熟悉教师专业发展规划的一般方法,学会理解与分享优秀教师的成功经验. 2.3.3 了解教师专业发展的影响因素,学会利用以课程学习为主的各种机会,积累发展经验.

续表

目标领域	目标	基本要求
3. 教育实践与体验	3.1 具有观摩教育实践的经历与体验	3.1.1 结合相关课程学习,观摩幼儿的生活和教育活动的组织与指导,了解幼儿园教育的规范与过程,感受不同的教育风格. 3.1.2 深入幼儿园和班级,参与幼儿活动,获得与幼儿直接交往的体验. 3.1.3 了解幼儿园保教工作的特点和幼儿园各部门工作的职责和要求,感受幼儿教育实践的丰富性和复杂性.
	3.2 具有参与教育实践的经历与体验	3.2.1 了解实习班级幼儿的实际情况,在指导下设计教育活动方案,组织一日活动,获得对教育过程的真实感受. 3.2.2 参与各种教研活动,获得与幼儿园教师直接对话或交流的机会. 3.2.3 与家庭和社区合作,提高沟通能力,获得共同促进幼儿发展的实践经历与体验. 3.2.4 参与不同类型的幼教机构活动和幼儿教育实践活动.
	3.3 具有研究教育实践的经历与体验	3.3.1 在日常学习和实践过程中积累所学所思所想,形成问题意识和一定的解决问题的能力. 3.3.2 了解研究教育实践的一般方法,经历和体验制订计划、开展活动、完成报告、分享结果的过程. 3.3.3 参与各种类型的科研活动,获得科学地研究幼儿的经历与体验.

2. 课程设置

学习领域	建议模块	学分要求		
		三年制专科	五年制专科	四年制本科
1. 儿童发展与学习 2. 幼儿教育基础 3. 幼儿活动与指导	儿童发展;幼儿认知与学习;特殊儿童发展与学习等. 教育发展史略;教育哲学;课程与教学理论;学前教育原理等. 幼儿游戏与指导;教育活动的设计与实施;幼儿健康教育与活动指导;幼儿语言教育与活动指导;幼儿社会教育与活动指导;幼儿科学教育与活动指导;幼儿艺术教育与活			

续表

学习领域	建议模块	学分要求		
		三年制专科	五年制专科	四年制本科
4.幼儿园与家庭、社会 5.职业道德与专业发展	动指导;0-3岁婴儿的保育与教育;幼儿园教育环境创设;幼儿园教育评价;教育诊断与幼儿心理健康指导等. 幼儿园组织与管理;幼儿园班级管理;家庭与社区教育;教育资源的开发与利用;幼儿教育政策法规等. 教师职业道德;教育研究方法;师幼互动方法与实践;教师专业发展;教师语言技能;音乐技能;舞蹈技能;美术技能;现代教育技术应用等.	最低必修学分40学分	最低必修学分50学分	最低必修学分44学分
6.教育实践	教育见习;教育实习等.	18周	18周	18周
教师教育课程最低总学分数(含选修课程)		60学分+18周	72学分+18周	64学分+18周

说明:
(1)1学分相当于学生在教师指导下进行课程学习18课时,并经考核合格.
(2)学习领域是每个学习者都必修的;建议模块供教师教育机构或学习者选择或组合,可以是必修也可以是选修;每个学习领域或模块的学分数由教师教育机构按相关规定自主确定.

(二)小学职前教师教育课程目标与课程设置

小学职前教师教育课程要引导未来教师理解小学生成长的特点与差异,学会创设富有支持性和挑战性的学习环境,满足他们的表现欲和求知欲;理解小学生的生活经验和现场资源的重要意义,学会设计和组织适宜的活动,指导和帮助他们自主、合作与探究学习,形成良好的学习习惯;理解交往对小学生发展的价值和独特性,学会组织各种集体和伙伴活动,让他们在有意义的学校生活中快乐成长.

1. 课程目标

目标领域	目标	基本要求
1. 教育信念与责任	1.1 具有正确的学生观和相应的行为	1.1.1 理解小学阶段在人生发展中的独特地位和价值，认识生动活泼的小学生活对小学生发展的意义。 1.1.2 尊重学生学习和发展的权利，保护学生的学习兴趣和自信心。 1.1.3 尊重学生的个体差异，相信学生具有发展的潜力，乐于为学生创造发展的条件和机会。
	1.2 具有正确的教师观和相应的行为	1.2.1 理解教师是学生学习的促进者，相信教师工作的意义在于创造条件帮助学生快乐成长。 1.2.2 了解小学教师的职业特点和专业要求，自觉提高自身的科学和人文素养，形成终身学习的意愿。 1.2.3 了解教师的权利和责任，遵守教师职业道德。
	1.3 具有正确的教育观和相应的行为	1.3.1 理解教育对学生成长、教师专业发展和社会进步的重要意义，相信教育充满了创造的乐趣，愿意从事小学教育事业。 1.3.2 了解学校教育的历史、现状和发展趋势，认同素质教育理念，理解并参与教育改革。 1.3.3 形成正确的教育质量观，对与学校教育相关的现象进行专业思考与判断。
2. 教育知识与能力	2.1 具有理解学生的知识与能力	2.1.1 了解儿童发展的主要理论和儿童研究的最新成果。 2.1.2 了解儿童身心发展的一般规律和影响因素，熟悉小学生年龄特征和个体发展的差异性。 2.1.3 了解小学生的认知发展、学习方式的特点及影响因素，熟悉小学生建构知识、获得技能的过程。 2.1.4 了解小学生品德和行为习惯形成的过程，了解小学生的交往特点，理解同伴交往对小学生发展的影响。 2.1.5 掌握观察、谈话、倾听、作品分析等方法，理解小学生学习和发展的需要。 2.1.6 了解我国教育的政策法规，熟悉关于儿童权利的内容以及维护儿童合法权益的途径。
	2.2 具有教育学生的知识与能力	2.2.1 了解小学教育的培养目标，熟悉至少两门学科的课程标准，学会依据课程标准制定教学目标或活动目标。 2.2.2 熟悉至少两门学科的教学内容与方法，学会联系小学生的生活经验组织教学活动，将教学内容转化为对小学生有意义的学习活动。 2.2.3 了解学科整合在小学教育中的价值，了解与小学生学习内容相关的各种课程资源，学会设计综合性主题活动，创造跨学科的学习机会。

续表

目标领域	目标	基本要求
2.教育知识与能力	2.2 具有教育学生的知识与能力	2.2.4 了解课堂组织与管理的知识,学会创设支持性与挑战性的学习环境,激发学生的学习兴趣. 2.2.5 了解课堂评价的理论与技术,学会通过评价改进教学与促进学生学习. 2.2.6 了解课程开发的知识,学会开发校本课程,设计、实施和指导简单的课外、校外活动. 2.2.7 了解班队管理的基本方法,学会引导小学生进行自我管理和形成集体观念. 2.2.8 了解小学生心理健康教育的基本知识,学会诊断和解决小学生常见学习问题和行为问题. 2.2.9 掌握教师所必需的语言技能、沟通与合作技能、运用现代教育技术的技能.
	2.3 具有发展自我的知识与能力	2.3.1 了解教师专业素养的核心内容,明确自身专业发展的重点. 2.3.2 了解教师专业发展的阶段与途径,熟悉教师专业发展规划的一般方法,学会理解与分享优秀教师的成功经验. 2.3.3 了解教师专业发展的影响因素,学会利用以课程学习为主的各种机会积累发展经验.
3.教育实践与体验	3.1 具有观摩教育实践的经历与体验	3.1.1 结合相关课程学习,观摩小学课堂教学,了解课堂教学的规范与过程. 3.1.2 深入班级,了解小学生群体活动的状况以及小学班级管理、班队活动的内容和要求,获得与小学生直接交往的体验. 3.1.3 密切联系小学,了解小学的教育与管理实践,获得对小学工作内容和运作过程的感性认识.
	3.2 具有参与教育实践的经历与体验	3.2.1 在有指导的情况下,根据小学生的特点和教学目标设计与实施教学方案,经历1—2门课程的教学活动. 3.2.2 在有指导的情况下,参与指导学习、管理班级和组织班队活动,获得与家庭、社区联系的经历. 3.2.3 参与各种教研活动,获得与其他教师直接对话或交流的机会.

续表

目标领域	目标	基本要求
3. 教育实践与体验	3.3 具有研究教育实践的经历与体验	3.3.1 在日常学习和实践过程中积累所学所思所想,形成问题意识和一定的解决问题能力. 3.3.2 了解研究教育实践的一般方法,经历和体验制订计划、开展活动、完成报告、分享结果的过程. 3.3.3 参与各种类型的科研活动,获得科学地研究学生的经历与体验.

2. 课程设置

学习领域	建议模块	学分要求		
		三年制专科	五年制专科	四年制本科
1. 儿童发展与学习	儿童发展;小学生认知与学习等.	最低必修学分20学分	最低必修学分26学分	最低必修学分24学分
2. 小学教育基础	教育哲学;课程设计与评价;有效教学;学校教育发展;班级管理;学校组织与管理;教育政策法规等.			
3. 小学学科教育与活动指导	小学学科课程标准与教材研究;小学学科教学设计;小学跨学科教育;小学综合实践活动等.			
4. 心理健康与道德教育	小学生心理辅导;小学生品德发展与道德教育等.			
5. 职业道德与专业发展	教师职业道德;教育研究方法;教师专业发展;现代教育技术应用;教师语言;书写技能等.			
6. 教育实践	教育见习;教育实习.	18周	18周	18周
教师教育课程最低总学分数(含选修课程)		28学分+18周	35学分+18周	32学分+18周

说明:
(1) 1学分相当于学生在教师指导下进行课程学习18课时,并经考核合格.
(2) 学习领域是每个学习者都必修的;建议模块供教师教育机构或学习者选择或组合,可以是必修也可以是选修;每个学习领域或模块的学分数由教师教育机构按相关规定自主确定.

(三)中学职前教师教育课程目标与课程设置

中学职前教师教育课程要引导未来教师理解青春期的特点及其对中学生生活的影响,学习指导他们安全度过青春期;理解中学生的认知特点与学习方式,学会创建学习环境,鼓励独立思考,指导他们用多种方式探究学科知识;理解中学生的人格与文化特点,学会尊重他们的自我意识,指导他们规划自己的人生,在多样化的活动中发展社会实践能力.

1. 课程目标

目标领域	目标	基本要求
1.教育信念与责任	1.1 具有正确的学生观和相应的行为	1.1.1 理解中学阶段在人生发展中的独特地位和价值,认识积极主动的中学生活对中学生发展的意义. 1.1.2 尊重学生的学习和发展的权利,保护学生的学习自主性、独立性与选择性. 1.1.3 尊重学生的个体差异,相信学生具有发展的潜力,乐于为学生创造发展的条件和机会.
	1.2 具有正确的教师观和相应的行为	1.2.1 理解教师是学生学习的促进者,相信教师工作的意义在于创造条件帮助学生自主发展. 1.2.2 了解中学教师的职业特点和专业要求,自觉提高自身的科学与人文素养,形成终身学习的意愿. 1.2.3 了解教师的权利与责任,遵守教师职业道德.
	1.3 具有正确的教育观和相应的行为	1.3.1 理解教育对学生成长、教师自身发展和社会进步的重要意义,相信教育充满了创造的乐趣,愿意从事中学教育事业. 1.3.2 了解人类教育的历史、现状和发展趋势,认同素质教育理念,理解并参与教育改革. 1.3.3 形成正确的教育质量观,对与学校教育相关的现象进行专业思考与判断.
2.教育知识与能力	2.1 具有理解学生的知识与技能	2.1.1 了解儿童发展的主要理论和最新研究成果. 2.1.2 了解儿童身心发展的一般规律和影响因素,熟悉中学生年龄特征和个体发展的差异性. 2.1.3 了解中学生的认知发展、学习方式的特点及影响因素,熟悉中学生建构知识和获得技能的过程. 2.1.4 了解中学生品德和行为习惯形成的过程,了解中学生交往的特点,理解同伴交往对中学生发展的影响. 2.1.5 掌握观察、谈话、倾听、作品分析等方法,理解中学生学习和发展的需要. 2.1.6 了解我国教育的政策法规,熟悉关于儿童权利的内容以及维护儿童合法权益的途径.

续表

目标领域	目标	基本要求
2 教育知识与能力	2.2 具有教育学生的知识和能力	2.2.1 了解中学教育的培养目标,熟悉任教学科的课程标准,学会依据课程标准制定教学目标或活动目标. 2.2.2 熟悉任教学科的教学内容和方法,学会联并运用中学生生活经验和相关课程资源,设计教育活动,创设促进中学生学习的课堂环境. 2.2.3 了解课堂评价的理论与技术,学会通过评价改进教学与促进学生学习. 2.2.4 了解活动课程开发的知识,学会开发校本课程,设计与指导课外、校外活动. 2.2.5 了解班级管理的基本方法,学会引导中学生进行自我管理和形成集体观念. 2.2.6 了解中学生心理健康教育的基本知识,学会处理中学生特别是青春期常见的心理和行为问题. 2.2.7 掌握教师所必需的语言技能、沟通与合作技能、运用现代教育技术的技能.
	2.3 具有发展自我的知识与能力	2.3.1 了解教师专业素养的核心内容,明确自身专业发展的重点. 2.3.2 了解教师专业发展的阶段与途径,熟悉教师专业发展规划的一般方法,学会理解和分享优秀教师的成长经验. 2.3.3 了解教师专业发展的影响因素,学会利用以课程学习为主的各种机会积累发展的经验.
3 教育实践与体验	3.1 具有观摩教育实践的经历与体验	3.1.1 观摩中学课堂教学,了解中学课堂教学的规范与过程,感受不同的教学风格. 3.1.2 深入班级或其他学生组织,了解中学班级管理的内容和要求,获得与学生直接交往的体验. 3.1.3 深入中学,了解中学的组织结构与运作机制.
	3.2 具有参与教育实践的经历与体验	3.2.1 在有指导的情况下,根据学生的特点,设计与实施教学方案,获得对学科教学的真实感受和初步经验. 3.2.2 在有指导的情况下,参与指导学习、管理班级和组织活动,获得与家庭、社区联系的经历. 3.2.3 参与各种教研活动,获得与其他教师直接对话或交流的机会.

续表

目标领域	目标	基本要求
3.教育实践与体验	3.3 具有研究教育实践的经历与体验	3.3.1 在日常学习和实践过程中积累所学所思所想,形成问题意识和一定的解决问题的能力. 3.3.2 了解研究教育实践的一般方法,经历和体验制订计划、开展活动、完成报告、分享结果的过程. 3.3.3 参与各种类型的科研活动,获得科学地研究学生的经历与体验.

2. 课程设置

学习领域	建议模块	学分要求	
		三年制专科	四年制本科
1.儿童发展与学习	儿童发展;中学生认知与学习等.	最低必修学分8学分	最低必修学分10学分
2.中学教育基础	教育哲学;课程设计与评价;有效教学;学校教育发展;班级管理等.		
3.中学学科教育与活动指导	中学学科课程标准与教材研究;中学学科教学设计;中学综合实践活动等.		
4.心理健康与道德教育	中学生心理辅导;中学生品德发展与道德教育等.		
5.职业道德与专业发展	教师职业道德;教师专业发展;教育研究方法;教师语言;现代教育技术应用等.		
6.教育实践	教育见习;教育实习.	18 周	18 周
教师教育课程最低总学分数(含选修课程)		12学分+18周	14学分+18周

说明:
(1)1学分相当于学生在教师指导下进行课程学习18课时,并经考核合格.
(2)学习领域是每个学习者都必修的;建议模块供教师教育机构或学习者选择或组合,可以是必修也可以是选修;每个学习领域或模块的学分数由教师教育机构按相关规定自主确定.

(四)在职教师教育课程设置框架建议

在职教师教育课程分为学历教育课程与非学历教育课程.学历教育课程方案的制定要以本标准为依据,考虑教师教育机构自身的培养目标、学习者的性质和特点,并参照在职教师教育课程设置框架;非学历教育课程方案的制定要针对教师在不同发展阶段的特殊需求,参照在职教师教育课程设置框架,提供灵活多样、新颖实用、针对性强的课程,确保教师持续而有效的专业学习。

在职教师教育课程要满足教师专业发展的多样化需求,充分利用教师自身的经验与优势,进一步深化和发展职前教师教育的课程目标,引导教师加深专业理解、解决实际问题、提升自身经验,促进教师专业发展。

课程功能 指向	主题/模块举例
加深专业 理解	当代教育思潮、教师专业伦理、学科教育新进展、儿童研究新进展、学习科学新进展等;也可以选择哲学、人文、科技等研究领域的一些相关专题。
解决实际 问题	学科教学专题研究、特殊儿童教育、青少年发展问题研究、学校课程领导、校(园)本课程开发、综合实践活动设计与指导、档案袋评价、学生综合素质评定、教学诊断、课堂评价、课堂观察、学业成就评价、信息技术与课程的整合、校(园)本教学研究制度建设等。
提升自身 经验	教师专业发展专题研究、教育经验研究、反思性教学、教育行动研究、教育案例研究、教育叙事等。

三、实施建议

(一)各级教育行政部门要根据基础教育改革发展的需要,加强对教师教育课程的领导和管理,提供相应的政策支持和制度保障,充分调动各方面的积极性,做好教师教育课程标准实施工作。依据课程标准,加强教师教育质量的评估和监管,确保中小学和幼儿园教师培养质量。

(二)教师教育机构要依据课程标准,制定幼儿园、小学、中学教师教育课程方案,科学安排公共基础课程、学科专业课程和教师教育课程的结构比例。根据学习领域、建议模块以及学分要求,确立相应的课程结构,提出课程实施办法,制定配套的保障措施。建立课程自我评估制度,及时发现问题,总结经验,不断完善课程方案。

强化教育实践环节,完善教育实践课程管理,确保教育实践课程的时间和质量。大力推进课程改革,创新教师培养模式,探索建立高校、地方政府、中小学合作培养师范生的新机制。

(三)教师教育机构要研究在职教师学习的特殊性,提供有针对性的在职教师教育课程,满足不同学习者的发展需求。在职教师教育课程要反映相关研究领域的新进展,联系教育实际,尊重和吸纳学习者自身的实践经验,解决实际问题,增强在职教师教育课程的针对性和实效性。

参考文献

[1] 马忠林,王鸿钧等编.数学教育史简编[M].广西:广西教育出版社,1991.

[2] 弗赖登塔尔著,陈昌平、唐瑞芬译.作为教育任务的数学[M].上海:上海教育出版社,1992.

[3] 丁尔升.现代数学课程论[M].南京:江苏教育出版社,1997.

[4] 朱维宗,唐敏.聚焦数学教育[M].云南:云南民族出版社,2005.

[5] 唐瑞芬.数学教学理论选讲[M].上海:华东师范大学出版社,2001.

[6] D. A. 格劳斯主编,陈昌平等译.数学教与学研究手册[M].上海:上海教育出版社,1999.

[7] 张奠宙,宋乃庆.数学教育概论[M].北京:高等教育出版社,2004.

[8] 王甦,汪安圣.认知心理学[M].北京:北京大学出版社,1992.

[9] 皮亚杰.发生认识论原理[M].北京:商务印书馆,1981.

[10] 钟启泉,黄志成.美国教学论流派[M].西安:陕西人民教育出版社,1996.

[11] 张奠宙.数学双基教学的理论与实践[M].广西:广西教育出版社,2008.

[12] 张奠宙.中国数学双基教学[M].上海:上海教育出版社,2006.

[13] 数学课程标准研制组编写.全日制义务教育数学课程标准(2011)[M].北京:北京师范大学出版社,2011.

[14] 孔企平.课程标准与教学大纲对比研究[M].长春:东北师范大学出版社,2003.

[15] 施良方.学习论[M].北京:人民教育出版社,2005.

[16] 黄济,王策三.现代教育论[M].北京:人民教育出版社,2006.

[17] 王策三.教学认识论[M].北京:北京师范大学出版社,2002.

[18] 曹才翰,章建跃.中学数学教学概论[M].北京:北京师范大学出版社,2008.

[19] 曹才翰,章建跃.数学教育心理学[M].北京:北京师范大学出版社,2008.

[20] 数学课程标准研制组编写.全日制义务教育数学课程标准(2011)解读

[M].北京:北京师范大学出版社,2012.

[21] 数学课程标准研制组编写.普通高中数学课程标准(实验)解读[M].南京:江苏教育出版社,2004.

[22] 郑君文,张恩华.数学学习论[M].南宁:广西教育出版社,2007.

[23] 徐斌艳.数学教育展望[M].上海:华东师范大学出版社,2001.

[24] 李伯春,侯峻梅,崇金凤.数学教育学[M].合肥:安徽大学出版社,2004.

[25] 马复,綦春霞.新课程理念下的数学学习评价[M].北京:高等教育出版社,2004.

[26] 沈红辉.中学数学教育实习教程[M].广州:广州高等教育出版社,2002.

[27] 崔克忍主编.中学数学教学论[M].北京:北京师范大学出版社,2010.

[28] 冯国平主编.数学教学论[M].兰州:甘肃教育出版社,2009.

[29] 刘影,程晓亮主编.数学教学论[M].北京:北京大学出版社,2009.

[30] 曹一鸣主编.数学教学论[M].北京:高等教育出版社,2008.

[31] 郭要红主编.数学教学论[M].合肥:安徽人民出版社,2007.

[32] 叶立军,方均斌,林永伟著.现代数学教学论[M].杭州:浙江大学出版社,2006.

[33] 罗增儒,李文铭主编.数学教学论[M].西安:陕西师范大学出版社,2006.

[34] 喻平著.数学教育心理学[M].广西:广西教育出版社,2004.

[35] 十三院校编.中学数学教材教法[M].北京:高等教育出版社,1985.

[36] 钱珮玲,邵光华.数学思想方法与中学数学[M].北京:北京师范大学出版社,1999.

[37] 奥苏贝尔等著,佘星南等译.教育心理学——认知观点[M].北京:人民教育出版社,1994.

[38] 鲍曼.中学数学方法论[M].哈尔滨:哈尔滨工业大学出版社,2002.

[39] 涂荣豹,季素月主编.数学课程与教学论新编[M].南京:江苏教育出版社,2007.

[40] 周学海著.数学教育学概论[M].长春:东北师范大学出版社,1996.

[41] 孙名符等著.数学教育学原理[M].北京:科学出版社,1996.

[42] 章士藻著.中学数学教育学[M].北京:高等教育出版社,2007.

[43] 刘影,程晓亮主编.数学教学论[M].北京:北京大学出版社,2009.

[44] 冯国平主编.数学教学论[M].兰州:甘肃教育出版社,2009.

[45] 范良火.教师数学知识发展研究[M].上海:华东师范大学出版

社,2003.

[46] 冯克诚编.实用课堂教学模式与方法改革全书[M].北京:中央编译出版社,1997.

[47] 罗新兵,罗增儒主编.数学教育学导论[M].西安:陕西师范大学出版社,2008.

[48] 齐建华,王红蔚著.数学教育学[M].郑州:郑州大学出版社,2006.

[49] 王子兴主编.数学教育学导论[M].桂林:广西师范大学出版社,1996.

[50] 田万海主编.数学教育学[M].杭州:浙江教育出版社,1992.

[51] 曾峥,李劲主编.中学数学教育学概论[M].郑州:郑州大学出版社,2007.

[52] 佐藤正夫著,钟启泉译.教学原理[M].北京:教育科学出版社,2001.

[53] 涂荣豹.数学教学认识论[M].南京:南京师范大学出版社,2003.

[54] 阿达玛著,陈植荫,肖奚安译.数学领域中的发明心理学[M].大连:大连理工大学出版社.2008.

[55] 陈在瑞,路碧澄.数学教育心理学[M].北京:中国人民大学出版社,1996.

[56] 奚定华.数学教学设计[M].上海:华东师范大学出版社,2001.

[57] 郑毓信,梁贯成.认知科学建构主义与数学教育[M].上海:上海教育出版社,2002.

[58] 宋乃庆.数学课程导论[M].北京:北京师范大学出版社,2011.

[59] 孙连众.中学数学微格教学教程[M].北京:科学出版社,2000.